PETER SCHNIEDERS

Faszination des Bösen

GOLDMANN
Lesen erleben

Buch

Ein Sohn ersticht eines Nachts seine Mutter.
Vor einem Hochhaus wird ein totes Baby aufgefunden.
Ein hochbetagter Mann wird in seiner Wohnung totgetreten.

43 Jahre lang war Peter Schnieders als Polizist in Köln tätig. Im Laufe seiner Karriere hat er über tausend Leichen gesehen und noch weit mehr Fälle bearbeitet: in der Mordkommission, im Raubdezernat und bei der Sitte. Es ist die Faszination des Bösen, die für Schnieders den Reiz seines Berufs ausmachte, und sie lässt ihn bis heute nicht los. In seinem zweiten Buch erzählt er von neuen Fällen, die die Abgründe des Lebens offenlegten und ihm besonders unter die Haut gingen.

Autoren

Peter Schnieders wurde 1948 geboren. Er war 43 Jahre Polizist in Köln, davon 36 Jahre bei der Kriminalpolizei. Inzwischen pensioniert, lebt der ehemalige Erste Kriminalhauptkommissar heute in einem kleinen Ort in der Nähe von Köln.

Fred Sellin, Jahrgang 1964, arbeitete bei verschiedenen Tages- und Wochenzeitungen, u.a. in Köln, wo er Peter Schnieders kennenlernte und als Polizeireporter über einige Fälle des Kripokommissars berichtete. Heute lebt Sellin als Journalist und Buchautor in Hamburg.

Peter Schnieders
Fred Sellin

Faszination des Bösen

Neue Fälle des bekannten Kriminalkommissars

GOLDMANN

Dieses Buch ist auch als E-Book erhältlich.

MIX
Papier aus verantwortungsvollen Quellen
FSC® C014496
FSC
www.fsc.org

Verlagsgruppe Random House FSC® N001967
Das FSC®-zertifizierte Papier *Holmen Book Cream*
für dieses Buch liefert Holmen Paper, Hallstavik, Schweden.

1. Auflage
Originalausgabe März 2014

Umschlaggestaltung: UNO Werbeagentur, München
Lektorat: Doreen Fröhlich
DF · Herstellung: Str.
Satz: Buch-Werkstatt GmbH, Bad Aibling
Druck und Bindung: GGP Media GmbH, Pößneck
Printed in Germany
ISBN: 978-3-442-15781-5
www.goldmann-verlag.de

Die geschilderten Fälle beruhen auf wahren Begebenheiten. Aus persönlichkeitsrechtlichen Gründen wurden alle Personen anonymisiert, Handlungen an andere Orte verlegt und bestimmte Details, sowohl der Taten als auch der Ermittlungen, verändert.

Das absurde Verbrechen ist wie Religion.
Unglaublich, aber faszinierend.

Alfred Hitchcock

Inhalt

Der CD-Player 11

Angst 59

Das Baby 89

Es ist 11.35 Uhr und ich verabschiede mich 119

Ausgeblendet 161

Räuber 195

XY … ungelöst 229

Der CD-Player

Für Gertrud Klabuske war es der erste Termin an diesem Morgen. Der erste in der Woche überhaupt – es war Montag. Ursprünglich hatte die Dreiundfünfzigjährige eine halbe Stunde eher an ihrem Ziel sein wollen, doch ihr Auto war nicht angesprungen. Sie besaß einen alten Alfa Spider, den Klassiker, in Rot, der mittlerweile häufiger in der Werkstatt stand, als dass sie mit ihm fahren konnte. Trotzdem brachte sie es nicht übers Herz, den Wagen wegzugeben oder gar zu verschrotten; sie hing zu sehr an ihm. Und da sie seine Macken kannte, hatte sie, als der Motor mal wieder keinen Mucks von sich gab, nur leise vor sich hin geflucht: »Nicht schon wieder … du zickige Diva!«, und war zur S-Bahn gehetzt. Je früher am Morgen sie bei den Leuten aufkreuzte, das wusste sie aus Erfahrung, desto größer war ihre Chance, jemanden anzutreffen.

Knapp fünfundzwanzig Minuten dauerte die Fahrt, dann stieg sie aus der Bahn und überquerte eine mehrspurige Straße, die im morgendlichen Berufsverkehr stark befahren war. Sie lief so schnell, dass man meinen konnte, sie wolle jeden Moment losrennen. Kaum war sie auf der anderen Straßenseite angelangt, verschwand sie auch schon in dem Labyrinth aus Hochhäusern, die sich wie riesige Betonklone vor ihr auftürmten. Dicht aneinandergekeilt ergaben sie eine gigantische Wohnburg der Anonymität.

Gertrud Klabuske stoppte kurz, um sich zu vergewissern,

in welche Richtung sie musste. Dann wandte sie sich nach links und hastete an mehreren Eingängen vorüber, von denen jeder zu mehr als hundert Wohnungen führte, die auf mindestens fünfzehn Stockwerke verteilt waren. Manche Häuser hatten auch achtzehn Geschosse, die höchsten einundzwanzig. Am ehesten konnte man die Blöcke anhand ihrer Höhe unterscheiden, denn niemand hatte sich die Mühe gemacht, den Fassaden unterschiedliche Farbanstriche zu verpassen, was nicht nur die Orientierung erleichtert, sondern ihnen auch etwas von der Trostlosigkeit genommen hätte, die sie ausstrahlten. Wohin man sah, nichts als Grau, in helleren und dunkleren Schattierungen – die Spuren jahrzehntelanger Verwitterung. An diesem Morgen hob sich das Grau der Häuser kaum von dem des Himmels ab, den man zwischen den Wohnblöcken allerdings nur sehen konnte, wenn man seinen Kopf tief in den Nacken legte.

Als Gertrud Klabuske den Eingang mit der Hausnummer 19 erreichte, war es kurz vor halb neun. Vor der Tür wartete bereits ein Mitarbeiter der Hausverwaltung auf sie. Es war der Mann, mit dem sie am Freitag zuvor telefoniert hatte, um den Termin zu vereinbaren. Sie schätzte ihn auf Ende fünfzig, Anfang sechzig. Er trug blaue Arbeitshosen und eine dunkelgraue Wattejacke, die er trotz der Kälte nicht zugeknöpft hatte, sodass man den graublau melierten Rollkragenpullover sehen konnte, der sich über einen imposanten Bauch spannte. Die Jahre hatten im Gesicht des Mannes tiefe Furchen hinterlassen. Seine Augen verbarg er hinter dicken Brillengläsern, die von einem braunen Gestell aus Horn eingefasst waren.

Die beiden begrüßten sich, nicht unfreundlich, aber ohne einander die Hand zu reichen. Der Hausverwaltungsangestellte hatte die Zeit, die er warten musste, damit zugebracht, auf dem Klingelschild den Namen des Mieters ausfindig zu machen, dem ihre frühe Verabredung galt: Beschwelke. Der Vorname, Hans-Werner, hatte nicht mit in das kleine Schriftfeld gepasst, aber da sich auf dem gesamten Tableau nur ein Beschwelke finden ließ, musste es der richtige sein.

Angemeldet hatten sie sich nicht bei ihm – und das aus gutem Grund: Gertrud Klabuske war als Gerichtsvollzieherin im Einsatz.

Seit vier Monaten hatte Hans-Werner Beschwelke keine Miete gezahlt und sämtliche Mahnungen ignoriert. Mehrmals hatte die Hausverwaltung den Versuch unternommen, ihn persönlich zu kontaktieren, doch der Einundvierzigjährige war weder zu Hause anzutreffen noch telefonisch erreichbar gewesen. Gertrud Klabuskes Auftrag bestand nun darin, die Zwangsräumung der Wohnung einzuleiten, indem sie dem Mietpreller den Räumungsbeschluss zustellte – und zwar persönlich. In dem amtlichen Schreiben stand, dass er innerhalb von zwei Monaten aus der Wohnung auszuziehen hatte.

Die Gerichtsvollzieherin und ihr Begleiter nahmen den Fahrstuhl, der sie in die fünfzehnte Etage brachte. Es dauerte ein Weilchen, bis sie die richtige Wohnungstür fanden. Dass auf ihr Klingeln niemand reagierte, erschien ihnen angesichts der Vorgeschichte nicht weiter verwunderlich. Wahrscheinlich wären sie eher überrascht gewesen, hätte plötzlich jemand geöffnet und sie hereingebeten. Nachdem sie mehrmals den Klingelknopf gedrückt und danach jedes Mal gelauscht hatten, ob aus der Wohnung Geräusche zu hören waren, sich aber nichts tat, schloss der Mitarbeiter der Hausverwaltung mit einem Spezialschlüssel die Tür auf.

Sofort schlug ihnen ein stechender Geruch entgegen, er traf sie wie ein unsichtbarer Schlag gegen den Kopf. Beide wichen zurück. Gertrud Klabuske kannte solche Situationen. Schnell zog sie ein Zellstofftaschentuch aus ihrem Aktenkoffer und hielt es vor Mund und Nase, erst dann betrat sie die Wohnung. Ihr Begleiter war zwei Schritte vorausgegangen, aber auch er schien es nicht mehr eilig zu haben. Zögernd setzte er einen Fuß vor den anderen, als sei er unschlüssig, ob er tiefer in die Wohnung vordringen oder doch besser kehrtmachen sollte.

»Herr Beschwelke, sind Sie da?«, fragte er mit gepresster Stimme in den Raum, da ihnen niemand entgegenkam. »Herr Beschwelke …?«

Keine Antwort.

Vom Flur, der in der Länge keine drei Meter maß, gelangten sie durch eine Tür – sie stand offen – ins Wohnzimmer. Dort wurde der unangenehme Geruch noch intensiver. Gertrud Klabuske verzog angewidert das Gesicht und drückte das Taschentuch fester auf Mund und Nase. Auf dem Couchtisch, dessen Platte grünlich-grau gefliest war, stand ein Vogelkäfig, in dem sich nichts rührte. Als sie näher herantraten, sahen sie, dass auf dem Boden des Käfigs zwei Kadaver lagen, bei denen es sich anscheinend um die mumifizierten Überreste von Wellensittichen handelte. Erkennen konnte man das zwar nicht mehr, so vertrocknet und zusammengeschrumpft wie die kleinen Leiber waren. Doch die Vermutung drängte sich auf, da auf dem Boden eine angebrochene Packung Wellensittichfutter lag.

Hinter dem Tisch, an der Wand, die der Tür gegenüberlag, durch die sie hereingekommen waren, stand ein Zweisitzer-Sofa. Es war mit braunem Stoff in grober Leinenstruktur bezogen, die Sitzfläche von Brandlöchern übersät, wie sie glimmende Zigarettenglut hinterlässt. Einige davon sahen aus wie Einschüsse aus einer großkalibrigen Waffe. Links vom Sofa gab ein Fenster den Blick nach draußen frei. Direkt daneben eine verglaste Tür, die auf einen winzigen Balkon hinausführte. Komplettiert wurde die Einrichtung des Zimmers, das kaum größer als zwanzig Quadratmeter war, durch eine Schrankwand aus Kiefernholz, die zum überwiegenden Teil aus offenen Regalelementen bestand, einem schwarzen Ledersessel mit verchromtem Drehfuß und einem flachen Beistelltisch aus Eiche, dekoriert mit einer Batterie Schnapsflaschen – verschiedene Weinbrände, Wodka mit russischem Etikett, Korn und Rum. Auf den Flaschen, von denen keine mehr voll war, hatte sich Staub abgesetzt, sie schienen länger nicht angerührt worden zu sein.

Vom Wohnzimmer ging eine Kochnische ab, die durch eine Art Duschvorhang, halb durchsichtig, abgetrennt war. Kühlschrank, Spüle, zwei Unterschränke – für mehr war kein Platz. Auf einem der Schränke stand ein kleiner Elektroherd mit zwei Kochplatten und einem beigefarbenen Emailletopf darauf. Im Spülbecken stapelte sich benutztes Geschirr, Tassen und Teller, auf dem obersten Teller moderten Essensreste vor sich hin, hier und da blühten Schimmelpilze.

Gertrud Klabuske beschlich ein ungutes Gefühl.

Die Tür, die nach nebenan führte – ins Schlafzimmer, wie sie vermutete –, war verschlossen, der Schlüssel abgezogen und nirgends zu finden. Durch das Schlüsselloch konnte man das Kopfende eines Bettes erkennen und ein Stück von der Matratze, die mit einem vergilbten Laken bezogen war. An der Wand über dem Kopfende waren zahlreiche dunkle Flecken unterschiedlicher Größe auszumachen; sie sahen aus wie Spritzer. Das Bett schien leer zu sein, keine Kopfkissen, keine Decke.

Der Mann von der Hausverwaltung klopfte an die Tür – auf der anderen Seite rührte sich nichts.

»Herr Beschwelke, sind Sie da drin? Ich komme von der Hausverwaltung …«

Stille.

Er klopfte noch einmal, diesmal etwas kräftiger, obwohl es ihm sinnlos erschien. So wie das Wohnzimmer und die Küche aussahen, und so wie es dort stank, dürfte seit längerer Zeit niemand mehr die Wohnung betreten haben. Aber warum war das Schlafzimmer verschlossen?

»Herr Beschwelke, hören Sie mich? … Brauchen Sie Hilfe?«

Die Tür war kein besonders robustes Modell. Wohnungen in solchen Häusern wurden für gewöhnlich mit schlichten und vor allem preiswerten Exemplaren ausgestattet. Ein kräftiger Fußtritt hätte vermutlich genügt, und sie wäre offen gewesen. Doch damit hätten sie gegen die Vorschriften verstoßen. Für Fälle wie diesen war die Feuerwehr zuständig. Wer weiß, was sie hinter der Tür erwartete.

Es dauerte eine halbe Stunde, dann rückten zwei Feuerwehrmänner an. Gertrud Klabuske und der Angestellte der Hausverwaltung hatten derweil im Flur vor der Wohnung gewartet, froh darüber, dem ärgsten Gestank entkommen zu sein.

Tatsächlich war es kein großer Aufwand, sich Zutritt zum Schlafzimmer zu verschaffen. Die Feuerwehrleute benötigten zwei oder drei Minuten, kaum länger. Falls sie sich nicht schon im Wohnzimmer sicher gewesen waren, spätestens jetzt hatten sie keinen Zweifel mehr: Bei dem Gestank, der im Schlafzimmer so intensiv war, dass ihnen der Atem stockte, handelte es sich eindeutig um Verwesungsgeruch. Das Problem war nur: Sie sahen keine Leiche.

Das Zimmer war spartanisch ausgestattet: ein Doppelbett mit silberfarbenem Metallgestell, links neben dem Kopfende ein Regalwürfel aus Kiefernholz, der als Nachttisch diente. Unter dem Fenster eine weiße Kommode mit Schubfächern. Das unterste Fach war komplett herausgezogen, die beiden Fächer darüber waren halb geöffnet. Alle drei sahen aus, als wären sie durchwühlt worden.

Das Bettzeug lag auf dem Boden links von der Tür, zwischen Bett und Wand. Aber nicht so, als hätte es jemand einfach von der Matratze heruntergeschoben. Vielleicht traf das auf die beiden Kissen zu, die Bettdecke jedoch musste jemand in die Hand genommen haben, sie war neben dem Bett regelrecht ausgebreitet worden.

Den Grund dafür fanden die Feuerwehrmänner, als sie erst die Kissen und anschließend die Decke hochhoben – darunter lag eine Leiche. Oder besser gesagt das, was von ihr übrig war. An ein menschliches Wesen erinnerte kaum noch etwas. Die Überreste waren nicht nur stark verwest, sondern auch von allerlei Getier besiedelt, das eifrig damit beschäftigt war, Leichengewebe zu vertilgen.

Wenn jemand stirbt, und seine Leiche wird nicht gleich gefunden und entsprechend verwahrt, kühl und in einem luftdicht abgeschlossenen Raum, kann man förmlich darauf warten, dass Schmeißfliegen angeflogen kommen und ihre Eier darauf ablegen. Jede von ihnen sondert Hunderte Eier ab, bevorzugt auf warmen und feuchten Schleimhäuten. Diese Viecher können den Tod förmlich riechen, und sie sind äußerst ungeduldig. Manche düsen bereits heran, wenn die Person noch gar nicht tot ist, sondern erst im Sterben liegt. Aus ihren Eiern entwickeln sich erst Maden, dann Puppen, bis schließlich Fliegen daraus werden. Die Maden sind besonders gefräßig. Und da sie nie allein, sondern immer in Kolonien auftreten, so dicht aneinandergedrängt, dass es fast wie ein Teppich aussieht, schaffen sie es in relativ kurzer Zeit, einen menschlichen Körper bis zur Unkenntlichkeit zu entstellen.

Es sind aber nicht nur Maden, die am Zersetzungsprozess mitwirken. Seine einzelnen Stufen werden von verschiedenen Insekten begleitet. Ameisen zählen ebenso zu den sogenannten Erstbesiedlern von Leichnamen. Sie sind vor allem auf die Fliegeneier scharf, die sie jedoch nicht an Ort und Stelle verputzen, sondern erst einmal abtransportieren. Allerdings scheinen sie auch das Gewebe der obersten Hautschichten nicht zu verachten. Häufig werden an Leichen, die etwas länger liegen, bevor sie entdeckt werden, Fraßschäden festgestellt, die von Ameisen verursacht wurden.

Die Nächsten, die während des Verwesungsprozesses angelockt werden, sind Käfer, und davon mehrere verschiedene Arten. Manche begnügen sich damit, die Maden der Fliegen zu fressen, und verschwinden von der Leiche, sobald kein weiteres Futter mehr vorhanden ist. Andere, die es zunächst auf Maden abgesehen haben, schwenken nach dem ersten Gang auf Leichengewebe und Knochen als Nahrung um. Generell kann man sagen, dass Käfer meistens erst auftauchen, wenn die Leiche schon ziemlich ausgetrocknet ist. Dagegen machen Schmeißfliegen dann für gewöhnlich den Abflug.

Die Leiche im Schlafzimmer lag auf dem Rücken, war nackt und großflächig von unzähligen Maden bevölkert. Sie bot einen Anblick, den man sich nicht vorstellen möchte. Ungefähr die Hälfte des Körpers war schlicht nicht mehr vorhanden, vom Kopf angefangen – besonders die Gesichtspartie – bis zum Unterleib und den Gliedmaßen. Der Grad der Verwesung und das Ausmaß des Madenfraßes machten es unmöglich, ohne genauere rechtsmedizinische Untersuchung zu erkennen, ob es sich um einen Mann oder eine Frau handelte.

Demzufolge vermochte zu diesem Zeitpunkt auch niemand die Frage zu beantworten, ob es die Überreste von Hans-Werner Beschwelke waren, die dort lagen. Das Einzige, was klar schien: Um wen auch immer es sich bei dem Toten handelte, er – oder sie – konnte sich unmöglich selbst ins Jenseits befördert haben. Die Handgelenke der Leiche waren mit einem braunen Ledergürtel gefesselt, dessen anderes Ende um den Hals geschlungen war. Mir fiel – nachdem ich zum Tatort gerufen worden war und einen Blick auf den Leichnam geworfen hatte – jedenfalls keine Möglichkeit ein, wie jemand das an sich selbst hätte zuwege bringen sollen.

Der Fall ereignete sich Anfang der neunziger Jahre in einem Randbezirk von Köln. Ich wurde damals mit der Leitung der Mordkommission beauftragt. Wir stellten ein gutes Team zusammen, fähige Kollegen, von denen jeder seinen Job verstand. Trotzdem schwante mir noch am selben Tag, dass wir an dem Fall schwer zu knabbern haben würden.

Zwar sprach vieles dafür, dass der Tote Hans-Werner Beschwelke war, doch sicher konnten wir erst sein, wenn es den Rechtsmedizinern gelang, ihn zu identifizieren. Oder wenn wir jemanden fanden, der uns mit verlässlichen Informationen weiterhalf. Aber Beschwelke war nicht einmal vermisst gemeldet worden. Was war mit seinen Nachbarn? Hatte er keine Arbeitskollegen oder irgendwelche Verwandte gehabt? Auch das mussten wir erst einmal herausfinden.

Angenommen, es war tatsächlich Beschwelke: Was verriet uns das über ihn und seine Lebensweise? Dass er inmitten von zweihundert oder noch mehr Menschen gewohnt, aber keinerlei soziale Kontakte gepflegt hatte? War so etwas vorstellbar, in seinem Alter? Von wem und warum wurde er dann umgebracht? Noch dazu in seiner Wohnung? Es sah nicht so aus, als hätte er dort Reichtümer verborgen gehalten. Aber vielleicht täuschte das ja.

Wir begannen mit unseren Nachforschungen in dem Hochhaus. Alte Regel: Man startet am Tatort und zieht von dort aus immer größere Kreise. In den meisten Fällen muss man sich gar nicht weit fortbewegen. Oft liegt die Lösung recht nah. Damit meine ich nicht nur die räumliche Distanz. Die überwiegende Zahl aller Tötungsdelikte sind Beziehungstaten. Es wäre sicherlich falsch zu sagen, dass die einfacher aufzuklären sind. Aber die Chancen stehen in der Regel um einiges besser, als wenn sich Täter und Opfer vorher nicht kannten, es keine Bezugspunkte zwischen beiden gab. Schon weil man es mit einem überschaubaren Personenkreis zu tun hat. Weil die Spurenlage dann mehr hergibt, meistens jedenfalls. Und weil man beim Aufdröseln eines Beziehungsgeflechts eher auf ein Motiv stößt.

Wir klingelten an jeder Wohnungstür. Es waren mehr als hundertfünfzig. Das Resultat lohnte den Aufwand kaum, es war äußerst dürftig, aber das kann man vorher nie wissen. Keiner im Haus wollte den Einundvierzigjährigen besser gekannt haben als nur flüchtig, und nicht einmal davon gab es viele. Lediglich ein paar von den Leuten, die auf derselben Etage wohnten, wussten etwas über ihn zu sagen. Ein ruhiger Nachbar sei er gewesen, nur mit dem Putzen habe er es nicht so genau genommen. Vor seiner Tür habe er so gut wie nie den Besen oder einen Wischmopp geschwungen. Ein älterer Mann, dessen Wohnung direkt neben der von Beschwelke lag, meinte, ihm sei nichts Besonderes aufgefallen, er habe auch nichts gerochen. Aber er erinnerte sich, dass sein Nachbar früher in einer Gaststätte gearbeitet habe, angeblich hinterm Tresen, irgendwann aber gefeuert wurde, den Grund wisse er nicht. Immerhin ein Ansatz. Nachdem der Rentner eine Weile überlegt hatte, fiel ihm sogar der Name der »üblen Spelunke« ein, wie er sie bezeichnete. Sie lag ganz in der Nähe.

Der Pächter war auf seinen früheren Mitarbeiter alles andere als gut zu sprechen. Kaum hatten meine Leute seinen Namen ausgesprochen, polterte er los: »Hören Sie mir auf mit dem! Hat er was ausgefressen? Würde mich nicht wundern.« Anfangs sei er mit ihm klargekommen, die ersten fünf, sechs Wochen vielleicht. Aber dann hatte die Schlamperei begonnen. Ständig sei Beschwelke zu spät gekommen, manchmal habe er sich auch gar nicht blicken lassen und hinterher behauptet, er sei krank gewesen. Auf die ärztlichen Atteste, meinte der Gastwirt, würde er heute noch warten.

»Und wann haben Sie Herrn Beschwelke das letzte Mal gesehen?«

»Seit dem Rausschmiss? Gar nicht mehr. Der hat sich hier nicht wieder blicken lassen. Ist auch besser so.«

»Wann war das?«

»Vor einem Dreivierteljahr, schätze ich. Kann auch etwas länger her sein.«

Aber wir hatten auch Glück. Hans-Werner Beschwelke war nämlich kein Unbekannter für die Polizei, wie sich herausstellte. Gegen ihn waren in der Vergangenheit mehrere Verfahren anhängig gewesen – mal wegen Unterschlagung, mal wegen Diebstahls, oder gleich wegen beidem zusammen. Im Grunde lächerliche Geschichten, bei denen man sich fragte: Warum macht einer so etwas? Und vor allem: Warum macht er es immer wieder? Jedes Mal war es um Videokassetten gegangen, genauer gesagt um Pornovideos, Gay-Movies vom härteren Kaliber. Entweder hatte Beschwelke sie in einer Videothek mitgehen und sich dabei erwischen lassen, oder er hatte sie regulär ausgeliehen und nicht wieder zurückgebracht. Einige der Verfahren waren wegen Geringfügigkeit eingestellt worden, ein paar Mal hatte er eine Geldstrafe zahlen müssen.

Das Wichtigste für uns aber war: Im Zuge dieser Verfahren hatten sich die Kollegen vom Erkennungsdienst mit ihm befasst, nicht nur einmal – das heißt, wir hatten seine Fingerabdrücke. Damals arbeiteten wir noch nicht mit dem Automatisierten Fingerabdruckidentifizierungssystem (AFIS), das wurde erst ein oder zwei Jahre später in Deutschland eingeführt. Beschwelkes Fingerabdrücke waren noch nach der alten Methode gespeichert worden, auf Mikroplanfilm, sogenannten Mikrofiches.

Die Fingerabdrücke waren es dann auch, durch die die Leiche identifiziert werden konnte. Allerdings vergingen bis dahin einige Tage. Durch die fortgeschrittene Verwesung mussten die Fingerkuppen – auch Fingerbeeren genannt – erst einmal aufwendig präpariert werden. Dafür wurde der Leiche eine Hand abgetrennt und diese in eine spezielle Flüssigkeit eingelegt, die dafür sorgte, dass sich die Oberhaut von den Fingern ablöste. Anschließend nahm ein Beamter des Erkennungsdienstes die Fingerbeeren des Toten und stülpte sie über die eigenen Finger, um einen Abdruck davon machen zu können – gewissermaßen stellvertretend für den Toten. Auf den Fingerbeeren befinden sich die Papillarleisten, die bei jedem Menschen anders angeordnet und ausgeprägt sind und somit einen Fingerabdruck ergeben, der einmalig ist.

Das wird übrigens bis heute so gehandhabt. DNA-Analysen, mit denen man Leichen auch identifizieren könnte, sind vergleichsweise teuer, und sie dauern relativ lange. Ich erinnere mich, dass es nach der Tsunami-Katastrophe im Dezember 2004 in Südostasien einigen Ärger gab, weil europäische Rechtsmediziner, die zur Identifizierung der Opfer eingesetzt waren, den Leichen einzelne Finger oder auch Hände abschnitten, um sie später entsprechend präparieren und Fingerabdrücke machen zu können. Das kam bei den Einheimischen nicht gut an, vermutlich aus religiösen Gründen. Soviel ich mitbekommen habe, hat man einige dieser Rechtsmediziner sogar von den Hilfsmaßnahmen abgezogen und nach Hause geschickt.

In den letzten zwei, drei Jahren wurde eine neue Methode entwickelt, Fingerkuppen von fäulnisveränderten Leichen so aufzubereiten, dass man verwertbare Fingerabdrücke davon nehmen kann. Das Verfahren, das eine Zeit lang getestet wurde und jetzt immer häufiger angewendet wird, nennt sich »Thanatoprint«. Dabei wird – vereinfacht dargestellt –

über einen Katheder eine spezielle Flüssigkeitsmischung in eine Arterie am Unterarm gespritzt, die die Finger »aufquellen« lässt, sodass sie wieder ein gewisses Volumen und auch Spannung bekommen. Parallel dazu entzieht man dem Gewebe Flüssigkeit, damit die obere Hautschicht abtrocknet. Nach etwa dreißig bis sechzig Minuten können Abdrücke von den Fingerbeeren genommen werden. Allerdings nur, wenn die Finger beziehungsweise Hände vorher nicht bereits mumifiziert waren, dann funktioniert es nicht – weil nichts mehr »aufquillt« und sich die ursprüngliche Struktur der Fingerbeere nicht wieder herstellen lässt.

Jedenfalls wurde durch den Abgleich der Fingerabdrücke des Toten aus der Wohnung mit denen von Hans-Werner Beschwelke auf Mikrofilm vorhandenen amtlich, was wir die ganze Zeit vermutet hatten: Es war die Leiche des Einundvierzigjährigen.

Wenn ich daran zurückdenke! Unsere Experten vom Erkennungsdienst mussten wirklich gute Augen haben. Die Abdrücke wurden damals an speziellen Lesegeräten verglichen. Das waren ziemlich große Kisten mit Sichtbildschirmen. Man legte unten den Mikrofiche ein und konnte die Abbildung auf dem Bildschirm entsprechend vergrößern. Die Qualität der Abdrücke auf den Fiches war nicht schlecht, aber kein Vergleich zu heute. Es hat dann auch meistens einige Zeit gedauert, bis man sicher sagen konnte, ob die Abdrücke übereinstimmten oder nicht. Am Computer ging das später natürlich viel schneller und genauer. Wir hatten damals aber auch ein paar Spezialisten dabei, Sachverständige für Daktyloskopie – ausgewiesene Fingerschau-Experten –, die manchmal nur einen kurzen Blick auf den Fingerabdruck warfen und dann direkt wussten, ob er einem bestimmten Tatverdächtigen zuzuordnen war.

Die Gewissheit zu haben, dass es sich bei dem Toten tatsächlich um Beschwelke handelte, war zweifellos ein Fortschritt, machte unsere Arbeit allerdings kaum einfacher. Hätte mich damals jemand gefragt, wie groß ich die Chance einschätzte, dass wir den Fall gelöst bekommen, meine Antwort wäre zumindest zurückhaltend ausgefallen. Wenn nicht mal jemand den Mann vermisste!

Wir wussten inzwischen auch, dass Beschwelke Opfer eines Tötungsdeliktes geworden war. Davon waren wir zwar vom ersten Tag an ausgegangen. Die abgeschlossene Schlafzimmertür, die Fesselung mit dem Gürtel, die über der Leiche ausgebreitete Bettdecke, die Blutspuren auf dem Bettzeug – offensichtlicher ging es kaum. Doch der letzte Beweis hatte uns bisher noch gefehlt. Den hatten uns nun die Rechtsmediziner geliefert, die ich noch weniger als sonst um ihre Arbeit beneidete – so wie die Leiche aussah, die sie auf den Seziertisch bekommen hatten.

Zunächst erhielten wir nur ein »Vorläufiges Gutachten«, da die Rechtsmediziner einigen Fragen mit Hilfe von feingeweblichen und toxikologischen Untersuchungen genauer auf den Grund gehen wollten. Die Todesursache stand für sie jedoch fest: ein ausgedehnter Schädeltrümmerbruch in Kombination mit Strangulation. Demnach hatte der Täter Beschwelkes Kopf mit einem stumpfen Gegenstand malträtiert. Dessen rechtes Schläfenbein war durch einen Schlag zerschmettert worden. Vielleicht waren es auch mehrere Schläge gewesen, dann aber ziemlich genau auf die gleiche Stelle. Von dort zogen sich Bruchausläufer fast über den gesamten knöchernen Schädel. Die Weichteile darunter schienen eingeblutet zu sein, vermuteten die Rechtsmediziner. Sie sahen, dass das betreffende Gewebe dunkel verfärbt war, aber ob es durch Blut verfärbt wurde, würden sie erst mittels feingeweblicher Untersuchung klären können.

Auch für eine Strangulation hatten sie deutliche Anzeichen ausgemacht. Womit nicht der um den Hals der Leiche geschlungene Gürtel gemeint war, der allein sagte erst mal nicht viel aus. Den hätte der Täter ebenso gut nach der Tat dort positionieren können. Für eine Strangulation sprach, dass das linke Zungenbeinhorn – das Zungenbein befindet sich am Mundboden, unterhalb der Zunge – und auch das linke Schildknorpelhorn, das zum größten Knorpel des Kehlkopfs gehört, abgebrochen waren. Außerdem waren die Halsweichteile auf der linken Seite verfärbt, was auf eine Unterblutung hindeutete. Noch klarer wären die Anzeichen für eine Gewalteinwirkung gegen den Hals gewesen, hätten die Rechtsmediziner in den Augenbindehäuten und in den Lidhäuten punktförmige Einblutungen finden können oder in der Gesichtshaut. Nur gab es in diesem Bereich des Kopfes nicht viel zu finden – weil dort nicht mehr viel vorhanden war.

Auf welche Weise er stranguliert worden war, konnte man schwer sagen. Generell unterscheidet man drei Arten der Strangulation: Erhängen, Erwürgen, Erdrosseln. Eine beidseitig zum Nacken hin ansteigende Strangmarke wäre charakteristisch gewesen für Erhängen. Ob es eine solche gab, war in diesem Stadium der Verwesung nicht mehr festzustellen. Aber Erhängen schied hier wohl sowieso aus. Es gab in der Wohnung keine Stelle, wo man das hätte durchführen können. Und warum hätte der Täter sich die Mühe machen sollen, sein Opfer erst aufzuhängen, anschließend auf den Boden zu verfrachten und ihm dann den Gürtel anzulegen?

Wäre Beschwelke erdrosselt worden, hätte man eine horizontal verlaufende, zirkuläre Drosselmarke finden müssen. Vom Erwürgen wären äußerlich vor allem Hautrötungen am Hals als Spuren geblieben, streifige oder eher flächenhafte, je nachdem, wie der Täter vorgegangen war. Beides war bei den Resten, die noch vorhanden waren, nicht zweifelsfrei nachzuweisen. Die Tatsache, dass das Zungenbein gebrochen war, ließ sowohl das eine als auch das andere denkbar erscheinen – Erdrosseln und Erwürgen. Da die Gewaltanwendung gegen den Hals aber offenbar von unterschiedlicher Intensität war, auf der linken Seite stärker als auf der rechten, kam wohl am ehesten Erwürgen in Betracht.

Ungeklärt blieb schließlich auch, was von beidem letztlich zum Eintritt des Todes geführt hatte: die Zertrümmerung des Schädels oder die Strangulation? Was war davon zuerst erfolgt? Der Täter konnte schwerlich zugeschlagen und gleichzeitig gewürgt haben – oder umgekehrt. Wobei vermutlich jedes für sich tödlich gewesen wäre.

Und noch eine Frage konnten uns die Rechtsmediziner nicht beantworten, nämlich wann Hans-Werner Beschwelke gestorben war. Nur dass es eine ganze Weile her sein musste – zwei Monate mindestens, vielleicht aber auch drei oder vier.

Diese vage Zeitspanne konnten wir etwas eingrenzen, nachdem wir mit dem Arzt gesprochen hatten, bei dem Beschwelke zuletzt in Behandlung gewesen war. Aus der Patientenkartei ging hervor, dass er ziemlich genau vier Monate, bevor seine Leiche gefunden wurde, einen Termin bei ihm gehabt hatte. Danach habe er sich nicht wieder gemeldet, sagte der Arzt, obwohl die Behandlung nicht abgeschlossen gewesen sei. Bei diesem letzten Besuch habe sein Patient über Angstzustände und Schlafstörungen geklagt. Nicht zum ersten Mal, beides schien Beschwelke seit Jahren belastet zu haben. Einige Male tauchte in den Behandlungsunterlagen auch das Wort »Depression« auf. Und häufiger ging es um die Diagnose »Nikotinabusus«. Bis zu siebzig Zigaretten, stand dort, soll er pro Tag konsumiert haben. Dass ihm das nicht gut bekommen war, konnte man auf dem Anamnesebogen ablesen: Bei einer Körpergröße von 1,76 Meter hatte er gerade mal achtundvierzig Kilo gewogen. Es war noch kein halbes Jahr her, dass er diese Angaben gemacht hatte.

Überhaupt hatte er dem Arzt viel von sich offenbart, bis hin zu seiner sexuellen Neigung. Beschwelke war schwul und schien darunter gelitten zu haben – in doppelter Weise. Einmal, weil sein Vater ihn deswegen verstoßen und danach nie wieder ein Wort mit ihm gesprochen hatte, über zwanzig Jahre lang, bis zu dessen Tod, der mehrere Jahre zurücklag. Zum anderen, weil er keinen festen Partner gefunden hatte, zumindest seit er bei dem Arzt in Behandlung war. Es soll Phasen gegeben haben, da sei er Abend für Abend in die Innenstadt gefahren und wie ein streunender Hund durch die einschlägigen Lokale gezogen, um jemanden aufzugabeln, der ihn mit nach Hause nahm oder den er mit zu sich nehmen konnte.

Keine feste Beziehung, keinen Kontakt zur Familie, und Arbeitskollegen gab es auch keine, nicht einmal einen guten Freund oder eine gute Freundin. Anders gesagt: Wir suchten die Nadel im Heuhaufen. Und das war in diesem Fall noch optimistisch formuliert. Denn der Heuhaufen, das waren die

Lokale – Kneipen, Clubs und Bars –, die allnächtlich von der Homosexuellen- und Stricherszene bevölkert wurden. Davon gab und gibt es in Köln ja nicht gerade wenige. Was das Unterfangen, dort brauchbare Informationen aufzutreiben, aber vor allem erschwerte: Die Gäste solcher Etablissements waren nicht besonders erpicht darauf, Bekanntschaft mit der Polizei zu schließen. Aus den verschiedensten Gründen. Ich habe einige Jahre bei der Sitte gearbeitet, da hatten wir auch in dem Milieu zu tun. Mir musste man ihre Beweggründe nicht erklären.

Dass Stricher nichts mit uns zu schaffen haben wollten, war gewissermaßen naturgegeben. Prostitution war Anfang der neunziger Jahre noch nicht per Gesetz legalisiert, aber grundsätzlich erlaubt – nur eben nicht überall. Wo, beziehungsweise wo nicht, das wurde in Köln per Sperrbezirksverordnung festgelegt. Ein großer Teil der Innenstadt war als Sperrbezirk ausgewiesen, dazu zählte auch die Gegend um den Alter Markt, wo sich die meisten der Lokale befanden, die wir aufsuchten, um Hinweise im Fall Beschwelke zu finden. Das heißt: Stricher durften sich dort aufhalten, aber keine Freier abschleppen, was sie natürlich trotzdem versuchten.

Aber auch von jemandem, der nicht anschaffen ging, sondern heimlich ein Doppelleben führte, zu Hause Frau und Kinder hatte, tagsüber den braven Familienvater spielte und nachts sein anderes Ich auslebte, hatten wir naturgemäß keine Kooperationsbereitschaft zu erwarten. Genauso wenig wie von einem, der in einem Beruf oder in einer Firma arbeitete, wo ein Outing nicht eben als Karriereförderungsmaßnahme angesehen wurde. Heute mag das etwas anders sein, offener, zu der Zeit jedoch waren Ressentiments gegen Schwule in vielen Bereichen noch ziemlich ausgeprägt. Wenn also jemand von denen mit uns sprach, uns vielleicht sogar Informationen zukommen ließ, die unsere Ermittlungen weiterbrachten, riskierte er einiges. Schlimmstenfalls – aus seiner Sicht – würde er sich später als Zeuge in einem Gerichtssaal wiederfinden. Und spätestens dort würde sein Geheimnis auffliegen.

Man hätte ein gewisses Verständnis für die Scheu der Befragten vor uns und unseren Nachforschungen aufbringen können. Mag sein. Aber mit einem ungeklärten Mordfall auf dem Tisch sieht man manche Dinge anders, auf jeden Fall weniger emotional. Jemand hatte einen Menschen getötet, und dieser Jemand lief irgendwo da draußen frei herum. Und wer weiß, vielleicht würde er wieder töten. Ausschließen konnte man das jedenfalls nicht. Oder er hatte vorher schon getötet. Es gibt in den Akten der Kölner Polizei einige Morde an Homosexuellen, die bis heute nicht geklärt werden konnten.

Wir legten ein paar Nachtschichten ein, schwärmten aus und hörten uns in der Szene um. Da inzwischen alle Lokalzeitungen groß und breit über den Fall berichtet und auch Fotos vom Opfer veröffentlicht hatten, verkündeten wir keine Neuigkeiten. So ziemlich jeder, den wir zu Hans-Werner Beschwelke befragten, wusste, dass der nicht mehr unter den Lebenden weilte, selbst wenn er ihn nicht gekannt hatte. Und wirklich gekannt schien ihn kaum jemand zu haben. In der einen oder anderen Kneipe konnte man sich immerhin an ihn erinnern, weil er sich häufig dort herumgedrückt hatte. Unterhalten hatten sich die wenigsten mit ihm – falls man glauben konnte, was uns die Leute sagten.

Jede Auskunft, die wir erhielten, war ein Pinselstrich mehr

auf dem Gemälde des einsamen Mannes, der allein durch die Nächte getigert war und sich die Gesellschaft junger Männer für Stunden erkauft hatte – fünfzig Mark für eine Nummer, das war damals der übliche Preis, Übernachtung inklusive. Und wenn einer der Jungs nicht bleiben wollte, hatte Beschwelke noch ein paar Mark draufgelegt, damit sein Gast es sich anders überlegte.

Mir war während unserer Ermittlungen ein besonderes Erlebnis vergönnt. Die Kollegen von der Spurensicherung hatten in Beschwelkes Brieftasche einen kleinen, zusammengefalteten Zettel gefunden, auf dem eine Telefonnummer stand. Die Ziffern waren mit Hand geschrieben, blaue Kugelschreibertinte. Ein Name stand nicht dabei. Da auch die Vorwahl fehlte, gingen wir davon aus, dass es sich um einen Anschluss in Köln handelte. So war es auch. In einem gewöhnlichen Telefonbuch war die Nummer allerdings nicht zu finden – es handelte sich um eine Geheimnummer. Sie führte uns zu einem nicht nur in Köln bekannten Schauspieler, der homosexuell war, im Privatleben auch kein Geheimnis daraus machte, regelmäßig in diversen Kneipen verkehrte, sich aber öffentlich damals noch nicht geoutet hatte. Er wohnte in einem Mehrfamilienhaus in der Südstadt, das ihm gehörte. Seine Wohnung erstreckte sich über die gesamte obere Etage, und der Clou war eine riesige Dachterrasse mit Whirlpool.

Als wir uns bei ihm meldeten, wirkte er kein bisschen überrascht. Die Gelassenheit in Person. Aber vielleicht spielte er das nur. Ich war mit einem Kollegen dort. Der Schauspieler schien allein in der Wohnung zu sein, die mit einer Mischung aus modernen Möbeln – reichlich Glas und Chrom – und

Antiquitäten eingerichtet war. Zumindest die Bereiche, die wir zu sehen bekamen – Flur, Wohnzimmer, Bibliothek. Alles wirkte sehr edel. Er trug eine braune Cordhose, die etwas weiter geschnitten war, und einen dunkelblauen Rollkragenpullover. Sicher Kaschmir, dachte ich.

Wir hatten den Zettel mit der Telefonnummer dabei, er steckte in einer Klarsichthülle. Als wir – nennen wir ihn Herrn X – baten, einen Blick darauf zu werfen, tat er uns den Gefallen, opferte aber nicht mehr als ein paar flüchtige Sekunden, um uns dann mitzuteilen, dass es weder seine Schrift sei noch der Zettel von ihm stamme.

»Ganz sicher?«

»Absolut.«

Den Namen Hans-Werner Beschwelke kenne er nur aus der Zeitung, sagte er. Er habe nie mit dem Mann zu tun gehabt. Nach den Fotos zu urteilen, sei es auch niemand gewesen, der ihn optisch angesprochen hätte.

»Können Sie sich dann erklären, warum er Ihre Telefonnummer in seiner Brieftasche hatte?«

»Ich habe sie ihm bestimmt nicht gegeben.«

»Aber die Nummer bekommt man nicht so einfach heraus ...«

»Ach, was meinen Sie, wie viele Leute meine Nummer haben.«

Ob er uns damit die Wahrheit sagte? Wir wussten es nicht. Als Mörder schien er uns jedoch nicht infrage zu kommen. Wir fanden später auch keine Hinweise, die seine Aussage widerlegt hätten.

Wie es aussah, gab es tatsächlich niemanden, der Beschwelke nahegestanden hatte. Seine Eltern, die ihn verstoßen hatten, waren inzwischen beide tot. Es gab noch einen Bruder und eine Schwester, aber die wollten mit ihm nichts zu schaffen haben. Der Bruder – er war Lehrer – lebte mit seiner Frau und drei Kindern in einem Dorf bei Regensburg. Er hatte seit über zehn Jahren keinen Kontakt zu Hans-Werner gehabt. Selbst als fünf Jahre zuvor die Mutter und zwei Jahre später der Vater gestorben waren, hatte er sich nicht überwinden können, seinem Bruder wenigstens eine Nachricht über ihren Tod zukommen zu lassen. Er meinte, er habe nicht einmal gewusst, wo Hans-Werner wohnte.

Beschwelkes Schwester ausfindig zu machen gestaltete sich recht schwierig. Sie hatte sich als junge Frau in einen Argentinier verliebt, für den sie das Studium abbrach, um mit ihm in seine Heimat zu gehen, nach Buenos Aires. Die beiden heirateten ziemlich schnell und bekamen Zwillinge, allerdings hielt die Ehe nicht lange. Der Grund war offenbar ein anderer Mann, der sie und die Kinder mit nach Rosario nahm. Zu dem Zeitpunkt, als wir sie suchten, lebte die Familie in einem kleinen Ort etwa fünfzig Kilometer nördlich davon. Über die deutsche Botschaft in Buenos Aires nahmen wir Kontakt zu ihr auf. Das Gespräch brachte allerdings keine neuen Erkenntnisse. Auch sie hatte den Kontakt zu ihrem Bruder in Köln vor langer Zeit abgebrochen, über sein Leben danach konnte sie uns nichts erzählen. Und wie ihr anderer Bruder, der Lehrer, wollte sie sich weder um die Bestattung noch um den Nachlass des Getöteten kümmern.

Wir hingen ganz schön in der Luft, ermittelten und ermittelten, schoben Überstunden, kamen aber nicht entscheidend weiter. Man darf nicht vergessen, dass die DNA-Analyse zu der Zeit noch nicht zum gängigen Werkzeug der polizeilichen Ermittlungsarbeit gehörte. Damit wären wir vermutlich schneller vorangekommen. An Spurenmaterial fand sich in Beschwelkes Wohnung ja einiges. Auch Fingerabdrücke waren keine Mangelware, wir konnten sie nur keinem Verdächtigen zuordnen – einfach, weil wir keinen Verdächtigen hatten. Nicht ein einziger der Strichjungen, die wir befragten, gab zu, sich im fraglichen Zeitraum an Beschwelke verkauft zu haben, geschweige denn, in dessen Wohnung gewesen zu sein. Aber was hieß das schon? Den meisten sah man förmlich an, dass sie uns sonst was erzählten, nur nicht die Wahrheit. Sie wichen jedem Blickkontakt aus und behaupteten trotzig, gar nicht auf Freiersuche zu sein. Dazu erfanden sie irgendwelche kruden Geschichten, wie sie ausgerechnet in ein solches Lokal geraten waren – und das natürlich zum allerersten Mal.

Der Gedanke, dass es sich bei dem Täter, dem wir hinterherjagten wie einem Phantom, um einen Stricher handeln könnte, stimmte uns keineswegs optimistischer. Viele von den Jungs waren unstete Gesellen, hatten keinen festen Wohnsitz, trieben sich mal hier, mal dort herum, verdrückten sich von heute auf morgen in eine andere Stadt, weil es ihnen gerade in den Sinn kam oder weil sie sich dort ein einträglicheres Geschäft erhofften.

Sollte Hans-Werner Beschwelke von einem Stricher getötet worden sein, da brauchten wir uns nichts vorzumachen, würde der alles daran gesetzt haben, so schnell wie möglich aus Köln zu verschwinden.

In komplizierten Situationen sind es manchmal denkbar einfache Dinge, auf die man als Ermittler seine Hoffnungen setzt. So war es auch in diesem Fall. Die Spurensicherung hatte gründlich gearbeitet. Wir hatten inzwischen herausgefunden, dass aus Beschwelkes Wohnung einige Gegenstände entwendet worden waren, unter anderem zwei silberne Armbänder, beide mit Gravur, eine grobgliedrige goldene Herrenkette, eine antike mechanische Armbanduhr, die angeblich sehr wertvoll war, und ein CD-Player japanischen Fabrikats. Vielleicht hatte der Täter ja versucht, die Sachen – oder wenigstens einige davon – in Bargeld umzusetzen. Es wäre nicht besonders schlau von ihm gewesen, das in der Stadt zu tun, in der er die Tat verübt hatte. Nachgehen mussten wir dieser Möglichkeit aber natürlich trotzdem.

Es gab bei uns eine spezielle Dienststelle, die nannte sich Sachfahndung. Die Beamten dort konzentrierten sich auf die Suche von Diebes- und Raubgut. Ihre Arbeit brachte es im Laufe der Jahre mit sich, dass sie so ziemlich alle An-und-Verkauf-Geschäfte und jedes Pfandleihhaus in der Stadt kannten. Über die Jahre hatte sich zu den meisten Inhabern ein recht guter Kontakt entwickelt. Ein bisschen nach der Devise: leben und leben lassen. Die Händler und Pfandleiher, die sich mit ihren Geschäftsaktivitäten mitunter in einem gesetzlichen Graubereich bewegten, und das natürlich auch wussten, wollten möglichst keinen Ärger mit der Polizei. Unsere Kollegen wiederum wollten verlässliche Auskünfte. Wenn also eine Straftat geschehen war, bei der etwas geraubt oder gestohlen wurde, ging eine entsprechende Information an all diese Läden. Mit der Bitte – oder sagen wir: mit der freundlichen, aber doch bestimmten Aufforderung –, sich umgehend zu rühren, sobald einer der beschriebenen Gegenstände bei ihnen auftauchte. Meistens funktionierte das sogar.

Zweiundvierzig Tage, nachdem Beschwelkes Leiche gefunden worden war, meldete sich tatsächlich jemand: der Betreiber eines Pfandleihhauses in Mülheim, einem Stadtviertel im Rechtsrheinischen. Bei ihm war ein CD-Player des beschriebenen Modells in Zahlung gegeben worden. Und da er genau Buch führte, wusste er nicht nur den Namen des Kunden, sondern auch, an welchem Tag er da gewesen war. Er hatte sich sogar vorschriftsgemäß dessen Personalausweis vorlegen lassen und die Nummer notiert.

War das schon der Sechser im Lotto?

Ich wagte es kaum, daran zu glauben. Wie viele CD-Player von dieser Sorte gab es in Köln? In den Wochen mühseliger Fahndungsarbeit, deren Ausbeute mehr als bescheiden war, hatte ich mich manchmal bei dem Gedanken ertappt, den Fall womöglich niemals gelöst zu bekommen. Dieses Gefühl des Auf-der-Stelle-Tretens kann einem ganz schön zusetzen. Wie oft lag ich nachts wach und grübelte: Warum kamen wir nicht weiter? Was hatten wir übersehen?

Aber man muss sich immer wieder zwingen, an den Erfolg zu glauben und sich nach Rückschlägen zurück in die Spur bringen. Sich selbst, aber auch die anderen im Team – das ist Teil des Jobs, wenn man eine Mordkommission leitet. Im Fall Beschwelke kam erschwerend hinzu, dass die Tat bereits Monate zurücklag, bevor sie überhaupt entdeckt worden war. Normalerweise sagt man, dass nach einem Tötungsdelikt die ersten vierundzwanzig bis achtundvierzig Stunden wesentlich sind für den Erfolg der Ermittlungen. Das konnte diesmal natürlich kein Maßstab sein.

Immerhin hatten wir jetzt eine erste konkrete Spur – vorausgesetzt, sie löste sich aus irgendeinem Grund nicht gleich wieder in Luft auf.

Zuversichtlich stimmte uns, dass es offenbar der einzige Pfandleiher war, der in dem Zeitraum, der für uns von Bedeutung war, ein solches Gerät in Zahlung genommen hatte. Jedenfalls hatte sich bisher kein anderer bei uns gemeldet. Auch dass der Kunde ein junger Mann gewesen war, vierundzwanzig Jahre alt, konnte passen. Hinzu kam, dass er den CD-Player genau drei Tage, nachdem Hans-Werner Beschwelke das letzte Mal seinen Arzt aufgesucht hatte, ins Pfandleihhaus gebracht hatte. Für die Zeit danach hatten wir noch keinen Zeugen gefunden, der glaubhaft sagen konnte, Beschwelke gesehen zu haben. Die Wohnungsnachbarn waren sich unsicher, und die Hinweise, die wir von den Leuten in den Kneipen erhalten hatten, konnte man nicht als verlässlich einstufen; sie waren in keiner Weise nachprüfbar. Wenn es also tatsächlich Beschwelkes CD-Player gewesen sein sollte, musste der Einundvierzigjährige in der Zeit zwischen Arztbesuch und dem Auftauchen des jungen Mannes beim Pfandleiher ermordet worden sein.

Es wäre gut gewesen, hätte man untersuchen können, ob es auf dem CD-Player Fingerabdrücke von Beschwelke gab. Das ging nur leider nicht, da der Pfandleiher das Gerät genau einen Monat aufbewahrt, dann aber verkauft hatte. Und den Namen dieses Kunden wusste er nicht, denn der hatte die vierhundert Mark, die der Händler dafür verlangte, in bar auf den Tisch gelegt.

Die gute Nachricht war: Wir konnten uns die Fahndung nach dem jungen Mann sparen, der den CD-Player versetzt hatte. Bernhard Blockner, so hieß er, befand sich an einem Ort, wo er uns nicht davonlaufen konnte – im Gefängnis. Er hatte unmittelbar nach seinem Besuch im Pfandleihhaus die Stadt verlassen, war mit dem Zug nach Hannover gefahren und dort im Bahnhofsviertel untergetaucht. In Hannover kannte er zwei, drei Saunaclubs, in denen er übernachten konnte. Und er wusste auch, an welchen Stellen man sich als Stricher am besten postierte, um an Freier zu kommen. Ein paar Tage ging das gut, dann lief er einer Zivilstreife direkt in die Arme.

Als die beiden Beamten seine Personalien über Funk an die Leitstelle durchgaben, um sie überprüfen zu lassen, konnte er sich ausrechnen, dass er die kommende Nacht hinter Schloss und Riegel verbringen würde – und nicht nur die. Denn gegen ihn lag ein Haftbefehl wegen Autodiebstahls vor.

Die Tat hatte er nicht in Hannover verübt, sondern in Hamburg, genauer gesagt: in einem Ort namens Wedel, der direkt vor den Toren der Hansestadt liegt. Da die Kollegen im Norden aber wussten, dass sich einer wie er überall und nirgends herumtrieb, hatten sie ihn gleich bundesweit zur Fahndung ausgeschrieben.

Eine Woche später wurde der Festgenommene nach Hamburg verlegt, in die dortige Untersuchungshaftanstalt. Drei Monate saß er dort, dann fand die Gerichtsverhandlung statt. Der Richter brummte ihm zehneinhalb Monate auf, ohne Bewährung, da er mehrfach vorbestraft war und des Öfteren gegen Bewährungsauflagen aus früheren Urteilen verstoßen hatte.

All das beichtete Bernhard Blockner, als ihn zwei Kollegen unserer Mordkommission in der Justizvollzugsanstalt Hamburg besuchten, um ihn zu vernehmen – wohlgemerkt als Zeugen. Mehr war er in diesem Stadium der Ermittlungen nicht. Der Umstand, dass er einen CD-Player in ein Pfandhaus gebracht hatte, bedeutete nicht automatisch, dass er auch mit dem Mord etwas zu tun haben musste. Zugegeben, es passte alles ziemlich gut zusammen, und seine Vorgeschichte sprach eher gegen ihn, de facto aber hatten wir nichts in der Hand.

Ihn lediglich als Zeugen zu vernehmen hatte sogar einen Vorteil: Dadurch war er nach dem Gesetz verpflichtet, unsere Fragen zu beantworten und dabei die Wahrheit zu sagen – es sei denn, er hätte sich damit selbst belastet. Hätten wir ihm – nur einmal angenommen – gleich den Status eines Beschuldigten gegeben, hätte er die Aussage verweigern oder uns sonst was erzählen können. Als Beschuldigter wäre das sein gutes Recht gewesen, man hätte ihn dafür nicht einmal belangen können. Dagegen machte sich ein Zeuge, der wissentlich die Unwahrheit sagte, strafbar.

Bernhard Blockner war – auf gut Deutsch gesagt – eine arme Sau. In seinem Leben schien von Anfang an so ziemlich alles schiefgelaufen zu sein. Er wusste nicht einmal, wer seine Eltern waren. Die Mutter soll bei seiner Geburt eine Blutvergiftung erlitten haben und kurz darauf gestorben sein. Jedenfalls hatte man ihm das gesagt, als er acht oder neun Jahre alt war. Der Vater lebte angeblich noch, hatte sich aber nie um seinen Sohn geschert oder gar den Versuch unternommen, ihn zu sich zu holen.

Aufgewachsen war Bernhard Blockner in einem Kinderheim in der Nähe von Stuttgart. Dort blieb er, bis er achtzehn war, dann wurde er in ein Jugendwohnheim gesteckt. Aber da sei er schon verkorkst gewesen, meinte er, als er seine Lebensgeschichte herunterratterte. Er sprach völlig emotionslos und mit einer Distanz, als hätte das, was er vor uns ausbreitete, nicht das Geringste mit ihm zu tun. In dem Kinderheim sollen ihn zwei ältere Jungen missbraucht haben, das erste Mal, als er sechs war, und danach immer wieder, jahrelang. Als er dann selbst zu den Älteren gehörte, habe er das Gleiche mit Jüngeren angestellt, einfach weil ihm danach war – und ohne sich dabei schlecht zu fühlen. Er sei aber nicht allein auf Jungen fixiert gewesen, habe beides ausprobiert und an beidem Gefallen gefunden.

Mit achtzehn – er war in der Schule einmal zurückgestuft worden und einmal sitzen geblieben – begann er eine Lehre als Werkzeugmacher. Die brach er nach einem Jahr ab, verschwand aus dem Heim und schlug sich irgendwie nach München durch. Dort kam er in einer Obdachlosenunterkunft unter. Um Geld zu verdienen, fing er an, auf den Strich zu gehen. Manchmal lernte er einen Freier kennen, der eine eigene Firma besaß, ihm einen Job und dazu eine Unterkunft anbot. Meistens waren das kleine Handwerksbetriebe mit zwei oder drei Angestellten, in denen er Hilfsarbeiten erledigte. Allerdings waren solche Arrangements nie von Dauer, da er sich schnell eingesperrt fühlte. Er mochte auch die Abhängigkeit nicht. Nach den Jahren im Heim, in denen sein Leben von morgens bis abends reglementiert war, sehnte er sich nach nichts mehr, als selbst bestimmen zu können, wie und wo er seine Tage verbrachte.

Bernhard Blockner war ein unruhiger Geist. Selten hielt es ihn länger als zwei, drei Monate an einem Ort, dann setzte er sich in einen Zug und fuhr in eine andere Stadt. Nach München war es Frankfurt, dann Köln, irgendwann Hamburg, und zwischendurch verschlug es ihn nach Lüttich und Amsterdam. Richtige Entdeckungsreisen seien das jedes Mal für ihn gewesen, sagte er, meinte es aber nicht im touristischen Sinne. Er war vielmehr darauf gepolt, möglichst schnell herauszufinden, wo er Geld verdienen konnte – auf seine Weise – und wie er günstig ein Dach über den Kopf bekam. Die Städte, in denen es ihm gefiel und die nach seinen Kriterien ein gutes Pflaster für Jungs wie ihn waren, suchte er immer wieder auf. Man könnte auch sagen, er war ständig auf Durchreise.

Das zu wissen war nicht ganz unwichtig für die Geschichte, die er uns erzählte, als wir auf den CD-Player zu sprechen kamen. Vorher zeigten wir ihm noch ein Foto von Hans-Werner Beschwelke und erklärten, worum es bei der Vernehmung ging. Mit dem Namen konnte er angeblich nichts anfangen. Den Mann auf dem Lichtbild wollte er noch nie gesehen haben. Und überhaupt, von diesem Mordfall würde er zum ersten Mal hören.

Also wurden wir konkreter: »Herr Blockner, kennen Sie dieses Gerät?«

Dazu legten wir ihm ein Fahndungsplakat vor die Nase, auf dem neben den anderen verschwundenen Dingen ein CD-Player abgebildet war, der dem Modell entsprach, das er im Pfandleihhaus versetzt hatte. Auch mit dieser Information konfrontierten wir ihn.

»Ich war in dem Laden, das stimmt. Ob genau an dem Tag, das weiß ich nicht mehr, kann aber sein. In der Zeit war ich auf jeden Fall in Köln …« Er machte eine kurze Pause, in der er seinen Oberkörper über den Tisch vor sich beugte, um die Abbildung auf dem Plakat genauer zu betrachten. »Ja, das scheint so ein Gerät zu sein. Ist die gleiche Marke. Meins hatte das CD-Fach auch auf der linken Seite, rechts daneben waren die ganzen Tasten und darüber das Display – so eine rote Anzeige.«

»Okay, dann können wir ja gleich zu den anderen Gegenständen kommen. Sind Ihnen die bekannt?«

»Also, eins von den Armbändern müsste in meiner Zelle liegen, auf dem Tisch neben dem Radio. Die Uhr auch. Das andere Armband kenne ich nicht, nie gesehen …«

»Und die goldene Kette?«

»So eine hatte ich auch mal, aber die habe ich an einen Typen verkauft, hier im Knast, kurz nachdem ich eingefahren bin. Der wollte sie unbedingt haben – für drei Schachteln Zigaretten. Aber der ist inzwischen wieder draußen.«

»Sein Name?«

»Keine Ahnung … Ich glaube, der hieß Guido, bin mir aber nicht sicher. Das war so ein Großer mit längeren Haaren, bisschen lockig, dunkelblond.«

»Den Familiennamen wissen Sie auch nicht?«

»Nee, der war dann gleich weg. Wir haben uns gar nicht richtig kennengelernt.«

Blockner wirkte etwas nervös, aber das fanden wir nicht ungewöhnlich für jemanden, der zu einem Tötungsdelikt vernommen wurde und sich im Besitz von Gegenständen befand, die vermutlich einmal dem Opfer gehört hatten. Andererseits schien es ihm keine großen Anstrengungen zu bereiten, unsere Fragen zu beantworten. Er vermittelte nicht den Eindruck, als würde er sich immer erst etwas ausdenken müssen. Manches, was er sagte, klang nicht unbedingt logisch, aber er eierte nicht herum. Wenn wir ihn auf Unstimmigkeiten in seinen Aussagen hinwiesen, rückte er sie gerade – ohne dass er Schweißausbrüche bekam. Das konnte natürlich auch daran liegen, dass er jahrelange Übung darin besaß, anderen Unwahrheiten aufzutischen. Es gab genügend Menschen, nicht nur Straftäter, für die Lügen so alltäglich waren, dass sie selbst kaum mehr zu unterscheiden vermochten, ob ihnen gerade die Wahrheit über die Lippen kam oder nicht.

Die Vernehmung zog sich sechseinhalb Stunden hin, einschließlich einer kurzen Unterbrechung, die wir ihm und uns gönnten, um eine Kleinigkeit zu essen. Wenn Blockner der Täter war, hätte er dann nicht irgendwann »weich« werden müssen?

Stattdessen erzählte er haarklein, wie er nach Köln gekommen war – aus Brüssel. Und zwar per Anhalter. Der erste, ein Lastwagenfahrer, hatte ihn nach Maastricht mitgenommen, mit dem zweiten schaffte er es bis in die Nähe von Aachen. Das letzte Stück habe am längsten gedauert, da er ewig warten musste, bis sich einer erbarmte und anhielt. Insgesamt sei er fast drei Tage unterwegs gewesen. Was aber offenbar auch daran lag, dass er sich treiben ließ, weil er anfangs keinen Plan hatte, wo er eigentlich hinwollte.

Nach Belgien war er wegen der Sache mit dem Autodiebstahl gegangen. Bei seinen Vorstrafen, hatte er gedacht, sei es gescheiter, erst einmal aus Deutschland zu verschwinden. Untergekommen war er bei einem Bekannten, der ihm kostenlos ein Zimmer überließ. Wobei, so ganz kostenlos war es wohl doch nicht, denn Blockner meinte, das zwischen ihm und diesem Mann sei eine sexuelle Geschichte gewesen. Er nannte uns Namen und Anschrift des Mannes, sodass wir seine Angaben später überprüfen konnten. Wie sich herausstellte, hatte er uns nicht belogen.

Fast zehn Wochen war er in Brüssel gewesen, dann habe ihn

wieder diese Unruhe gepackt, er musste weg. Ursprünglich wollte er gar nicht nach Deutschland zurück. Als er in Holland angekommen sei, in Maastricht, nur wenige Kilometer von der Grenze entfernt, habe er erst noch gezögert, es dann aber doch gewagt. Selbst auf die Gefahr hin, bereits an der Grenze verhaftet zu werden – was aber nicht geschah.

In Köln zog es ihn gleich in die Gegend um den Hauptbahnhof, dort kannte er sich am besten aus und wusste, wo er billig eine Unterkunft bekam, falls er keinen Freier fand, bei dem er über Nacht bleiben konnte. Er stieg in einem Stundenhotel ab, zahlte dreißig Mark für ein winziges Zimmer im Keller. Beweisen konnte er das nicht, das Zimmer habe er »schwarz« bezahlt, ohne Rechnung, sonst hätte es mehr gekostet.

»Kann jemand bezeugen, dass Sie dort waren?«

»Vielleicht die Frau, die mich reingelassen und mir den Schlüssel gegeben hat. Bei der habe ich auch bezahlt.«

»Ihren Namen wissen Sie wahrscheinlich nicht …«

»Die hat sich ja nicht vorgestellt.«

»Können Sie die Frau beschreiben?«

»Na ja, es war ziemlich dunkel in dem Flur. Aber sie war schon etwas älter, vielleicht fünfzig oder so. Und ein bisschen pummelig. Ihr Gesicht habe ich nicht so richtig gesehen. Sie hatte lange Haare, schwarz, glaube ich, oder braun.«

So ging es die ganze Zeit. Wenn dahinter eine Taktik steckte, machte Blockner das nicht ungeschickt. Er garnierte seine Aussagen mit zahlreichen Details, was sie im ersten Moment glaubhaft erscheinen ließ, weil man dachte: Das kann er sich unmöglich alles so schnell aus den Fingern saugen. Versuchte man jedoch, etwas Greifbares zu finden, das sich überprüfen ließ, wich er ins Ungefähre aus. Oder er antwortete so, dass mehrere Möglichkeiten blieben. Wie bei dem Hotel, in dem er die erste Nacht verbracht haben wollte: Er beschrieb, wo sich die Straße befand und wie man vom Bahnhof zu Fuß dorthin gelangte, konnte sich aber nicht im Geringsten an den Namen erinnern. Was kein Problem gewesen wäre, hätte es in der Ecke nur ein oder zwei solcher Hotels gegeben, aber es gab mindestens zehn oder zwölf. Und wahrscheinlich hätten wir dort mindestens doppelt so viele Frauen um die fünfzig gefunden, auf die seine mehr als vage Beschreibung gepasst hätte.

Aber er machte auch Fehler, etwa als er schilderte, wie er am nächsten Tag versuchte, einen Freier zu finden: »Ich habe lange geschlafen, fast bis Mittag. Dann klopfte es an der Tür, und jemand meinte, ich solle meine Sachen packen und verschwinden. Eine Männerstimme. Ich bin dann wieder zum Bahnhof, aber da war noch nichts los – also, ich meine mit Freiern.«

»Wo haben Sie gestanden, im Bahnhof oder davor?«

»Drin. Erst da, wo es zu den Toiletten runtergeht, dann bin ich einfach rumgelaufen, habe mir die Schaufenster angeguckt.«

»Wie lange?«

»Bis drei … also fünfzehn Uhr.«

»Warum wissen Sie die Zeit so genau?«

»Vielleicht war es auch zehn nach drei. Wenn man da rumsteht und wartet, dass ein Freier kommt, und es kommt ewig keiner, wird man ramsig und guckt ständig auf die Uhr, ganz automatisch. Und dann merkt man jedes Mal, dass erst drei oder vier Minuten vorbei sind. Deswegen weiß ich das mit der Uhrzeit.«

Diese Begründung klang plausibel – für den Moment. Wenn man allerdings ein wenig darüber nachdachte, drängte sich die Frage auf, warum er sich ausgerechnet diese eine Uhrzeit hatte merken können; seit dem Tag waren fast sechs Monate vergangen. Oder hatte er sich die Zeit doch nur ausgedacht?

Wir ließen ihm diesen Widerspruch durchgehen, um ihn nicht unterbrechen zu müssen. Er setzte nämlich gerade an, zu erzählen, wie er zu dem CD-Player und den anderen Sachen gekommen war. Seine Geschichte, die mit besagter Uhrzeit anfing und die er ohne Denkpausen zum Besten gab, ging ungefähr so: Er stand gerade vor einem Zeitschriftenladen, als ihn ein junger Mann, ungefähr in seinem Alter, ansprach, nicht als Freier, sondern um ihm etwas zum Kauf anzubieten – etwas Interessantes, habe er gesagt. Zunächst lehnte Blockner ab, ging dann aber aus Neugier doch mit zu dem Schließfach, in dem der Fremde seine »Ware« deponiert hatte, verstaut in einem alten Wanderrucksack. Es waren die Sachen, die auf unserem Fahndungsplakat abgebildet waren. Obwohl er eben noch abgeneigt war, feilschte Blockner nun um den Preis. Der junge Mann verlangte vierhundert Mark, mit der Begründung, der CD-Player sei fast neu. So viel wollte Blockner nicht zahlen. Am Ende einigten sie sich auf dreihundert Mark für alles, einschließlich des Rucksacks.

Beinahe minutiös erzählte Bernhard Blockner, wie er anschließend den Rucksack in ein anderes Schließfach einschloss, um ihn nicht mit sich herumschleppen zu müssen, eine Kneipe gegenüber vom Bahnhof aufsuchte und dort einen Freier aufgabelte, der ihn mit in seine Wohnung nahm und, nachdem sie Sex gehabt hatten, bei sich übernachten ließ. Er beschrieb, dass sie fünf Stationen mit der Straßenbahn fuhren und dann noch einige Minuten laufen mussten, bis sie das dreigeschossige Mehrfamilienhaus erreichten, in dem der Freier wohnte. Dass sie in seiner Wohnung erst einmal etwas aßen, bevor sie »das Geschäftliche abwickelten«, wie er sich ausdrückte, danach fernsahen und später einschliefen. Dann schilderte er den nächsten Morgen, wie er zum Bahnhof zurückfuhr, um den Rucksack zu holen – und seinen Besuch im Pfandleihhaus. Der Gedanke, die Gegenstände dort zu versetzen, sei ihm gekommen, nachdem er über Nacht beschlossen hatte, Köln zu verlassen. Sein Geld hätte nicht gereicht, um sich eine Fahrkarte kaufen zu können.

Zum Schluss lieferte uns Blockner sogar eine genaue Personenbeschreibung des jungen Mannes, von dem er die Sachen gekauft haben wollte: Mitte zwanzig, etwa 1,80 Meter groß, schlanke Statur, rötliches, lockiges Haar, nach hinten gegelt, sodass die Ohren frei waren, im linken Ohr ein Ohrstecker, rundlicher Kopf, Sommersprossen, auffallend breiter Mund, Dreitagebart, rötlich-blonde Stoppeln. Er soll eine ausgewaschene Jeans getragen haben, dazu ein buntes Hemd, ähnlich einem Hawaiihemd, aber langärmelig, an den Füßen weiße Turnschuhe, solche mit dicker Laufsohle. Blockner meinte, der Mann habe akzentfrei Deutsch gesprochen, seine Stimme habe ganz normal geklungen, weder hoch noch tief, eben unauffällig. Als wir von ihm wissen wollten, ob er den Mann auf einem Foto wiedererkennen würde, antwortete er sofort: »Klar, auf jeden Fall.« Er erklärte sich auch bereit, unseren Kollegen bei der Anfertigung eines Phantombilds zur Verfügung zu stehen.

Es war spät am Abend, als die Vernehmung beendet wurde. Die Kollegen fragten ihn noch einmal, aber Blockner blieb dabei, Hans-Werner Beschwelke niemals begegnet zu sein und sich auch zu keinem Zeitpunkt in dessen Wohnung aufgehalten zu haben.

Wir hatten daran erhebliche Zweifel. Doch bevor wir ihn damit konfrontierten, mussten wir unsere Hausaufgaben erledigen und einiges von dem, was er uns erzählt hatte, überprüfen. Natürlich brannten wir darauf, in dem Fall endlich einen Schritt weiterzukommen. Vielleicht würde es sogar der entscheidende sein, um ihn aufklären zu können. Trotzdem, wir durften jetzt nichts überstürzen. Das Gute war, Blockner konnte uns nicht davonlaufen.

Während wir uns daranmachten, seine Informationen zu überprüfen, soweit das möglich war, führten die beiden Kollegen in den folgenden Tagen weitere Vernehmungen mit ihm durch. Eine gute Methode, einen Lügner als solchen zu überführen, besteht darin, ihm wiederholt Fragen zu denselben Sachverhalten zu stellen. Jemand, der die Wahrheit sagt, bleibt bei seiner Version, auch wenn er zehnmal gefragt wird. Jemand, der seine Antworten zurechterfunden hat und spürt, dass der andere ihm seine Version nicht abnimmt, fängt früher oder später an, sie abzuändern, in der Hoffnung, dass sie dadurch glaubhafter erscheint. Häufig geht es nur um kleine Details, und genau auf die muss man achten. Sicher, es gibt auch Ausnahmen, aber bei den meisten läuft es so.

Irgendwann während dieser Vernehmungen muss Blockner aufgegangen sein, dass wir ihm seine Geschichte nicht abkauften, obwohl wir es ihm so direkt nicht sagten. Wahrscheinlich merkte er, dass er sich immer mehr in Widersprüchen verhedderte. Aber offenbar war er noch nicht bereit, sich das einzugestehen. Deshalb beschlossen wir, ihm eine Denkpause zu geben. Er sollte Zeit bekommen, sich seiner Lage bewusst zu werden.

Die Zügel zwischendurch mal locker zu lassen hilft oft mehr, als einen Tatverdächtigen durch ständige Vernehmungen einem gewissen Dauerstress auszusetzen. Sich laufend an der Wahrheit vorbeilavieren zu müssen und gleichzeitig zu wissen, dass einem kein Fehler unterlaufen darf, da sonst das mühsam errichtete Lügengebäude wie ein Kartenhaus zusammenkracht – das ist purer Stress. Ich habe oft erlebt, dass Täter in solchen Situationen wie in einem Tunnel steckten. Sie fokussierten ihre gesamte Energie darauf, sich zu verteidigen oder neue Lügen zu konstruieren, die sie als unschuldig erscheinen lassen sollten. Damit waren sie so ausgefüllt, dass kein Raum für andere Gedanken blieb. Vergleichbar mit jemandem, der in Rage gerät, wie blind um sich schlägt und dann nicht merkt, dass sich längst alle in Sicherheit gebracht haben, niemand mehr da ist, den er treffen könnte.

Wir mussten einige Tage warten, aber es funktionierte. Wenn auch etwas anders, als wir gedacht hatten, dass es funktionieren könnte. Bernhard Blockner schickte uns einen Brief, zwei linierte DIN-A4-Seiten, graues Papier, handbeschrieben. Ich weiß noch, dass ich über seine schöne Handschrift erstaunt war, die die eines Schulkindes hätte sein können. Die Buchstaben neigten sich gleichmäßig nach rechts. In dem Text war kein Rechtschreibfehler zu finden, es fehlte höchstens mal ein Komma. Hier und da war ein Wort durchgestrichen und ein anderes darübergeschrieben worden, was darauf schließen ließ, dass er den Brief noch einmal gelesen hatte, nachdem er damit fertig war. Als Überschrift hatte er ein einziges Wort gewählt – in Großbuchstaben: *»GESTÄNDNIS!«*

Seine Tramp-Reise von Brüssel nach Köln war demnach nicht erfunden gewesen. Dagegen hatte es den jungen Mann, von dem er den CD-Player und die anderen Sachen gekauft haben wollte, in Wahrheit nicht gegeben. Aber das hatten wir uns schon gedacht. Bei dem Rest der Geschichte, die er uns während mehrerer Vernehmungen aufgetischt hatte, hatte es sich offenbar um eine Mixtur aus Wahrheit und Lügen gehandelt. Die anschließende Begegnung mit dem Freier hatte tatsächlich stattgefunden – und der hatte ihn auch mit zu sich nach Hause genommen. Aber Blockner war ihm nicht in besagter Kneipe begegnet, sondern auf dem Bahnhof, in Sichtweite der öffentlichen Toiletten, dem bevorzugten Revier der Stricher. Und er hatte auch nicht in einem dreigeschossigen Mehrfamilienhaus gewohnt, sondern in einem Hochhaus, und dort in der fünfzehnten Etage, in einer Zweizimmerwohnung mit Kochnische und winzigem Balkon. Denn der Freier – das war Hans-Werner Beschwelke gewesen.

Die beiden Kollegen, die Bernhard Blockner vernommen hatten, machten sich umgehend auf die Reise nach Hamburg. Als sie dem Vierundzwanzigjährigen in einem der Vernehmungsräume der Justizvollzugsanstalt wieder gegenübersaßen, zeigten sie ihm als Erstes den Brief – um ganz sicherzugehen.

»Haben Sie uns diesen Brief geschrieben?«

»Das steht ja wohl drauf.«

»Können Sie es uns bitte trotzdem noch mal bestätigen?«

»Ja, der Brief ist von mir. Ich habe ihn geschrieben. Sie können gern eine Schriftprobe machen lassen. Es ist meine Schrift.«

»Wann haben Sie ihn geschrieben – und wo?«

»In meiner Zelle. Zwei oder drei Tage, nachdem Sie das letzte Mal hier waren. Ich musste mir erst mal Papier besorgen. Dann habe ich mich hingesetzt und alles aufgeschrieben. Es ging eigentlich ganz schnell. Es hatte keinen Sinn mehr, weiter zu lügen. Ich wollte endlich reinen Tisch machen.«

»Wir müssen Ihre Aussage trotzdem überprüfen. Können Sie noch mal ganz genau erzählen, wie es zu der Tat gekommen ist?«

»Wo soll ich anfangen? Ich meine, die ganze Geschichte vom Bahnhof auch noch mal?«

»Fangen Sie in der Wohnung von Herrn Beschwelke an – was hat sich dort abgespielt?«

Offenbar hatte sich jedes noch so kleine Detail der Ereignisse dieser Nacht in Blockners Gedächtnis eingebrannt. Minutiös schilderte er, was geschehen war, beinahe so, als würde er jede Szene in Gedanken noch einmal vor sich sehen. Allerdings wirkte er dabei auffällig gefühllos, geradezu unbeteiligt, als hätte er das alles gar nicht selbst erlebt, sondern nur im Fernsehen oder im Kino gesehen. Er versuchte auch nicht, irgendeine Handlungsweise zu erklären oder sich für etwas zu rechtfertigen. Er beschränkte sich allein darauf, das Geschehene in seiner Abfolge zu beschreiben, vollkommen nüchtern: Nachdem sie in der Wohnung angekommen waren, hatte sich Blockner auf die Couch gesetzt, während Beschwelke zur Kochnische ging und auf dem kleinen Herd eine Suppe aufwärmte. Davor hatte er den Fernseher angeschaltet, es lief eine Spielshow. Sie aßen gemeinsam und blieben anschließend noch ein Weilchen vor dem Fernseher sitzen. Irgendwann bat Beschwelke seinen Gast, sich zu entkleiden. Er selbst tat das auch. Zum Sex kam es aber erst, nachdem sie ins Schlafzimmer gegangen waren. Insgesamt hatten sie im Verlauf des Abends dreimal Sex miteinander. Zwischendurch rauchten sie, tranken Bier und sahen fern. Es muss nach Mitternacht gewesen sein, als die beiden einschliefen, zuerst Beschwelke, danach Blockner, der sich noch einen Film zu Ende anschaute.

Blockner schlief unruhig, war halb sechs bereits wieder wach und stand auf. Er ging ins Wohnzimmer, um eine Zigarette zu rauchen. Und während er dort saß, kam ihm der Gedanke, Beschwelke umzubringen – einfach so, ohne besonderen Grund, jedenfalls nannte er keinen.

Mit diesem Plan im Kopf ging er zum Küchenschrank, um nach einem Messer zu suchen. Im zweiten Schubfach, das er öffnete, lag ein Brotmesser mit einer langen, nach vorn spitz zulaufenden Klinge. Das schien ihm geeignet für sein Vorhaben. Er nahm es in die Hand, ging Richtung Schlafzimmer, öffnete die Tür einen Spalt breit und sah nach, ob Beschwelke noch schlief. Als er ihn im Bett auf der Seite liegen sah, kamen ihm Zweifel, dass er ihn in dieser Position mit dem Messer töten konnte. Möglich wäre es wahrscheinlich gewesen. Aber er hatte ihn in seiner Vorstellung direkt ins Herz stechen wollen, weil er glaubte, auf diese Weise würde es am schnellsten gehen, so bräuchte er nicht mehrmals zuzustechen. Er überlegte noch einen Moment, dann brachte er das Messer zurück an seinen Platz.

Beschwelke schien tief und fest zu schlafen. Er soll nicht einmal bemerkt haben, dass sich Blockner wieder neben ihn legte und rauchte. Blockner sah zu dem Schlafenden hinüber und grübelte, womit er sein Vorhaben doch noch in die Tat umsetzen könnte. Die Tür zum Wohnzimmer hatte er offen gelassen. Als er seinen Blick durch die Wohnung schweifen ließ, fiel ihm ein alter Kerzenständer ins Auge, der versteckt neben der Couch auf dem Boden stand. Er war etwa einen halben Meter hoch und aus schwerem Hartholz gedrechselt, was er allerdings erst merkte, als er ihn in die Hand nahm, um ihn genauer zu betrachten.

Von einem Kerzenständer hörten wir zum ersten Mal. Er war nicht in der Wohnung sichergestellt worden. Blockner hatte ihn nach der Tat mitgenommen und im ersten Müllcontainer, an dem er vorbeigekommen war, entsorgt.

Aber weiter der Reihe nach: Er nahm den Kerzenständer mit ins Schlafzimmer, suchte eine Position, aus der er Beschwelkes Kopf am besten treffen konnte, möglichst an der Schläfe, holte aus – und zögerte.

Er ließ den Kerzenständer wieder sinken, setzte sich aufs Bett und fragte sich, warum er es nicht fertigbrachte zuzuschlagen. Als er keine Antwort fand, nahm er einen neuen Anlauf, und diesmal hielt ihn nichts zurück. Eigentlich habe er nur ein einziges Mal zuschlagen wollen, doch dann wiederholte er die Bewegungen – vier- oder fünfmal, ganz genau könne er das nicht sagen. Sein Opfer habe dabei keinen Ton von sich gegeben. Offenbar war er durch den ersten Schlag nicht aufgewacht, sondern gleich bewusstlos geworden. Vielleicht war er auch sofort tot.

Mit dem oberen Teil des Kerzenständers zertrümmerte er Beschwelkes Schädel. Ab dem zweiten Schlag spritzte eine Menge Blut gegen die Wand; das waren die dunklen Flecken, die Gertrud Klabuske und der Angestellte der Hausverwaltung durch das Schlüsselloch gesehen hatten.

Obwohl Blockner, wie er sagte, mit voller Wucht zuschlug,

war er hinterher nicht sicher, ob seine Kraft ausgereicht hatte, Beschwelke zu töten. Deshalb schlang er ihm beide Hände um den Hals – wie er es in vielen Filmen gesehen hatte – und drückte so fest zu, wie er konnte. Dabei muss er ihm Zungenbein- und Schildknorpelhorn gebrochen haben, jeweils das linke – wahrscheinlich weil sein Opfer seitlich lag, mit der linken Körperhälfte nach oben, sodass dort der größte Druck ausgeübt wurde.

Danach wollte Bernhard Blockner nur noch weg, aus der Wohnung verschwinden, am besten auch aus der Stadt. Er steckte das Geld ein, das Beschwelke ihm für seine Dienste am Abend auf den Couchtisch gelegt hatte, neben den Vogelkäfig, zog seine Jacke über und wollte schon los, als ihm der Gedanke kam, dass es sicherer sein würde, vorher noch seine Spuren zu verwischen. Einmal damit beschäftigt, sah er sich gleich noch danach um, was sich aus der Wohnung mitzunehmen lohnte, um es zu verscherbeln. Vielleicht hätte er darauf verzichtet, hätte er mehr Bargeld gefunden als den Hundertmarkschein, den Beschwelke in seinem Portemonnaie hatte. So aber nahm er den Schmuck, die Uhr und den CD-Player mit – was uns, wenn man ehrlich war, in die Karten spielte. Wer weiß, ob wir den Fall sonst aufgeklärt bekommen hätten. Vielleicht später, mithilfe der DNA-Analyse, durch die Auswertung der Spermaspuren im Bett. Meine Hand würde ich dafür aber nicht ins Feuer legen. Ich vermute, dass das Körpersekret, das an dem Bettzeug haftete, nicht nur von den beiden stammte, sondern auch andere Männer zu Gast gewesen waren. Es wäre auf jeden Fall kompliziert geworden.

Bernhard Blockner verriet dann auch noch, warum er sein Opfer auf diese seltsame Art mit einem Gürtel gefesselt hatte.

Nach seiner Schilderung des Tatablaufs machte das in unseren Augen wenig Sinn. Beschwelke dürfte nach den Schlägen und dem Würgen tot gewesen sein. Das habe er auch gedacht, meinte Blockner. Doch als er Beschwelke vom Bett herunterzog, um dort seine Spuren zu beseitigen, habe der einen merkwürdigen Laut von sich gegeben, so ein Gurgeln. Richtig gruselig sei das gewesen, er habe sich furchtbar erschrocken. Nach einem Moment der Schockstarre sei er losgelaufen, um etwas zu suchen, womit er ihn fesseln konnte – falls er doch noch lebte. Und dieser Gürtel war das Erste, was ihm in die Hände fiel.

Blockner zeigte sich kooperativ. Fast wirkte es, als wolle er sich bei den beiden Beamten einschmeicheln. Mehrmals sagte er, sie sollen bitte nicht schlecht über ihn denken. Er habe jemanden umgebracht, das sei schlimm, ganz furchtbar, aber tief in seinem Inneren sei er ein guter Mensch. Er wisse selbst nicht, wie es so weit hatte kommen können. Er habe viel darüber nachgedacht. Wegen des Geldes sei es bestimmt nicht gewesen, da sei er ganz sicher. Er hätte sich das Geld auch so nehmen und aus der Wohnung verschwinden können, selbst den CD-Player, Beschwelke habe fest geschlafen. Es wäre auch nicht das erste Mal gewesen, dass er einen Freier beklaut hätte.

Blockner redete sich alles von der Seele. Weitere Straftaten, darunter Diebstähle, Unterschlagungen, den Einbruch in einen kleinen Supermarkt, den er mit zwei anderen Tätern fast komplett ausgeräumt hatte. Die große Beichte. Alles ungeklärte Fälle, die gar nicht in unseren Zuständigkeitsbereich fielen – weder von der Art der Straftat noch vom Ort, an dem sie verübt wurden, weit weg von Köln. Blockner schien froh, jemanden gefunden zu haben, dem er sein Herz ausschütten konnte.

Nur eine Frage, die konnte er uns nicht beantworten – die nach dem Motiv. Warum hatte er einen Menschen getötet? Warum Hans-Werner Beschwelke? Wenn es tatsächlich nicht wegen des Geldes war, wie er immer wieder versicherte, warum dann? Sein Opfer hatte ihm nichts getan. Er war freiwillig mit dem Mann mitgegangen. Es hatte keinen Streit gegeben, nicht einmal Unstimmigkeiten.

Blockner behauptete sogar, dass er nicht ungern sein Geld auf dem Strich verdiene. Er habe sexuelle Bedürfnisse, die könne er auf diese Weise befriedigen. Obwohl es natürlich einen Unterschied mache, ob man mit einem Freier schlafe oder mit jemandem, den man mag. Die Grenzen schienen bei ihm fließend zu sein. Es gäbe auch Männer, die würde er einfach ansprechen, weil sie ihm vom Aussehen her gefielen. Da gehe es nicht um Geld, sondern um Sympathie. Solche Männer oder Jungen seien es dann auch, an die er denke, wenn er was mit einem Freier mache. Der Freier sei praktisch nur die ausführende Person, während er sich in Gedanken einen hübschen Jungen vorstelle.

In einer späteren Vernehmung sagte Bernhard Blockner zu einem möglichen Motiv seiner Tat: »Ich denke viel daran, aber eine Antwort habe ich noch nicht gefunden. Mir ist nur der Gedanke gekommen, dass es vielleicht Hass war, der da rausgekommen ist. Nicht auf Herrn Beschwelke, der war zwar nicht mein Typ, auch zu alt, aber ganz okay. Nein, ich meine Hass auf mein Leben, auf das, was war, die ganze Heimgeschichte und so, und darauf, dass ich irgendwie keine Zukunft mehr gesehen habe.«

Schwer zu sagen, wie nah er damit der Wahrheit kam – wenn er es selbst schon nicht wusste. Als er einige Zeit nach seinem Geständnis von Hamburg nach Köln verlegt wurde, tauchte in seinen Unterlagen ein Brief auf, den er an seinen Vater gerichtet hatte. Anscheinend keimte irgendwo in ihm der Wunsch, zu erfahren, wer sein Vater war. In einer Passage erwähnte er den Mord und schrieb: »Ich habe einen Menschen umgebracht. Frage mich bitte nicht, warum – ich wäre selbst froh, wenn ich es wüsste. Es gab keinen Grund, das zu tun. Ich hatte nur auf einmal den Gedanken, und dann habe ich es gemacht. Seitdem frage ich mich immer wieder: warum? Auch die Polizei fragt mich das, aber ich habe keine Antwort. Wenn ich früher von so einer Tat gehört oder gelesen habe, dachte ich immer, danach ist man nicht mehr derselbe. Aber so ist es nicht. Ich fühle mich nicht anders. Mich belastet die Tat nicht. Also, schon irgendwie, im Kopf, aber nicht so, dass ich Albträume hätte oder nicht schlafen könnte. Ich kann auch darüber reden. Vielleicht ändert sich das ja noch. Und vielleicht finde ich auch irgendwann heraus, warum ich es getan habe …«

Ein Jahr später, als vor der Großen Strafkammer des Landgerichts der Prozess gegen Bernhard Blockner begann, wusste er es immer noch nicht. Der Vorsitzende Richter stellte ihm im Verlauf des Verfahrens mehrmals die Frage. Meistens antwortete der Angeklagte mit einem ratlosen Schulterzucken. Nur einmal sagte er: »Vielleicht wollte ich einfach mal sehen, wie es ist, wenn ein Mensch stirbt.« Dabei wirkte er genauso ungerührt und emotionslos wie bei unseren Vernehmungen.

Da Blockner geständig war und es keinen Zweifel an seiner

Schuldfähigkeit gab, die ein Gutachter bescheinigt hatte, fand das Gericht bereits nach neun Verhandlungstagen zu einer Entscheidung. Es verurteilte den inzwischen Fünfundzwanzigjährigen wegen Mordes zu einer lebenslangen Freiheitsstrafe. Außerdem stellten die Richter die besondere Schwere der Schuld fest, sodass eine Freilassung auf Bewährung nach fünfzehn Jahren ausgeschlossen wurde. Rein theoretisch hätte es diese Möglichkeit zwar trotzdem gegeben, mir ist aus der Praxis allerdings kein Fall bekannt, der so gehandhabt worden wäre. Meines Wissens sitzt Blockner noch heute im Gefängnis.

Angst

Ich weiß, dass die Lösung ist:
Mutter einen Kuss zu geben.
Zu sagen: Ich liebe Dich –
und ihr die Augen auszudrücken.

Der Rettungswagen schoss mit eingeschalteter Sirene und Blaulicht durch die Dunkelheit. Es war kurz nach drei Uhr in der Nacht, als er das Gelände der Universitätsklinik erreichte. Vor dem Eingang der Notaufnahme stoppte das Fahrzeug. Der Notarzt, der die Erstversorgung der Patientin vorgenommen und sie im Rettungswagen begleitet hatte, öffnete die Tür und sprang hinaus. Bevor die Rettungskräfte mit ihr losgefahren waren, hatten sie den Neuzugang in der Klinik angekündigt – als akuten Notfall, die Frau schwebte in Lebensgefahr.

Auf der herzchirurgischen Station waren inzwischen die notwendigen Vorkehrungen getroffen worden, um schnellst möglich eine Notoperation einleiten zu können. Auf der linken Brustseite der Patientin, zwischen der vierten und fünften Rippe, klaffte eine Wunde – eine tiefe Stichverletzung, die ihr mit einem Messer zugefügt worden war. Ihrem Zustand nach zu urteilen schien das Herz getroffen zu sein. Sie hatte schlimme Schmerzen, konnte kaum atmen, Haut und Lippen waren bläulich verfärbt.

Das OP-Team entschied sich für eine mediane Sternotomie, um einen möglichst guten Zugang zu ihrem Herzen zu bekommen. Dafür wurde – nachdem man die Frau unter Vollnarkose gesetzt hatte – zunächst ihr Brustbein mit einer speziellen Säge in der Mitte in Längsrichtung komplett durchtrennt. Anschließend setzten die Operateure einen sogenannten Rippenspreizer ein, mit dem sie den Brustkorb auseinanderdrückten und während des Eingriffs offen hielten.

Es stellte sich heraus, dass die Klinge des Messers mindestens fünfzehn Zentimeter tief in den Körper der Frau eingedrungen war, vermutlich sogar zweimal, ziemlich genau an derselben Stelle. Der scharfe Stahl hatte sowohl die Vorder- als auch die Hinterwand der linken Herzkammer durchbohrt. Ebenso den Herzbeutel und die Aorta, die Hauptschlagader, deren Funktion darin bestand, das Blut aus der linken Herzkammer in die Gefäße des großen Blutkreislaufs zu leiten – was durch die doppelte Perforation nun nicht mehr geschehen konnte. Stattdessen hatte sich die linke Brusthöhle fast vollständig mit Blut gefüllt.

Ärzte und OP-Assistenten arbeiteten fieberhaft. Sie versorgten die Stichwunden und versuchten, die Blutungen zu stoppen. Zwei Stunden kämpften sie, um die Patientin am Leben zu halten – vergeblich. Ihre Verletzungen waren zu massiv, sie verblutete innerlich.

Noch am selben Tag landete der Fall bei uns in der Mordkommission. Die Kollegen der Schutzpolizei, die in der Nacht zum Tatort gerufen worden waren, hatten ihren Einsatz ursprünglich als »verletzte Person in der Wohnung« eingestuft. Aber da wussten sie noch nicht, was geschehen war. Und die Frau hatte noch gelebt. In der Zwischenzeit war nicht nur ein vollendetes Tötungsdelikt daraus geworden – allem Anschein nach hatten wir es mit einem lupenreinen Mord zu tun.

Immerhin gab es aus ermittlungstechnischer Sicht drei erfreuliche Nachrichten.

Erstens: Wir wussten, wer der Täter war.

Zweitens: Er saß bereits in einer der Gewahrsamszellen im Keller des Polizeipräsidiums.

Und drittens: Wir hatten einen Tatzeugen, beziehungsweise eine Tatzeugin.

Im Grunde war der Fall damit so gut wie gelöst. Allerdings entband uns das nicht von der Aufgabe, herauszufinden – und zwar möglichst bis ins kleinste Detail –, was in der letzten Nacht in der Wohnung des Opfers vorgefallen war; dort hatte sich die Tat ereignet. Denn den Täter zu überführen, das war nur eine Sache. Genauso gehörte es dazu, den Tatablauf zu rekonstruieren, so objektiv wie möglich. Es genügte nicht, sich allein auf die Schilderungen des Täters zu verlassen. Und ebenso mussten die Angaben der Zeugen dahingehend überprüft werden, ob sich die Ereignisse auch wirklich so zugetragen haben konnten. Wenn jemand eine Tat gestand, musste das nicht zwangsläufig bedeuten, dass er sie tatsächlich verübt hatte. Vielleicht wollte er mit seiner Selbstbeschuldigung jemand anderen schützen. Oder er wollte sich damit wichtigmachen, auch so etwas kam vor. Umgekehrt konnte ein Zeuge jemanden beschuldigen, der gar nicht der Schuldige war. Oder ein zunächst geständiger Täter überlegte es sich hinterher anders und behauptete auf einmal, das Schuldeingeständnis bloß erfunden zu haben. Wenn das passierte, und man hatte nicht alles zu dem Sachverhalt gründlich ermittelt, sah man schnell ziemlich alt aus.

Nicht dass etwas davon in diesem Fall unser Problem gewesen wäre, trotzdem, solche Eventualitäten musste man stets im Hinterkopf haben. Ganz allgemein gesprochen: Ob man den Täter schon hatte oder nicht, es ging immer darum, einen Fall so weit auszuermitteln, dass er am Ende wasserdicht war und unsere Ermittlungsergebnisse vor Gericht nicht zerpflückt werden konnten. Um das hinzubekommen, musste man so viele Informationen zusammentragen, bis man in der Lage war, das Tatgeschehen möglichst lückenlos zu rekapitulieren. Und am besten auch gleich die Vorgeschichte, die zur Tat führte. Womit ich wieder bei dem Fall der erstochenen Frau wäre.

Sie hieß Gisela Wanderow, war zweiundfünfzig Jahre alt und arbeitete bei der Stadtverwaltung, im Archiv des Bauamtes. Die Kollegen dort hatten ihre ruhige und freundliche Art gemocht, darüber hinaus aber kaum etwas über sie oder ihr Privatleben gewusst. Gisela Wanderow lebte zurückgezogen in einem viergeschossigen Mietshaus in Lindenthal, einem Stadtteil südwestlich vom Kölner Zentrum. Keine schlechte Wohngegend, ziemlich viel Grün, die Geschäfte für den täglichen Bedarf ganz in der Nähe. Die Viereinhalbzimmerwohnung, die im zweiten Stock des unscheinbaren Gelbklinkerbaus lag, teilte sie sich mit ihrer dreiundzwanzigjährigen Tochter Sabine und ihrem Sohn Thomas, der sechzehn Jahre alt war und noch zur Schule ging. Ihre zweite Tochter, sie hieß Brigitte, war neunundzwanzig. Sie wohnte mit ihrem Lebensgefährten, einem Architekten, und dem gemeinsamen Sohn in Bergisch-Gladbach, nur einen Katzensprung von Köln entfernt. Obwohl Gisela Wanderows Kinder altersmäßig recht weit auseinanderlagen, zumindest der Sohn und ihre ältere Tochter, stammten alle drei aus der Ehe mit ihrem ersten Mann – einen zweiten hatte es auch nicht gegeben.

Ihr Mann war bei einem Verkehrsunfall ums Leben gekommen, kurz vor Thomas' sechstem Geburtstag. Ein Lastwagenfahrer hatte ihn im Dunkeln – er war mit dem Fahrrad auf dem Weg nach Hause gewesen – beim Abbiegen übersehen. Der Fahrer wurde irgendwann wegen fahrlässiger Körperverletzung mit Todesfolge verurteilt, doch das änderte nichts daran, dass Gisela Wanderow seit dem Ableben ihres Mannes auf sich allein gestellt war, zumindest die meiste Zeit.

In den ersten Monaten nach dem Unfall wurde sie von ihrer Mutter unterstützt, die ebenfalls in Köln wohnte, zwei Jahre zuvor ihren Ehemann durch einen Herzinfarkt verloren hatte und nun beinahe täglich bei ihrer Tochter und den Enkelkindern vorbeischaute. Besonders kümmerte sie sich um Thomas, den Jüngsten, der sehr an seiner Großmutter hing und ihr kaum von der Seite wich, wenn sie bei ihnen war. Nachdem Gisela Wanderow wieder arbeiten ging, gehen musste, damit sie die Familie ernähren konnte, schien sich der Junge noch stärker auf die Großmutter zu fixieren. Er verließ kaum mehr die Wohnung und verabredete sich so gut wie nie mit Nachbarskindern, weil er fürchtete, er könnte nicht zu Hause sein, wenn seine Oma zu Besuch kam. Es war, als versuchte er, den Schmerz, der ihm durch den Verlust des Vaters zugefügt worden war, durch die Zuneigung, die die Großmutter ihm entgegenbrachte, zu kompensieren. Noch inniger wurde das Verhältnis zwischen den beiden, als die Großmutter krank wurde und ganz zu ihnen zog. Jetzt verbrachten sie jeden Tag viele Stunden miteinander, doch der Preis dafür war, dass der Junge mit ansehen musste, wie es seiner geliebten Oma immer schlechter ging. Anfangs dachten die Ärzte, es sei nur eine verschleppte Bronchitis. Bald jedoch deuteten die Symptome auf eine viel schlimmere Krankheit hin – es war Lungenkrebs, fortgeschrittenes Stadium. Ganze vier Monate blieben der Großmutter, zwei davon dämmerte sie in einem Krankenhaus unter starken Schmerzmitteln dahin, dann starb die Siebenundsiebzigjährige.

Für Thomas brach zum zweiten Mal eine Welt zusammen. Als seine Mutter ihm die Todesnachricht überbrachte, sah er sie mit starrem, ungläubigem Blick an. Gleichzeitig öffnete er den Mund, als wollte er etwas sagen, blieb aber stumm. Einen Moment stand er so vor ihr, dann machte er eine Kehrtwendung, ohne einen Laut von sich zu geben, rannte in sein Zimmer und knallte die Tür hinter sich zu. Er warf sich aufs Bett und weinte ins Kissen. Sein Wimmern und Schluchzen verstummte erst, als er irgendwann vor Erschöpfung einschlief.

Fast eine Woche sprach er kaum ein Wort, igelte sich in seinem Zimmer ein und kam nur heraus, wenn seine Mutter ihn zum Essen rief. Er weigerte sich auch, zur Schule zu gehen.

Gisela Wanderow nahm Urlaub, um bei ihm zu sein. Sie hatte ein schlechtes Gewissen, fühlte sich schuldig, weil sie nach dem Tod ihres Mannes zu wenig für ihren Sohn da gewesen war. Ihre Töchter hatten unter dem Verlust des Vaters genauso gelitten, und sie selbst natürlich auch. Sie alle litten noch immer, schafften es aber irgendwie, den Alltag zu bewältigen. Die Große machte eine Lehre, die Jüngere besuchte noch die Schule. Beide hatten einen Freundeskreis und Hobbys und damit Ablenkung, die ihnen half, mit der Trauer zurechtzukommen. In Gisela Wanderows Leben gab es neben den Kindern lediglich eine gute Bekannte, eine alleinstehende Frau, ungefähr in ihrem Alter; sie wohnte in der gleichen Straße, drei Häuser weiter. Bei ihr konnte sie sich den Kummer von der Seele reden, wenigstens das.

Thomas hatte niemanden – weil er niemanden an sich heranließ. Er vergrub sich mit seinem Kummer, fraß ihn in sich hinein und wollte nie darüber sprechen, auch mit seiner Mutter nicht. Vielleicht, dachte sie später, hätte sie damals professionelle Hilfe für ihn suchen sollen. Aber es wurde ja besser. Zwei, drei Monate nach dem Tod der Großmutter schien das Schlimmste überstanden zu sein. Zwar behielt Thomas seine Traurigkeit, es kam so gut wie nie vor, dass er über etwas lachte oder sich morgens freute, in die Schule zu gehen. Doch er wurde wieder zugänglicher, sie konnte mit ihm sprechen, nur nicht über seinen Vater oder die Großmutter. Sobald sie einen von beiden nur erwähnte, verschloss er sich augenblicklich wie eine Auster.

Seine Mutter blieb der einzige Mensch, dem er seine Gefühle hin und wieder offenbarte. Nicht einmal seinen Schwestern öffnete er sich. Zwar sprach er mit ihnen, aber er fing nie von sich aus eine Unterhaltung an. Und auf ihre Fragen antwortete er kurz angebunden, als wolle er verhindern, dass sie zu viel über ihn erfuhren. Mag sein, dass der Altersunterschied eine Rolle spielte, wobei er sich auch gegenüber Gleichaltrigen, seinen Mitschülern, nicht anders verhielt. Er fühle sich als Außenseiter, niemand wolle mit ihm zu tun haben, klagte er seiner Mutter. Dabei war er es, der alles dafür tat, dass die anderen auf Abstand blieben. Er war kein schlechter Schüler, er spielte sich auch nicht als Rabauke auf.

Die Distanz entstand, weil er kaum ein Wort von sich gab, seinen Mitschülern in den Pausen aus dem Weg ging, sich nach dem Unterricht nie mit jemandem verabredete. Sobald die Schule aus war, lief er schnurstracks nach Hause, auf dem kürzesten Weg, und zog sich in sein Zimmer zurück.

Das änderte sich auch nicht, als er älter wurde und aufs Gymnasium wechselte – sein Zimmer blieb seine Trutzburg. Dort zog er sich alle möglichen Videos rein, die meisten waren Raubkopien alter Kinofilme. Und später, nachdem er sich einen Computer gekauft hatte, brachte er täglich mehrere Stunden damit zu, irgendwelche Programmierungen durchzuführen, um sie dann wieder zu löschen und sich an neuen zu versuchen. Manchmal ging ihm das selbst auf die Nerven, aber er wusste nichts Besseres mit sich anzufangen.

Noch etwas später – mit vierzehn, fünfzehn – entdeckte er die Welt der Bücher für sich. Erst las er so ziemlich jedes Buch, das er in die Hände bekam, Hauptsache es hatte eine Handlung, die spannend genug war, um seine Gedanken aus der Realität zu entführen. Dann waren es immer mehr Psychobücher, ich nenne sie mal so; er verschlang sie regelrecht. Die Palette reichte von esoterischen Werken zweifelhaften Inhalts bis zu populärwissenschaftlichen Ratgebern, aber auch Schriften von Sigmund Freud befanden sich darunter, das Essay *Trauer und Melancholie* zum Beispiel.

Das eine war wie das andere nicht unbedingt altersgerechte Lektüre, sodass man annehmen konnte, dass er nicht alles begriff, was er las – oder es zumindest auf eine sehr spezielle Art für sich deutete. Aber es gab durchaus Passagen, gerade bei Freud, in denen er seinen eigenen Zustand beschrieben gefunden haben könnte – etwa diese: »Die Melancholie ist seelisch ausgezeichnet durch eine tief schmerzliche Verstimmung, eine Aufhebung des Interesses für die Außenwelt, durch den Verlust der Liebesfähigkeit, durch die Hemmung jeder Leistung und die Herabsetzung des Selbstgefühls, die sich in Selbstvorwürfen und Selbstbeschimpfungen äußert.« Für Freud wies schwere Trauer dieselben Züge auf wie Melancholie, wobei der letzte Teil des Satzes, wo es um die Störung des Selbstgefühls und um die Selbstbeschimpfung geht, seiner Meinung nach allein Ausdruck von Melancholie war.

Wie tief Thomas Wanderow damals in diese komplizierte Materie einstieg, kann ich nicht sagen. Auf jeden Fall gab es zwei weitere Themen, die ihn zunehmend beschäftigten: Schuld und Angst – Angst ganz besonders. Freud meinte in seinem Essay über Trauer und Melancholie, die Störung des Selbstgefühls könne sich bis zu »wahnhafter Erwartung von Strafe« steigern. Auch darin könnte sich der inzwischen Jugendliche wiedererkannt haben.

Irgendwann einmal, Jahre vorher, hatte er in einem Sportartikelgeschäft ein kleines Taschenmesser gestohlen. Einfach so, aus einem spontanen Impuls heraus. Zuerst machte er sich keine Gedanken darüber, ein Dummejungenstreich eben. Doch dann meldeten sich Schuldgefühle. Manchmal gelang es ihm, sie für eine Weile zu verdrängen. Sie kehrten aber jedes Mal zurück und waren hinterher nicht schwächer. Und immer rechnete er damit, eines Tages für diesen Diebstahl bestraft zu werden. Er steigerte sich in eine Angst hinein, die in keiner Relation zur Schwere der Tat stand, zumal die vermutlich ohnehin längst verjährt war. Seine wirre Gedankenkette ging sogar noch weiter: Die Tatsache, dass ihn eine solche Lappalie dermaßen beschäftigte, schien ihm ein Beweis dafür zu sein, dass etwas mit ihm nicht stimmte, dass er unter Verfolgungswahn litt ... Doch all dies erfuhren wir erst später.

Thomas Wanderows Phase des sich im Zimmer Verbarrikadierens endete urplötzlich, etwa ein Jahr, bevor wir uns mit dem Tod seiner Mutter befassen mussten. Quasi über Nacht schien er beschlossen zu haben, seinem Leben eine radikal neue Richtung zu verpassen. Ganz gegen seine bisherige Gewohnheit hockte er nun so gut wie gar nicht mehr in seinem Zimmer, fuhr stattdessen nach der Schule direkt in die Innenstadt und verbrachte seine Zeit damit, herumzustromern, meistens in der Gegend zwischen Dom, Hauptbahnhof und Rheinufer, oft bis spät in die Nacht. Diese Veränderung ging einher mit einer zweiten, nicht weniger gravierenden: Hatte er es bisher vermieden, Kontakte zu anderen Menschen zu knüpfen, suchte er sie jetzt geradezu. Allerdings nur zu bestimmten – Punks nämlich.

Warum ihn ausgerechnet Punks interessierten? Weil die gegen alle möglichen Normen waren, gegen Konsum und gegen die Gesellschaft überhaupt – so hatte er es jedenfalls gelesen. Und in etwa so hatte es ihm auch ein Mitschüler vorgebetet, der neu in seine Klasse gekommen war und den er spannend fand, weil er andere Klamotten trug und sich anscheinend nicht darum scherte, was die Lehrer oder sonst wer über ihn dachten. Das imponierte ihm.

In Köln Punks zu finden war kein großes Kunststück. Man brauchte sich nur auf die Domplatte zu setzen und abzuwarten – dort tauchten immer welche auf. Oder noch besser auf die Treppen, die neben dem Dom zum Hauptbahnhof hinunterführten. Wenn man dann noch die richtigen Klamotten anhatte, sodass man selbst als Gleichgesinnter zu erkennen war, musste man nicht mal jemanden ansprechen – sie kamen von allein auf einen zu.

Und so legte Thomas Wanderow auch in dieser Hinsicht in atemberaubendem Tempo eine Wandlung hin. Er kleidete sich wie ein Punk, und genauso schnell machte er sich ihre Lebensphilosophie zu eigen – beziehungsweise das, was er dafür hielt: Anders sein als die anderen und gegen alles aufbegehren, was nur halbwegs nach einem geregelten Leben aussah.

Das geregelte Leben verband Thomas Wanderow zuallererst mit der Schule. Aber damit war es ja nun vorbei. Über einhundertzwanzig Fehlstunden leistete er sich allein in einem Halbjahr. Im nächsten wurden es sogar noch mehr. Nur logisch, dass er das Schuljahr wiederholen musste. Der Schulleiter schickte Briefe nach Hause, bat Gisela Wanderow nicht nur einmal zum Gespräch. Sie ging jedes Mal hin, wusste nur selbst keinen Rat, wie man den Jungen in die richtige Spur bekommen könnte. Vielmehr bat sie Lehrer und Schuldirektor um Verständnis für ihn, er sei nun mal eine sensible Seele. Erst der Tod seines Vaters, dann der seiner geliebten Großmutter – sicher habe er das noch immer nicht verwunden.

Aus diesem Verständnis heraus hatte sie ihm ein ums andere Mal Entschuldigungen für die Lehrer geschrieben, wenn er morgens nicht aus dem Bett gekommen war. Dass nicht allein seine nächtlichen Streifzüge die Ursache dafür waren, sondern noch mehr der Umstand, dass er sich inzwischen beinahe jeden Tag das Hirn mit Haschisch vernebelte, wird sie geahnt haben. Vielleicht wusste sie es auch. Gesprochen hat sie mit ihm nicht darüber.

Gisela Wanderow versuchte, ihrem Sohn auf andere Weise näherzukommen – indem sie für ihn da war. Oder sollte man besser sagen: indem sie sich für ihn aufopferte? Wie eine Krankenschwester, die einen einzigen Patienten zu versorgen hatte und sofort sprang, sobald der mit den Fingern schnippte. Ihre Zuwendung grenzte an Selbstverleugnung. Anstatt ihn an solchen Tagen aus dem Bett zu scheuchen und darauf zu drängen, dass er zur Schule ging, betüdelte sie ihn von vorn bis hinten, kochte, was er sich wünschte, und brachte ihm das Essen sogar ans Bett.

Thomas hier, Thomas da – ihr ganzes Leben richtete sie nach ihm aus. Die ältere Tochter war mittlerweile ausgezogen, die jüngere jedoch, die studierte und deshalb noch zu Hause wohnte, konnte es kaum mit ansehen. Hätte sich ihr Bruder der Mutter gegenüber in irgendeiner Weise dankbar gezeigt, vielleicht wäre es zu ertragen gewesen. Doch seinerseits war nicht die geringste Spur von Dankbarkeit zu erkennen. Seine Reaktion bestand in Ablehnung. Je mehr Gisela Wanderow sich um ihn bemühte, desto mehr strafte er sie durch Missachtung, ja fast schon Feindseligkeit. Doch sie tat, als würde sie das nicht merken. Zu sehr bedrückte sie der Gedanke, als Mutter versagt zu haben.

Als sich abzeichnete, dass Thomas Wanderow auch im zweiten Durchlauf nicht den notwendigen Ehrgeiz entwickelte, die achte Klasse mit Erfolg zu bewältigen, riet ihm die Schulleitung, auf ein anderes Gymnasium zu wechseln. Das tat er, nahm dort noch einen Anlauf, brach diesen aber nach nicht einmal vier Monaten ab und ging auf eine Gesamtschule.

Etwa zu der Zeit hatte er auch genug davon, weiter auf Anarchie zu machen. Seine anfängliche Begeisterung war ziemlich schnell verflogen. Die ganze Punk-Geschichte kam ihm irgendwie trostlos vor. Erneut vollzog er eine Wandlung, die man äußerlich daran erkannte, dass er den schmuddeligen Punk-Look durch schicke Kleidung ersetzte, die seine Mitschüler als »piekfein« bezeichneten. Diesmal schien er es genau in die andere Richtung zu übertreiben.

Gisela Wanderow registrierte diese Veränderung mit Erleichterung. Sie wähnte ihren Sohn auf einem guten Weg. Es freute sie, dass er endlich Wert auf sein Äußeres legte, was bisher nicht der Fall gewesen war. Jetzt ging er sogar ins Sonnenstudio, damit sein Gesicht nicht so »friedhofsmäßig« aussah, wie er es ausdrückte. Und wenn er seine Mutter um Geld bat, um sich teure Markenkleidung kaufen zu können, zögerte sie nicht, es ihm zu geben.

Nur seine Einstellung zur Schule, die änderte sich kaum. Wenigstens ließ er sich nun wieder öfter im Unterricht blicken, wodurch seine Noten fast automatisch besser wurden. Mit dem Haschisch schien er aufgehört zu haben. Und einmal erzählte er seiner Mutter sogar, er habe ein nettes Mädchen kennengelernt. Solch eine Vertraulichkeit hatte es zuvor zwischen ihnen nie gegeben. Selbst seine Schwester Sabine, die jüngere von beiden, die mit ihm und der Mutter zusammenwohnte, erlebte völlig neue Züge an ihm. Neuerdings kam es vor, dass sich zwischen ihr und ihm mitunter ein richtiges Gespräch entwickelte. Und manchmal flachste ihr Bruder mit ihr herum, dass man meinen konnte, er hegte geschwisterliche Gefühle für sie.

Allerdings war diese Phase nur von kurzer Dauer. Sie war vermutlich überhaupt nur darauf zurückzuführen, dass sich Thomas Wanderow in der Zwischenzeit einem Psychologen anvertraut hatte, der ihm Ratschläge gab, wie er seine Probleme in den Griff bekommen könnte.

Zu dem Psychologen ging er heimlich. Den hatte er im Telefonbuch gefunden, wo er als »Existenzpsychologe« aufgeführt war. Bevor Thomas Wanderow sich den ersten Termin bei ihm besorgte, hatte er versucht herauszufinden, was unter dem Begriff zu verstehen war. In einem seiner Bücher fand er etwas über Existenzpsychologie als eine Form des Existentialismus, die sich hauptsächlich auf Selbstbeobachtung stütze und bei der es um das Verhältnis des einzelnen Individuums zu sich selbst und zu seiner Umwelt gehe. Obwohl er mit den Fremdwörtern wenig anzufangen wusste, schien ihm das passend für seinen Fall, denn mit Selbstbeobachtung kannte er sich aus. Das war eine seiner Hauptbeschäftigungen, wenn nicht gar *die* Hauptbeschäftigung. Jedenfalls aus seiner Sicht, und die fand er bei dem Psychologen bestätigt. Wobei der ihm nach einigen Gesprächen ans Herz legte, damit aufzuhören, ständig über sich selbst nachzudenken und jeden Schritt, den er tue, und jeden Gedanken, der ihm durchs Hirn schwirre, genau zu analysieren. Lieber solle er sich darauf konzentrieren, etwas zu tun, sich zu bewegen, Dinge in die Hand zu nehmen, das brächte ihn weiter.

Gut möglich, dass das ständige Beschäftigen mit sich selbst der Auslöser für Thomas Wanderow gewesen war, einen Psychologen aufzusuchen. Der eigentliche Grund aber war ein anderer: Er fühlte sich verfolgt und hatte Bedrohungsfantasien. Diese hatten ihn nicht immer im Griff, aber es gab Tage, da schien es ihm, als hätte sich die ganze Welt gegen ihn verschworen. Dann sah er in jedem Menschen, der ihm begegnete, einen Feind, der ihm Schlechtes wollte. Und das war noch die harmlosere Variante der wirren Gedanken, die ihn in solchen Momenten befielen.

Thomas Wanderow führte diese Fantasien auf seinen Haschischkonsum zurück. Dem Psychologen erzählte er, es habe angefangen, als er seine ersten Joints rauchte. Von da an sei es ständig schlimmer geworden. Bald habe er die Wahnvorstellungen auch gehabt, wenn er gerade nichts inhalierte. Und selbst in Phasen, in denen er seine Finger ganz von den Drogen ließ, sei er sie nicht losgeworden. Sie waren nicht permanent da, sie kamen und gingen, wie Schübe einer Krankheit.

Zu Beginn der Behandlung einigten sie sich darauf, pro Monat eine Sitzung durchzuführen. Der Psychologe hatte einen wöchentlichen Rhythmus vorgeschlagen, aber das wollte Thomas Wanderow nicht, vermutlich weil es zu teuer geworden wäre. Die Behandlung war keine Kassenleistung, doch selbst wenn es eine gewesen wäre – der Junge war über seine Mutter krankenversichert, und die sollte nichts davon erfahren. Er bezahlte die Sitzungen von dem Taschengeld, das sie ihm gab.

Nach einigen Monaten erfuhr Gisela Wanderow es aber doch. Als sie in seinem Zimmer aufräumte, fand sie einen Zettel, auf dem stand: »Ich habe Verfolgungswahn!!!« – handgeschrieben und dreimal unterstrichen. Die Schrift kam ihr bekannt vor; es war die ihres Sohnes. Zwei Tage wartete sie, dann hielt sie es nicht mehr aus und fragte ihn, was das zu bedeuten hatte. Er druckste ein bisschen herum und spielte die beleidigte Leberwurst, doch schließlich erzählte er ihr von dem Psychologen. Und einen Atemzug später fiel ihm ein, dass er für die Behandlung dringend Geld brauche.

Mit der finanziellen Unterstützung durch seine Mutter waren auch wöchentliche Sitzungen drin. Sie wären auch angebracht gewesen, da sich Thomas Wanderows Zustand nicht zu bessern schien. Aber dann ließ er die vereinbarten Termine sausen, manchmal gleich für einen oder zwei Monate. Wenn er daran dachte, rief er an und schob irgendeinen Grund vor. Doch meistens meldete er sich wochenlang gar nicht, um dann plötzlich wieder in der Praxis aufzutauchen und dem Psychologen zu erzählen, dass er vor seinen Dämonen in Drogen geflüchtet sei. Ein anderes Mal faselte er etwas von Bewusstseinserweiterung, die er durch die Drogen erlange, und dass dies der einzige Grund sei, warum er sie nehme. Sozusagen in höherer Mission, auf der Suche nach seinem wahren Ich.

Dann wieder berichtete der Jugendliche von Personen, die er kennengelernt habe und die ihm Drogen gegeben hätten, um ihn zu beeinflussen und auf einer anderen, wohl übersinnlichen Ebene mit ihm in Kontakt zu treten.

Auch das Verhältnis zu seinen Eltern kam bei diesen Sitzungen zur Sprache. An seinen Vater könne er sich kaum erinnern, sagte er. Die Bilder, die er von ihm gespeichert habe, würden immer schwächer, unschärfer, als lösten sie sich auf. Manchmal schaue er sich alte Fotos an, auf denen sein Vater abgebildet sei. Dann wundere er sich, dass der ihm wie ein fremder Mann erscheine. Er fürchte, die Verbindung zu ihm verloren zu haben, was er schrecklich finde. Man brauche doch einen Vater, barmte er, wenigstens im Gedächtnis.

Über die Beziehung zu seiner Mutter erzählte er nicht viel. Sie würde ihm keine Probleme bereiten, allerdings sei das Verhältnis zwischen ihr und ihm auch nicht von starken Gefühlen geprägt. Manchmal dränge sie sich zu sehr in sein Leben. Sie sei furchtbar neugierig, wolle immer alles wissen: Wo er war, mit wem er sich getroffen habe, was es Neues in der

Schule gab – eben so was. Früher hätte er sich mehr Zuneigung von ihr gewünscht, aber sie sei ja die meiste Zeit nicht da gewesen, weil sie immer hätte arbeiten müssen.

Für den Psychologen war das, was Thomas Wanderow über sich und seine Gefühle preisgab, schwer einzuschätzen. In manchen Sitzungen wirkte sein Patient offen, als trüge er sein Herz auf der Zunge. Und als sähe er in ihm, dem Therapeuten, jemanden, der auf seiner Seite stand, auf den er zählen konnte, wenn er Hilfe brauchte. In anderen wiederum vermittelte er den Eindruck, als sei er misstrauisch und betrachte ihn als Feind, der das Wissen über ihn nur anhäufte, um es gegen ihn zu verwenden, wie auch immer das in seiner Vorstellung aussah.

Aus diesem Grund wusste der Psychologe oft nicht einzuschätzen, ob Thomas Wanderow gerade die Wahrheit sagte oder nur darauf bedacht war, die Dinge möglichst so darzustellen, dass er selbst in einem guten Licht erschien. Abgesehen davon ließen die Krankheitssymptome des jungen Mannes vermuten, dass der bestimmte Ereignisse einfach anders wahrnahm, als sie sich in Wirklichkeit abspielten. Genauso wie er sich einbildete, manche seiner Wahrnehmungen würden der Realität entspringen, obwohl es das entsprechende Ereignis dazu gar nicht gab.

Und manchmal vermischte sich das eine mit dem anderen. Dann erfand er Geschehnisse, die seine Wahnvorstellungen, die nur in seinem Hirn existierten, vor anderen berechtigt erscheinen ließen – etwa seine Angst, dass es jemand auf ihn abgesehen hatte. Zum Beispiel erzählte er, nicht nur dem Psychologen, auch seiner Mutter und der Schwester, er sei von einem Dutzend Jungen aus seiner neuen Schule bedroht und verprügelt worden, einfach so, nur weil die seine Nase nicht mochten. Deshalb bekäme er schon Panik, wenn er nur daran denke, wieder dorthin gehen zu müssen. Also blieb er tagelang zu Hause. Außerdem lieferte ihm diese Geschichte den perfekten Vorwand, sich eine Gaspistole zuzulegen, die er dann ständig bei sich trug. Dabei hatte es, nach allem, was wir später herausfanden, diese Prügelei nie gegeben, weder in der Schule noch auf dem Nachhauseweg.

Vermutlich gab es für ihn noch einen zusätzlichen Grund, sich solche Lügengeschichten auszudenken und vor allem selbst daran zu glauben, als wären sie tatsächlich geschehen. Nämlich um die Angst, die ihn immer wieder überkam, vor sich selbst zu rechtfertigen. Andernfalls hätte er sich eingestehen müssen, dass in seinem Kopf etwas nicht stimmte. Das tat er zwar auch, aber selten, nur in den besseren Momenten.

Immer wieder war es seine Angst, die er thematisierte, und dass er sich verfolgt fühle. Eines Tages fing er an, Medikamente dagegen zu nehmen. Irgendwelche Antidepressiva, die er sich bei einem Mitschüler besorgte, der damit handelte. Dessen Mutter war Krankenschwester, sie kam leicht an solche Sachen heran. Mit den Tabletten ging es ihm besser, er fühlte sich sicherer.

Als Thomas Wanderow dem Psychologen von seiner Selbstmedikation berichtete, riet der ihm, einen Psychiater aufzusuchen. Wenn er wirklich Medikamente brauche, wisse ein Fachmann am besten, welche gut für ihn seien. Er schrieb ihm einen Namen und eine Nummer auf. Thomas Wanderow rief gleich nach der Therapiestunde dort an und vereinbarte einen Termin. Es sei dringend, sagte er.

Das war einen Monat vor dem Tod seiner Mutter.

Zweimal ging er zu dem Psychiater, breitete seine Angstgefühle vor ihm aus und erzählte von den Phasen, in denen er in einen Zustand höheren Bewusstseins gerate, wie er es beschrieb. Die Formulierung hatte er sich aus einem der esoterischen Bücher angeeignet und auf sich übertragen. Er meinte damit, dass es Situationen gab, in denen er überzeugt war, aus seiner Angst heraus, jemand wolle ihm etwas Böses, bestimmte Dinge tun zu müssen, die ihm später – nachdem er die Sphäre des höheren Bewusstseins wieder verlassen hatte – selbst nicht geheuer erschienen, ja geradezu absurd.

Der Arzt verschrieb ihm Tabletten, ein Neuroleptikum, das zur Behandlung von Unruhe- und Erregungszuständen bei psychiatrischen Erkrankungen angewendet wurde, und auch gegen Schlafstörungen. Thomas Wanderow sollte das Medikament zweimal täglich einnehmen, morgens und abends, dabei unbedingt auf Alkohol verzichten, erst recht auf den Konsum von Haschisch oder anderen Drogen.

Das war zwei Wochen vor dem Tod seiner Mutter.

Nachdem er das Rezept für die Tabletten bekommen hatte, ging er nicht mehr zu dem Psychiater. Dafür meldete er sich wieder bei dem Psychologen, telefonisch. Sie vereinbarten die nächsten Sitzungen. Die erste ließ er verstreichen, ohne sie vorher abzusagen. Den zweiten Termin ignorierte er ebenfalls. Er hätte einen Tag vor dem Tod seiner Mutter stattfinden sollen.

In der Schule tauchte er kaum noch auf. Wegen der Angst, sagte er seiner Mutter. Die sei auch der Grund, weshalb er nachts oft nicht schlafen könne. Er lag dann im Bett, las in seinen Büchern und versuchte zu verstehen, welche Bedeutung das, was darin stand, für ihn und für sein Leben hatte – was er mit den vielen klugen Sätzen anfangen konnte. Denn klug mussten sie sein, sonst würden sie nicht in einem Buch stehen.

Das Buch, mit dem er sich zu der Zeit am intensivsten beschäftigte, trug den Titel *Manipulieren – aber richtig.* Darin wurden »acht Gesetze der Menschenbeeinflussung« beschrieben. Als Grundgedanke seiner Darlegungen ging der Autor von der These aus, dass jeder Mensch vom ersten Atemzug an von seinen Mitmenschen manipuliert wird und genauso sein eigenes Tun darauf ausrichtet, andere zu manipulieren. »Wenn ein Mensch den Mund aufmacht, um mit einem anderen zu reden, hat er nur eines im Sinn: Er will ihn manipulieren.« Wobei er das Wort »manipulieren« entgegen dem herkömmlichen Gebrauch wertfrei gesehen haben wollte, im Sinne von beeinflussen – aber das hätte als Headline natürlich nicht halb so spektakulär geklungen.

Über den Inhalt des Buches kann man geteilter Meinung sein. Anscheinend gab und gibt es für diese Art von Gebrauchsanweisungen eine interessierte Leserschaft. Obwohl es aus den siebziger Jahren stammt, wird das Buch bis heute angeboten. Man könnte es schon fast einen Klassiker nennen. Die Art der Schreibe mag aus jetziger Sicht gewöhnungsbedürftig sein. Thomas Wanderow schien sie angesprochen zu haben. Und mehr als das.

Jedes Mal, wenn er in dem Buch las, machte er sich unentwegt Notizen. Dabei versuchte er nicht nur, das Gelesene zu begreifen, sondern seine gewonnenen Erkenntnisse auch gleich umzusetzen, sie auf konkrete Konstellationen in seinem Leben herunterzubrechen.

Im ersten Kapitel beispielsweise erfuhr er, dass er sich im »täglichen Spiel der Manipulationen« gegen nicht weniger als sechs Gegner durchzusetzen hatte. Die Liste, die folgte, begann mit dem anderen Geschlecht und endete mit der eigenen Familie. Die restlichen vier Gegner waren so beschrieben: »Alle, die unserem Weiterkommen und unserer Anerkennung im Wege stehen; die Autoritäten und alle, die sich eine Autorität zunutze machen; die Gesellschaft, in der wir leben; die Medien.« Das bedeutete, man hatte praktisch alle und jeden gegen sich.

Dementsprechend fiel seine eigene Gegner-Liste aus, die er auf einem karierten DIN-A5-Blatt notierte. Ganz oben standen Vater, Mutter und die beiden Schwestern. Es folgten die Bekannten seiner Mutter aus der Nachbarschaft und zahlreiche Namen von Mitschülern. Diese Mühe machte er sich bei den Lehrern nicht, die fasste er mit »alle Lehrer« zusammen. Und in der letzten Zeile stand: »die Muschis«.

Damit kein falscher Eindruck entsteht: Ich will weder dieses noch sonst ein Buch für das verantwortlich machen, was kurze Zeit später passieren sollte. Mir geht es darum, aufzuzeigen, was sich in Thomas Wanderows Kopf abspielte, soweit das überhaupt möglich ist. Das war eine der wesentlichen Fragen, denen wir damals nachzugehen hatten, um herauszufinden, warum Gisela Wanderow sterben musste. Es war die berühmte Suche nach einem Motiv, die Antwort auf das Warum, das sich nach jeder Tat stellte.

Thomas Wanderows Aufzeichnungen, die während der Lektüre des Buches entstanden, waren für unsere Ermittlungen ein wichtiges Dokument – allein durch den engen zeitlichen Zusammenhang, vor allem aber durch ihren Inhalt.

Meistens schrieb er in Versform. Unter der Liste seiner Gegner stand:

Sie sind mir einen Zug voraus.
Anders reagieren als erwartet.
Joy Division liegt Ebenen zu tief.
Ich werde morgen früh nicht
ganz eiskalt duschen.

Auf einem anderen Blatt hieß es:

Eine Tat, sie muss innerhalb
des gesetzlichen Bereiches sein.
Die anderen tricksen, täuschen.
Ihre Niederlage, Ian Curtis lebt.

Und auf der Rückseite vermerkte er:

Vaters Geist lebt in mir weiter.
Egal wie ich mich verhalte.
Egal wie ich bin.
Alles, was mir geschieht,
ist ohnehin determiniert.

So wirr sich manches las, es schien, als hätte er ständig Zwiesprache gehalten mit den Gedanken, die er gerade aus den Seiten des Buches saugte. Offenbar hatte er Satzstücke oder einzelne Wörter wie »determiniert« herausgefiltert, diese niedergeschrieben und kommentiert oder mit dem ergänzt, was er daraus für sich schlussfolgerte.

All diese Notizen fertigte er im Verlauf eines Tages an. Und es sollten noch weitere hinzukommen.

Es war ein Dienstag im März. Wieder einmal schwänzte er die Schule. Seine Mutter war wegen einer Grippe krankgeschrieben und deshalb zu Hause. Sabine, die Schwester, kam am späten Nachmittag aus der Uni.

Thomas Wanderow hatte den ganzen Tag in seinem Zimmer zugebracht. Erst zum Abendessen kam er heraus. Aber nicht weil er Hunger verspürte, er musste mit seiner Mutter und der Schwester reden, ihnen endlich die Augen öffnen: Jemand wollte ihn töten!

Der Gedanke war nicht neu für ihn. Unzählige Male war er ihm durchs Gehirn gegeistert. Und wie oft hatte er mit dem Psychologen darüber gesprochen! Der hatte ihn als Hirngespinst abgetan, als Halluzination, hervorgerufen durch Drogen. Manchmal hatte Thomas Wanderow ihm geglaubt – weil er ihm glauben wollte. Und weil die Wahnvorstellungen gerade wieder mal verschwunden waren. Doch an diesem Tag war ihm klargeworden: Er konnte nicht ewig vor der Wahrheit davonlaufen. Und die anderen – seine Mutter, die beiden Schwestern – auch nicht. Sie mussten ihm glauben, ihn endlich ernst nehmen. Nur wenn sie ihm glaubten, würden sie ihn als Person anerkennen. Und er wollte anerkannt werden. Anerkennung war so ziemlich das Wichtigste für einen Menschen. Stand das so nicht auch in dem Buch? Oder in irgendeinem anderen?

Ungefähr das waren seine Gedanken, als er sein Zimmer verließ und in Richtung Küche lief, wo die beiden Frauen saßen. Vielleicht bemerkten sie ihn zu spät. Vielleicht sprachen sie aber auch absichtlich weiter, weil es ohnehin um ihn ging. In dem Moment jedenfalls, als er die Tür öffnete, schnappte er die Worte seiner Mutter auf. Offenbar sprach sie gerade über den Psychologen, bei dem er in Behandlung war. Dabei sollte das doch niemand sonst wissen.

Augenblicklich stoppte er seine Schritte, machte kehrt und marschierte in sein Zimmer zurück. Wütend warf er die Tür ins Schloss, verriegelte sie. Gisela Wanderow, die seinen entsetzten Blick gesehen hatte, hastete ihm nach, entschuldigte sich und bat ihn, wenigstens zum Abendessen zu kommen. Sie sprach lauter als sonst, damit es hinter der Tür zu hören war. Von ihm kam keine Reaktion. Den ganzen Abend ließ er sich nicht wieder blicken.

Er sprach mit niemandem, außer mit sich selbst – indem er Worte auf Papier kritzelte. Und er nahm wieder das Buch und las darin. Dabei kreisten seine Gedanken immer um dasselbe Thema: Jemand wollte ihn töten. Neu war jetzt allerdings, dass ihm ein Weg einfiel, wie er verhindern konnte, dass er stirbt – er musste selbst jemanden töten. Wie er darauf kam, konnte er später nicht erklären. Aber an dem Abend erschien es ihm nur allzu logisch: Was er selbst tut, kann ihm nicht angetan werden.

Der nächste Gedanke, der sich dazu in sein Hirn schlich, betraf seine Mutter: Sie war es, die er töten musste. Um ihren Platz einzunehmen, um sie zu ersetzen, dann würde ihm nichts mehr geschehen.

Er schrieb:

Ich sollte Dein Untertan sein.
Du hast es nicht geschafft.
Mutter.
Also musst Du sterben.
Ich werde leben.
Du hast verloren.

Antiautoritäre Erziehung.
Immer Lob.
Ich sollte stolz sein.
Dein Ende –
determiniert,
von vornherein.

Es war eine dieser Nächte, in denen er keine Ruhe fand. Obwohl er die Tabletten eingenommen hatte, am Abend die zweite, wie es der Arzt gesagt hatte. Thomas las und schrieb, während im Zimmer nebenan seine Schwester schlief und auf der anderen Seite der Wohnung, die zur Straße hinausging, seine Mutter. Ein Blatt nach dem anderen füllte sich. Immer wenn er eins vollgeschrieben hatte, ließ er es vom Bett auf den Boden segeln. Wobei er die Worte so groß schrieb, dass selten mehr als zehn, zwölf Zeilen auf eine Seite passten.

Keine Masken und
keine Prüfungen mehr.
Nie wieder Rollen.
Nur noch Macht!

Ein Messer.
Ich werde zustechen.
Aber nicht ohne die Worte: Ich liebe Dich!
Oder besser die Kehle.
Aufschneiden.
Und stumm betrachten.
Aber erst der Test,
ob es eine Maske ist.

Irgendwann zwischendurch muss Thomas Wanderow aufgestanden und in die Küche geschlichen sein, um ein Messer zu holen. Es lag jetzt auf seinem Schreibtisch, ganz am Rand, auf der rechten Seite. Er hätte nur seinen Arm auszustrecken brauchen, um es vom Bett aus greifen zu können.

Der neue Tag war noch keine zwei Stunden alt, als Sabine Wanderow aus dem Schlaf hochschreckte. Ein Schrei. Ihr erster Gedanke war, sie hätte schlecht geträumt. Doch dann vernahm sie abermals einen Schrei – oder immer noch denselben –, und sie begriff, dass es die Stimme ihrer Mutter war. In Sekundenschnelle sprang sie aus dem Bett. Auf dem kurzen Weg zum Schlafzimmer der Mutter hörte sie ihren Namen: »Sabine … Hilfe!« Ein Einbrecher, schoss es ihr durch den Kopf. Aber dann stand sie auch schon vor dem Bett und erkannte im Halbdunkel ihren Bruder. Er beugte sich über die Mutter und hielt ein Messer in der Hand; das Blut daran sah sie nicht.

Ohne zu zögern, stürzte sie sich auf ihn und riss ihn weg. Er landete auf dem Boden, drehte sich um und starrte sie mit aufgerissenen Augen an, sagte aber keinen Ton.

»Ruf einen Arzt, ich blute …«

Es war ihre Mutter, die diese Worte mit schmerzverzerrter Stimme herauspresste. Sie atmete schwer, schaffte es aber irgendwie, sich aufzurichten und aus dem Bett zu steigen. Das Oberteil ihres Nachthemdes war voller Blut. Gisela Wanderow lief in Richtung Flur. Vermutlich wollte sie aus der Wohnung flüchten, um sich vor ihrem Sohn in Sicherheit zu bringen. Aber sie überschätzte ihre Kräfte, beziehungsweise sie unterschätzte, was der ihr angetan hatte. Ein paar Schritte schaffte sie, dann brach sie zusammen und blieb regungslos auf dem Boden liegen.

Thomas Wanderow hatte sich wieder aufgerappelt. Jetzt stand er vor seiner Mutter, schaute auf sie herunter und beobachtete, wie seine Schwester, die vorher einen Notruf abgesetzt hatte, ihren Kopf vorsichtig in die Arme nahm. Thomas blickte ohne eine Spur von Emotionen auf das Bild, das sich ihm bot. Er machte auch keine Anstalten, ihr zu helfen oder sonst irgendetwas zu tun. Er stand einfach nur da.

An seinen Anblick sollte sich seine Schwester später so erinnern: »Er zitterte am ganzen Körper. Sein Gesicht war zu einer Grimasse entstellt. Am schlimmsten sah der Mund aus, wie bei einem wilden Tier, kurz bevor es sich auf seine Beute stürzt. Er fletschte die Zähne, zog laut zischend Luft ein und atmete sie genauso wieder aus. Dazu dieser starre Blick. Es war gruselig.«

Sie hatte furchtbare Angst vor ihm. Und da sie sich nicht anders zu helfen wusste, schrie sie ihn an, um sich ihre Angst nicht anmerken zu lassen. Er sollte in seinem Zimmer verschwinden.

Ohne ein Wort zu sagen, ging er ein paar Schritte, kam aber sofort zurück, postierte sich an die gleiche Stelle und fauchte wieder so seltsam. Sie wollte ihn noch mal anschreien, damit er endlich verschwand. Doch bevor sie einen Ton herausbekam, stürzte er sich auf die Mutter und versuchte, sie zu würgen.

Wieder riss Sabine ihn weg, aber er wollte nicht aufhören. Die beiden rangelten auf dem Boden. Dabei schlug er sie nicht nur, er biss ihr auch in den linken Arm und riss ein Stück Fleisch heraus – wie ein tollwütiges Tier.

»Thomas, hör auf … ich hab dich doch lieb«, versuchte sie, ihn zu beruhigen.

Er hielt kurz inne, sah ihr in die Augen, japste nach Luft und keuchte: »Ich hab dich auch lieb« – um ihr einen Wimpernschlag später mit der Faust ins Gesicht zu schlagen.

Dann klingelte es endlich. Die Rettungskräfte standen vor der Tür. Und mit ihnen zwei Polizisten. Sie nahmen Thomas Wanderow fest und steckten ihn in eine Zelle im Keller des Polizeipräsidiums. Seine Mutter kam in die Universitätsklinik, wo sie noch während der Notoperation starb.

Thomas Wanderow wurde am nächsten Tag per Unterbringungsbefehl gemäß Paragraf 126a der Strafprozessordnung in eine geschlossene psychiatrische Klinik eingewiesen. Dieser Paragraf wird angewendet, wenn dringende Gründe für die Annahme bestehen, dass ein Täter die Tat im Zustand der Schuldunfähigkeit oder der verminderten Schuldfähigkeit begangen hat, sodass davon auszugehen ist, dass er ohnehin in einer solchen Klinik landen wird.

Fünf Monate später reichte die Staatsanwaltschaft eine entsprechende Antragsschrift für ein sogenanntes Sicherungsverfahren beim Landgericht ein. Da Thomas Wanderow erst sechzehn Jahre alt war, hatte sich die Jugendkammer mit dem Fall zu beschäftigen. Der Tatvorwurf lautete: Mord. Das Mordmerkmal: Heimtücke. Die Vermutung, dass Wanderow bei der Tat schuldunfähig war, wurde durch ein psychiatrisches Gutachten bestätigt. Demnach litt er zur Tatzeit an einer akuten paranoiden Psychose. Der Sachverständige, der das Gutachten erstellte, stufte ihn als allgemeingefährlich ein. Es bestünde die Gefahr, dass er weiterhin Straftaten dieser

Art begehe. Deshalb sei eine Unterbringung in einem psychiatrischen Krankenhaus, dem sogenannten Maßregelvollzug, dringend angeraten – Paragraf 63 des Strafgesetzbuches.

In der Hauptverhandlung folgte die Jugendkammer des Landgerichts dem Antrag der Staatsanwaltschaft. Damit wurde Thomas Wanderows Einweisung nachträglich bestätigt und auf unbefristete Zeit angeordnet.

Das Baby

Ich saß im Büro und arbeitete mich durch Akten, als das Telefon klingelte: »Wir haben ein totes Baby!«

Beim Hinausgehen sah ich auf die Uhr – kurz vor neun. Ein Freitag im Oktober, Ende der neunziger Jahre. Draußen schien die Sonne. Kaum Wolken am Himmel. Für die Jahreszeit war es ungewöhnlich mild. Am Morgen, im Auto, als ich zum Dienst gefahren war, hatte ich noch gedacht: Wenn es heute nicht so spät wird, könnte ich nachher etwas im Garten tun. Mit dem Anruf hatte sich das erledigt.

Tote Kinder – das waren die schlimmsten Fälle, vor allem wenn es Babys oder Kleinkinder waren. Da nützte alle Routine nichts. Und keine von den üblichen Mechanismen, die man sich antrainiert hatte, um nicht alles an sich herankommen zu lassen, emotional, meine ich. Die beste Methode, mit der Allgegenwart des Todes umzugehen, bestand meiner Ansicht nach ohnehin darin, sich voll und ganz auf den Job zu konzentrieren, den man zu erledigen hatte. An einem Tatort zum Beispiel musste man auf tausend Sachen achten, alle möglichen Spuren untersuchen, in Bezug darauf, was sie einem über das verrieten, was geschehen war und darüber, wer es getan haben könnte. Da blieb im Kopf gar kein Platz für irgendwelche Gefühlswallungen.

Wenn es sich um erwachsene Opfer handelte, funktionierte das eigentlich immer, da konnten sie noch so übel zugerichtet sein. Sobald jedoch ein totes Kind im Spiel war, ging mir die Sache an die Nieren. Ob es daran lag, dass ich selbst ein Kind hatte, eine Tochter, die ich über alles liebte? Und später Enkelkinder, die mir nicht weniger ans Herz wuchsen? Machten mich die Gefühle, die ich für sie hegte, so empfindlich? Ich weiß es nicht, wahrscheinlich schon. Irgendwie klappte es in Fällen, bei denen Kinder die Opfer waren, mit der Abgrenzung zwischen Beruf und Privatem nicht richtig. Sicher eine reine Kopfgeschichte. Aber ich glaube, das geht vielen Polizisten so.

Die andere Seite war, dass man solche Erlebnisse natürlich mit ins Privatleben schleppte. Jeder weiß, was Kindern alles zustoßen kann und dass eine Menge gestörter Leute da draußen herumlaufen. Man liest praktisch ständig davon, jeden Tag. Trotzdem ist es etwas völlig anderes, von solchen Geschichten nur zu lesen oder sie sich in einem Krimi anzuschauen, als sie in der Realität zu erleben, die Auswirkungen einer Tat vor sich zu haben – etwa in Gestalt einer Kinderleiche.

Da ist dann nämlich auch in die andere Richtung nichts mehr mit Abgrenzung. Weil man einfach zu nah dran ist. Für jemanden, der von einem Verbrechen nur liest, das Opfer nicht kennt, seine Leiche nicht gesehen hat, bleibt es abstrakt und meist weder begreifbar noch fassbar. Vielleicht jagt es einem einen Schauer über den Rücken, aber es hat nichts mit dem eigenen Leben zu tun. Dagegen ist es für einen Mordermittler schlicht die Wirklichkeit, der Alltag.

Was ich damit meine: Man will es nicht denken, weil man weiß, dass es einem nicht guttut, denkt es aber doch: Das kann deinem Kind genauso passieren! Es ist die blanke Angst, und die bleibt im Kopf hängen. Man sträubt sich dagegen, und man verbirgt sie vor anderen, vor seinem Partner und vor dem Kind sowieso. Und manchmal gelingt es einem sogar, sie zu verdrängen, oder man vergisst sie tatsächlich für eine gewisse Zeit – trotzdem ist sie da.

Von Weitem hätte man meinen können, es sei eine Puppe, die ein Kind beim Spielen vergessen hatte. Der kleine Körper lag auf einer Rasenfläche, die sich hinter einem Hochhaus ausbreitete und anscheinend länger nicht gemäht worden war. Schutzpolizisten hatten das Gelände mit dem üblichen rotweiß gestreiften Band abgesperrt und das tote Baby mit einer schwarzen Plastikplane abgedeckt. Aus Pietätsgründen, aber auch, damit es nicht von Presseleuten fotografiert wurde. Die ersten Fotografen waren nur wenige Minuten nach den Schutzpolizisten vor Ort aufgetaucht, was niemanden von uns wirklich wunderte. Einige von diesen Burschen besaßen Scanner, mit denen sie den Polizeifunk abhörten. Sobald sie etwas Spannendes vermuteten und mitbekamen, wo unsere Leute hinfuhren, sprangen sie ins Auto und düsten los. Sie dachten wohl, wir wüssten das nicht, dabei war das zumindest bei uns im Kommissariat ein offenes Geheimnis. Manche hielten sich aber auch für echte Schlaumeier. Wenn man die bei einem Einsatz fragte, wo sie so schnell herkamen, setzten sie einen treudoofen Dackelblick auf und fingen an, etwas zusammenzustottern, von wegen Zufall, sie seien gerade in der Gegend gewesen. Was besonders glaubwürdig rüberkam, wenn es nachts um drei war und sich das Ganze in einem abgeschiedenen Waldgebiet oder auf einem stillgelegten Firmengelände abspielte.

Aber gut, vielleicht wird man so, wenn man Tag für Tag eine Schlagzeile liefern muss. Obwohl mir prinzipiell lieber war, es kreuzte niemand am Tatort auf. Unter Beobachtung zu arbeiten, jedenfalls unter solcher, fand ich stets unangenehm. Als Ermittler wollte man seine Arbeit erledigen und nicht ständig darauf achten müssen, ob irgendwo jemand im Busch lauerte und Fotos schoss, die nicht in die Öffentlichkeit gehörten. Das Gleiche galt übrigens für jeden anderen Schaulustigen auch, umso mehr, wenn er meinte, seine Beobachtungen anschließend haarklein in den Medien ausbreiten zu müssen.

Bei dieser Sache ging es am allerwenigsten um irgendwelche Befindlichkeiten von uns Ermittlern. Wobei ich es schon immer mehr als fragwürdig fand, wenn ein Bild gedruckt wurde, auf dem eine Leiche zu sehen war oder Teile von ihr. Viel wichtiger aber war, dass durch solche Augenzeugenberichte oder Fotos vom Ort des Geschehens möglicherweise Informationen preisgegeben wurden, die wir unbedingt geheim halten wollten – aus ermittlungstaktischen Gründen. Täterwissen zum Beispiel, also Informationen über die Tat, die allein der Täter und sonst niemand haben konnte. Ich vermute, die meisten Fotografen machten sich darüber keine Gedanken. Dabei waren die Folgen nicht zu unterschätzen. Täterwissen gehörte – und gehört – zu den wichtigsten Instrumenten, um einen Täter überführen zu können. Wenn etwas durch solche Veröffentlichungen allgemein bekannt wurde, war damit nicht mehr viel anzufangen. Im schlimmsten Fall scheiterten die Ermittlungen daran.

Man braucht sich nur mal die Vernehmung eines Tatverdächtigen vorzustellen: Man ist überzeugt, dass er der Täter ist. Alles, was man bisher ermittelt hat, spricht gegen ihn. Irgendwann hat man ihn dann vielleicht so weit, dass er Täterwissen preisgibt, womit man ihn am Haken hätte. Also konfrontiert man ihn damit, um ihm vor Augen zu führen, dass es an der Zeit ist, ein Geständnis abzulegen. Man wähnt sich bereits auf der Zielgeraden, aber was geschieht dann? Der mutmaßliche Täter grinst einen an und beruft sich darauf, die angeblich verräterischen Details in der Zeitung gelesen zu haben. Und falls er selbst nicht so ausgeschlafen ist und darauf kommt, dann garantiert sein Anwalt.

Auf einem der Fotos, die am nächsten Tag in den Lokalzeitungen erschienen, konnte ich mich selbst betrachten, zusammen mit einem Schutzpolizisten und zwei Kollegen aus meinem Team. Wir knieten im Halbkreis auf dem Rasen, vor uns die schwarze Plastikplane. Der Fotograf musste die Szene von oben, aus einer der Wohnungen des Hochhauses, aufgenommen haben. Er hatte genau den Moment eingefangen, als der Schutzpolizist die Abdeckung an einer Seite hochnahm, damit wir uns das Baby ansehen konnten. Es war winzig. In der Rechtsmedizin wurde später die Körperlänge gemessen, es waren achtundvierzig Zentimeter. Und das Gewicht: zweitausendachthundertvierzig Gramm.

Die Babyleiche selbst war auf dem Foto nicht zu erkennen, wenigstens das.

Unter der Plane lugte ein Stück Stoff hervor, türkisfarben. Es schien sich um ein Schlafanzugoberteil oder ein Longshirt zu handeln. Genau konnte man das nicht ausmachen, da es teilweise um den kleinen Körper gewickelt war. Ansonsten war er nackt. An der Haut klebte Käseschmiere, und sie war blutverschmiert.

Nach den Angaben des Notarztes, der den Tod festgestellt hatte, musste das Baby erst wenige Stunden zuvor geboren worden sein. Wann genau, konnte er nicht sagen. Ebenso wenig, ob es eine Lebendgeburt gewesen war.

Es war nicht die erste Babyleiche, die ich mir anschauen musste. Unser Kriminalkommissariat, das KK 11, war zuständig für die Aufklärung von Todesfällen. Das heißt, wir wurden immer dann gerufen, wenn es Anhaltspunkte gab, dass der Betreffende nicht auf natürliche Weise abgetreten war. Es genügte schon, wenn sich der leichenschauende Arzt, der die Todesbescheinigung auszustellen hatte, nicht sicher war, ob ein natürlicher oder nicht-natürlicher Tod vorlag. Außerdem landeten die »Leichensachen« bei uns, bei denen nicht klar war, um wen es sich bei dem Verstorbenen handelte. Und logischerweise alle Tötungsdelikte, unabhängig davon, ob sie im Versuch steckengeblieben oder vollendet worden waren. In all diesen Fällen wurde ein sogenanntes Todesermittlungsverfahren eingeleitet, um der Sache auf den Grund zu gehen.

Diese Aufgabenstellung brachte es mit sich, dass wir uns auch mit sämtlichen Todesfällen von Kindern, einschließlich Neugeborener und Babys, die erst mal nicht erklärbar schienen, zu befassen hatten. Den größten Teil machten dabei Säuglinge aus, die an plötzlichem Kindstod gestorben waren. Für mich waren das die absoluten Horrortage. Da standen die fassungslosen Eltern vor einem, vor Trauer völlig aufgelöst, und wir mussten im Kinderbett und an den kleinen Leichen nach möglichen Spuren suchen. Es hätte ja sein können, das doch jemand nachgeholfen hatte, mit einem Kissen zum Beispiel – so etwas kam auch vor.

Nachdem ich das erste Mal im Fall eines ermordeten Säuglings ermitteln musste, habe ich mich immer extrem schwergetan, besonders wenn es darum ging, die Windel am Leichnam zu öffnen oder sie komplett abzunehmen. Das hatte ich bei dem besagten Fall auch tun müssen. Das gehörte einfach dazu, wenn man gründlich vorgehen wollte. Ein paar Mal habe ich mich danach überwunden, aber lieber war mir, ich konnte diesen Teil der Ermittlungen an einen Kollegen delegieren, der damit besser klarkam.

Viele der Bilder und Eindrücke, die ich im Zusammenhang mit Todesfällen von Kindern mit den Jahren gespeichert habe, erscheinen in der Erinnerung noch heute so klar, dass ich mir schon des Öfteren gewünscht habe, es wäre anders. Ein Fall ragt dennoch heraus. Er ereignete sich Mitte der neunziger Jahre, lag damals, als wir den Tod des neugeborenen Babys aufzuklären hatten, also noch gar nicht so lange zurück. Wir wurden zu einer Wohnung nach Kalk gerufen, einem Stadtteil östlich des Rheins, auf der »schäl Sick«, wie der Kölner zu sagen pflegt. Keine besonders gute Wohngegend. Leer stehende Fabriken, Industriebrachen und ganze Straßenzüge, die von sogenannten Schlichtbauten geprägt waren, Mietshäusern aus den fünfziger und sechziger Jahren, schnell und kostengünstig hochgezogen, um die Wohnungsnot nach dem Krieg einzudämmen. Dazu eine hohe Arbeitslosenquote unter den Einwohnern und immer wieder Spitzenplätze in der jährlichen Kriminalitätsstatistik. Kurz gesagt: sozialer Brennpunkt.

Wir hatten es mit einer extremen Form von Kindesvernachlässigung zu tun. Die Mutter, die die 110 angerufen hatte, war achtzehn Jahre alt, alleinstehend und vollkommen überfordert mit der Aufgabe, ein Kind aufzuziehen. Als wir ihre Wohnung betraten, traf uns der Schlag. Zwei Zimmer, die aussahen wie eine Müllkippe, nur dass die hier überdacht war und Fenster hatte. Es hätte nur gefehlt, dass Ratten zwischen unseren Füßen herumgekrabbelt wären.

Das Kind, ein Mädchen, hatte keine drei Monate überlebt. Offenbar war es von der Mutter weder gestillt noch vernünftig mit anderer Nahrung versorgt worden. Vor allem an Eiweiß musste ein erheblicher Mangel bestanden haben, denn die Leiche wies unübersehbare Anzeichen eines Hungerödems auf. So etwas kennt man bei uns eigentlich nur von Fotos, auf denen unterernährte Kinder aus Ländern der Dritten Welt zu sehen sind. Sie haben diesen charakteristischen Hungerbauch, der aussieht wie aufgebläht. Er entsteht hauptsächlich durch Wassereinlagerungen und die Vergrößerung der Leber. Eiweiß ist wichtig, um das Wasser in unserem Blut zu binden. Ist zu wenig davon da, sammelt sich das Wasser aus den Blutgefäßen unter der Haut und vor allem in der Bauchhöhle an. Von dort kann es nicht mehr in die Nieren gelangen. Und was dann passiert, sahen wir vor uns.

Aber damit nicht genug. Zuletzt hatte die Mutter nicht einmal mehr die Windel ihrer Tochter gewechselt – und das anscheinend mehrere Tage lang. Die Windel war von Urin nur so durchtränkt und voller Kot, der unmöglich von einem einzigen Stuhlgang stammen konnte. Die Haut im Genital- und Afterbereich war übel entzündet. Außerdem hatten sich auf dem kleinen Körper Läuse und Flöhe eingenistet. Der Anblick des toten Mädchens war kaum zu ertragen. Noch heute sehe ich die Kleine vor mir, wie sie dort lag, auf einer über und über verdreckten Matratze, zwischen dem ganzen Müll.

Und noch ein Bild von ihr hat sich in mein Gedächtnis

gebrannt, leider, muss ich sagen. Entstanden ist es im Keller der Gerichtsmedizin. Um die Todesursache ermitteln zu können, musste ihr Leichnam obduziert werden. Dabei ist es üblich, dass jemand von der ermittelnden Dienststelle zugegen ist, um die wichtigsten Untersuchungsergebnisse gleich aus erster Hand zu erfahren. Nicht nur bei Kindern, generell. Oft kommt auch der zuständige Staatsanwalt dazu. Eine kleine aufgeschnittene Leiche – diesen Anblick vergisst man nie wieder.

Gestorben war das Mädchen an den Folgen des Hungerödems, das letztlich zu einem Multiorganversagen geführt hatte. Die Mutter wurde wegen fahrlässiger Tötung angeklagt. Da das Gericht von einer verminderten Schuldfähigkeit ausging, die der Angeklagten von einem Psychiater bescheinigt wurde, kam sie mit einer Bewährungsstrafe davon.

So weit waren wir in dem neuen Fall längst nicht. Wobei wir auch hier auf die Hilfe der Rechtsmediziner angewiesen waren. Uns beschäftigte eine ganze Reihe von Fragen, und einige davon konnten nur sie beantworten. Jedenfalls solange wir nicht wussten, wer die Mutter war. Zum Beispiel, ob das Kind nach seiner Geburt gelebt hatte. Und wenn ja, wodurch es gestorben war. Im Moment konnte uns nicht einmal jemand sagen, wie das Kind auf die Wiese gelangt war. Hatte die Mutter es dort abgelegt, oder war es womöglich aus einem der Fenster geworfen worden?

Auf die letzte Frage fanden die Rechtsmediziner recht schnell eine Antwort. Die Verletzungen, die sie bei der Obduktion an dem kleinen Körper feststellten, deuteten klar auf einen Sturz hin. Und der musste aus beträchtlicher Höhe erfolgt sein, nicht nur aus dem ersten oder zweiten Stock, dafür waren die Verletzungen zu massiv. Die Rechtsmediziner waren sich auch sicher, dass erst die Sturzverletzungen den Tod des Mädchens herbeigeführt hatten. Davor hatte es gelebt.

Und noch einen wichtigen Hinweis gaben sie uns: Die Nabelschnur war unfachmännisch abgetrennt worden. Damit bekamen wir gleich drei Informationen auf einmal. Erstens: Wer auch immer die Mutter sein mochte, sie schien ihr Baby ohne professionelle Hilfe zur Welt gebracht zu haben. Daraus ergab sich zweitens: Es konnte unmöglich im Kreißsaal eines Krankenhauses oder in einem Geburtshaus geboren worden sein. Und drittens: Die Mutter selbst hatte keine Erfahrungen mit Geburten, war von Beruf weder Hebamme noch Gynäkologin oder etwas Ähnliches.

Als Nächstes versuchten wir herauszufinden, von wo aus das Neugeborene in die Tiefe geworfen worden war. Das Dach schied aus. Es gab zwar eine Tür, die vom Treppenflur hinausführte, aber die war mit einem Schloss abgesperrt. Die Schlüssel bewahrte der Hausmeister auf, der als möglicher Verdächtiger nicht infrage kam. Ebenso wenig seine Frau, beide waren jenseits der fünfzig. Und eine Tochter hatten sie nicht.

Also kamen praktisch alle Fenster des Hauses in Betracht, die zur Nordseite hinausgingen, dort befand sich die Rasenfläche. Denn das Baby musste ja nicht zwangsläufig senkrecht heruntergefallen sein. So leicht, wie es war, hätte man es auch aus einem der seitlich vom Fundort gelegenen Fenster dorthin werfen können. Das klingt jetzt sehr emotionslos, aber wir mussten so denken und alle Möglichkeiten in Erwägung ziehen.

Das Haus hatte zwölf Stockwerke. Auf der nach Norden ausgerichteten Seite verfügte jedes über fünf Fenster. Zog man die untersten zwei Stockwerke ab, blieben fünfzig, die wir als denkbare Tatorte hätten prüfen müssen.

Doch dann entdeckte ein Kollege an der Fassade dunkle Flecken, verteilt über mehrere Stockwerke, und zwar entlang der Fensterreihe, auf die man blickte, wenn man am Fundort der Leiche stand und sich dem Haus zuwandte. Sein erster Gedanke: Das könnte Blut sein.

Er täuschte sich nicht.

Die auffälligsten Blutspuren fanden wir auf der Fensterbank und an der dazugehörigen Fensterscheibe im siebten Stock. Am Sims handelte es sich um kleinflächige Blutantragungen, an der Scheibe waren es Blutspritzer unterschiedlicher Größe. Oberhalb des Fensters waren keine Blutspuren zu sehen, auch nicht daneben – an der Hauswand, die sich darunter befand, aber schon.

Falls das Blut von dem Baby stammte, musste es beim Hinabfallen auf die Fensterbank aufgeschlagen sein oder sie zumindest gestreift haben. Das hätte auch erklärt, warum es nicht direkt neben der Hauswand im Gras gelegen hatte, sondern einige Meter entfernt. Durch den Aufprall wäre die Flugbahn verändert worden. Und es hätte bedeutet, dass das Kind aus dem Stockwerk darüber, oder von noch weiter oben, hinuntergeworfen wurde. Andernfalls hätte es kaum die Blutspritzer an der Scheibe gegeben.

Abgesehen davon: In der Wohnung, zu der das Fenster mit den Blutspuren gehörte, lebte eine alte Frau. Sie war über siebzig und hatte das Fenster schon lange nicht mehr geöffnet, wie sie versicherte. Was man sofort glaubte, wenn man sah, was sie auf dem Fensterbrett an Nippes aufgetürmt hatte. Außerdem zeugten reichlich Staub und einige Spinnweben davon, dass der ganze Kram länger nicht angerührt worden war.

Wenn eine Frau, die in dem Haus wohnte, schwanger gewesen war, sollten das die Nachbarn mitbekommen haben. Vielleicht nicht alle, aber dem einen oder anderen musste es aufgefallen sein. Zumal die Größe des Kindes dafür sprach, dass es keine extreme Frühgeburt gewesen war, man der Mutter die Schwangerschaft somit angesehen haben dürfte. Also fragten wir uns durch die Mieterschaft. In dem Haus wohnten über zweihundert Menschen. Nachdem wir ungefähr mit der Hälfte gesprochen hatten, wuchs unser Optimismus nicht gerade in den Himmel. Kein Einziger wusste etwas von einer schwangeren Frau im Haus.

Parallel widmeten wir uns den Bewohnern der Wohnungen, die als möglicher Abwurfort in Betracht zu ziehen waren. Eine Kollegin fing im achten Stock an, mit der Wohnung, die direkt über der mit den Blutspuren am Fenster lag. Dort lebte eine türkische Familie: Mutter, Vater – sie Anfang, er Ende vierzig –, Tochter und Sohn. Die Tochter war sechzehn, der Sohn neunzehn. Meine Kollegin traf nur Mutter und Tochter an, die beiden Männer waren arbeiten. Normalerweise hätte die Sechzehnjährige in der Schule sein müssen. Sie sagte aber, sie fühle sich krank, wahrscheinlich eine Grippe. Ihre Stimme hörte sich erkältet an. Sie lag auf ihrem Bett, im Kinderzimmer, das sie sich mit ihrem Bruder teilte. Dessen Bett stand unter dem Fenster, durch das man auf die Rasenfläche hinunterschauen konnte.

Das Mädchen sagte, sie selbst habe in der letzten Nacht natürlich zu Hause übernachtet, und auch ihr Bruder habe in seinem Bett geschlafen. In der Woche schlafe er immer zu Hause, nur am Wochenende bliebe er manchmal bei Freunden. Eine Freundin habe er zurzeit nicht, und es sei auch kein Mädchen da gewesen, das ihn besucht hätte. Aber selbst wenn, über Nacht hätte es niemals bleiben dürfen, das erlaube ihr Vater nicht. Der Fensterflügel über dem Bett war angekippt. Blutspuren konnte man keine sehen, auch anderswo im Zimmer nicht.

Die Kollegin fragte die junge Türkin nicht, ob sie schwanger gewesen sei. Fast hätte sie es getan, es passte alles gut zusammen: das Stockwerk, das Fenster im Kinderzimmer, vor allem, dass sie sich ausgerechnet an diesem Tag zu schwach fühlte, um in die Schule zu gehen. Doch konnte sich jemand, der wenige Stunden zuvor sein Kind getötet hatte, so verhalten wie das Mädchen? Hätte es nicht nervös sein müssen? Und wäre es den Fragen der Beamtin nicht eher ausgewichen oder hätte sich bei den Antworten in Widersprüche verwickelt, wäre in Tränen ausgebrochen? Irgendetwas, das auffällig gewesen wäre. Aber auffällig an ihr war höchstens, dass sie völlig ruhig mit meiner Kollegin sprach, absolut offen und zugänglich wirkte, ja geradezu gelassen. Selbst als sie und ihre Mutter später gebeten wurden, eine Speichelprobe abzugeben, damit wir ihr DNA-Material mit dem des toten Babys abgleichen lassen konnten, tat sie es ohne jeglichen Einwand.

Also suchten wir weiter nach einer weiblichen Person im gebärfähigen Alter, die als Mutter infrage kam. Es konnte durchaus jemand sein, der nur zu Besuch in dem Haus gewesen war, auch diese Möglichkeit mussten wir berücksichtigen. Die Zahl der Frauen, die in unser Raster passten, konnten wir relativ zügig eingrenzen. Und da wir uns vor allem auf die

Wohnungen konzentrierten, die auf der Nordseite lagen, verringerte sich diese noch einmal. Die nächste Maßnahme war dann die Aktion mit den Speichelproben. Die Auswertung der Proben nahm einige Zeit in Anspruch.

In der Zwischenzeit kümmerten wir uns noch um etwas anderes, gewissermaßen nebenbei, aber mit Herzblut. Es hatte zwar nichts mit der Lösung des Falls zu tun, beschäftigte uns aber dennoch. Die Rechtsmediziner hatten die Untersuchung des toten Babys abgeschlossen, also gab die Staatsanwaltschaft die Leiche zur Erd- oder Feuerbestattung frei. Das ist die übliche Vorgehensweise, wenn die ermittlungsführende Behörde keinen Bedarf für weitere Untersuchungen sieht. Normalerweise ist es dann Aufgabe der Hinterbliebenen, alles Weitere zu veranlassen. Da zu diesem Zeitpunkt aber weder Mutter noch Vater des getöteten Babys bekannt waren, übernahm das die zuständige Behörde bei der Stadtverwaltung. Um Kosten zu sparen, wurde in solchen Fällen eine anonyme Bestattung angeordnet. Auf die gleiche Weise wird übrigens verfahren, wenn ein Obdachloser stirbt oder der Tote nicht identifiziert werden kann. Und auch bei Verstorbenen, die entweder keine Angehörigen haben oder deren Angehörige sich weigern, die Kosten zu übernehmen oder dazu finanziell nicht in der Lage sind.

Es war nicht so, dass wir diese Regelung nicht kannten. Sie schien uns in diesem besonderen Fall allerdings unangebracht. Wir fanden, das Baby hatte etwas Besseres verdient. Schlimm genug, dass es einfach weggeworfen worden war, jetzt sollte es nicht auch noch namenlos auf einem anonymen Gräberfeld verscharrt werden. Wir wollten, dass es einen Namen bekam – und ein richtiges Grab, mit Grabstein.

Die Beamten bei der Stadtverwaltung hatten allerdings kein Ohr für unsere Argumente. Mit denen war nicht zu reden. Das Ordnungsamt lehnte jegliche Mehrkosten strikt ab, und das Standesamt weigerte sich, dem toten Kind einen Namen zu geben. Klar hatten sie ihre Richtlinien und Bestimmungen, das war bei uns nicht anders. In einer Behörde gab es für alles irgendwelche Vorschriften. Umso bemerkenswerter fand ich, dass unsere Leute nicht lockerließen. Wir kurbelten eine Pressekampagne an, um das notwendige Geld zusammenzubekommen. Die genaue Summe weiß ich nicht mehr, aber es waren so viele Spenden, dass es für die Bestattung und ein schönes Grab reichte.

Auch den Namen, der auf dem Grabstein stehen sollte, wählten wir aus. Als Vornamen entschieden wir uns für Philomena, nach der heiligen Philomena von Rom, die in der katholischen Kirche als Patronin der Kinder und Kleinkinder verehrt wird. Der Nachname bot sich von alleine an. Dafür nahmen wir einfach den Namen der Straße, in der das tote Mädchen gefunden wurde. Sie war nach einem Ort in Österreich benannt.

Zwei oder drei Tage nach der Beerdigung erhielten wir das Ergebnis der DNA-Analyse: Wir hatten einen Treffer! Die Frau, deren genetischer Fingerabdruck dem des Babys glich, lebte in dem Haus, das wir auf den Kopf gestellt hatten. Genau genommen war sie noch ein Mädchen – und wir hatten bereits mit ihr gesprochen. Es war die sechzehnjährige Türkin aus der Wohnung im achten Stock, die sich ein Zimmer mit ihrem Bruder teilte. Sie hieß Gülcan.

Danach ging alles ruckzuck: Festnahme – gynäkologische

Untersuchung in der Uniklinik – Vernehmung im Polizeipräsidium.

Spätestens jetzt hätte man erwartet, dass sie eine emotionale Reaktion zeigte. Doch sie ließ alles über sich ergehen, als ginge es gar nicht um sie. Mit den Beamten, die sie zu Hause festnahmen, plauderte sie locker, als würden die beiden sie zu einer Fahrt ins Grüne abholen. Auch bei dem Arzt in der Klinik, der sie untersuchte, um festzustellen, ob vor Kurzem eine Schwangerschaft bestanden hatte, wirkte sie kein bisschen bedrückt, erzählte frei heraus, bei welchem Frauenarzt sie in Behandlung war, dass der ihr die Pille verschrieben hatte und ihre Monatsblutungen regelmäßig gekommen waren. Und als der Arzt zu dem Befund kam, dass sie in den letzten vier bis sechs Wochen schwanger gewesen sein musste, nahm sie das so unbeteiligt zur Kenntnis, als spräche er von einer anderen Patientin.

Noch bevor wir die gesamten Untersuchungsergebnisse aus der Klinik gefaxt bekamen – damals schickte man solche Sachen noch auf diesem Weg –, begannen wir mit der ersten Vernehmung. Immerhin mussten wir ihr nicht mehr erklären, warum sie vor uns saß.

Frage: Gülcan, ist es in Ordnung, wenn wir dich duzen?
Antwort: Ja, natürlich.

Frage: Deine Eltern, wie verstehst du dich mit ihnen?
Antwort: Gut, wir haben keine Probleme.

Frage: Würdest du sagen, es sind deine Vertrauten?
Antwort: Meine Mutter schon. Mit ihr spreche ich viel. Mei-

nen Vater sehe ich nicht so oft. Er arbeitet in Schichten. Entweder ist er auf Arbeit, oder er schläft. Außer am Wochenende, aber da schläft er auch, oder er sitzt vor dem Fernseher. Er redet mehr mit meinem Bruder.

Frage: Verstehst du dich gut mit deinem Bruder?

Antwort: Manchmal ist er blöd, wie alle Jungs, macht so einen auf Macho. Aber insgesamt ist er ganz okay. Also, wir haben eigentlich nie richtig Stress. Manchmal kappeln wir uns ein bisschen, aber das ist, glaube ich, normal.

Frage: Aber so zusammen in einem Zimmer, das ist doch bestimmt nicht einfach.

Antwort: Ach, das geht. Mich stört das nicht. Er ist ja auch viel weg. Wenn er mal eine Freundin hat, sehe ich ihn kaum.

Frage: Würdest du sagen, deine Eltern sind streng?

Antwort: Sie sind religiös, haben uns auch so erzogen. Aber wir gehen nicht ständig in die Moschee oder so. Meine Mutter kleidet sich ganz normal, nur meine Großmutter trägt Kopftuch. Das ist ja auch eine andere Generation, da war alles noch viel strenger.

Frage: Hast du viele Freundinnen?

Antwort: Wir sind so eine kleine Clique, sechs bis acht Mädchen, da sind türkische und deutsche dabei.

Frage: Unternimmst du viel mit den Mädchen?

Antwort: Die sehe ich meistens nur in der Schule. Ich bin nicht so ein Weggeher, am liebsten bin ich zu Hause.

Frage: Kennen deine Eltern deinen Freundeskreis?
Antwort: Meine Mutter kennt die meisten, mein Vater nicht. Den interessiert das nicht.

Frage: Du sagtest vorhin, mit deiner Mutter würdest du über vieles reden. Weiß sie, dass du einen Freund hast?
Antwort: Sie hat uns einmal gesehen und war ziemlich sauer, hat mich gleich von ihm weggezogen und ihn angeschrien. Aber das ist schon lange her. Ich glaube, letztes Jahr war das. Eigentlich weiß sie nicht, dass wir noch zusammen sind. Wir treffen uns heimlich. Manchmal holt er mich von der Schule ab, aber er fährt dann nie bis vor unser Haus. Ich steige immer an der Straßenbahnhaltestelle aus.

Frage: Wusste deine Mutter, dass du schwanger warst?
Antwort: Wie denn, ich wusste es ja selber nicht!

Frage: Du musst das doch gemerkt haben.
Antwort: Ich war nicht dick. Die schwangeren Frauen, die ich kenne, hatten immer einen richtig dicken Bauch. Bei mir war nichts zu sehen.

Frage: Das kann man gut mit seiner Kleidung kaschieren …
Antwort: Brauchte ich aber gar nicht. Alle meine Sachen haben noch gepasst, bis zuletzt. Auch die Hose, die ich gerade anhabe. Sie war ein bisschen enger, aber ich konnte sie noch anziehen. Sogar der Knopf hier ging zu, wie jetzt auch. Keiner hat was gemerkt. Sonst hätte ja danach bestimmt auch einer was gesagt, dass ich wieder dünner bin.

Frage: Du behauptest also, du hast bis zum Schluss nicht mitbekommen, dass du ein Kind erwartest?

Antwort: Ja. Ich hatte keine Hungerattacken, mir war nie übel, ich habe auch nicht gekotzt, wie das bei anderen normal ist. Ich habe nur gedacht, dass ich wahrscheinlich nach meiner Großmutter komme, der Mutter meiner Mutter, die ist ziemlich dick. Und dass das jetzt in dem Alter wohl langsam losgeht mit dem Zunehmen.

Frage: Du hast bis zu dem Abend, als das Kind kam, nichts gemerkt?

Antwort: Ich meine, ich bin doch nicht blöd. Wenn ich das gewusst hätte, gleich am Anfang, hätte ich es doch abtreiben können. Dann hätte ich den ganzen Ärger nicht ... Komme ich jetzt ins Gefängnis?

Frage: Das wird der Haftrichter entscheiden. Es ist aber auf jeden Fall besser, wenn du die Wahrheit sagst.

Antwort: Tue ich doch.

Das war gelogen, wie einiges andere auch. Spätestens seit sie im sechsten Monat gewesen war, hatte sie von ihrer Schwangerschaft gewusst. Ihr war auch vorher nicht entgangen, dass die Regelblutung seit Längerem ausgeblieben war. Sie hatte das alles nur verdrängt, weil ihr kein anderer Weg einfiel, mit der Situation fertigzuwerden. Und nun brauchte sie offenbar erst mal ein Weilchen, ehe sie so weit war, uns – und sich selbst – die ganze Wahrheit zu gestehen.

Auch die Begegnung zwischen ihrem Freund und ihrer Mutter war etwas dramatischer verlaufen, als sie geschildert hatte.

Die Mutter hatte sie damals nämlich nicht nur aus dem Auto des jungen Mannes gezerrt, sondern ihm auch gleich eine Tracht Prügel verpasst und ihn anschließend sogar bei der Polizei angezeigt – mit der Begründung, er habe ihre Tochter entführt. Tatsächlich hatte Gülcan die Nacht zuvor bei ihm verbracht, aber nicht etwa, weil er sie dazu gezwungen hätte. Ihren Eltern hatte sie erzählt, sie würde bei einer Freundin schlafen. Für diese Lüge wurde sie von ihrem Vater mit Schlägen bestraft. Seitdem traf sie sich nur noch heimlich mit ihrem Freund, der vier Jahre älter war.

Für die Aufklärung des Falls war diese Auseinandersetzung nicht unbedingt von Belang, sie machte aber deutlich, dass das Verhältnis zwischen Gülcan und ihren Eltern nicht annähernd so harmonisch war, wie sie uns anfangs weismachen wollte. Mutter und Vater waren gläubige Moslems, sie beteten mehrmals am Tag. In ihrer Vorstellungswelt hatte ein sechzehnjähriges Mädchen keinen Freund zu haben. Geschlechtsverkehr vor der Ehe betrachteten sie als Sünde. Die Schwangerschaft einer unverheirateten Frau, ihrer Tochter, wäre eine Familienschande gewesen.

Gülcan hatte also mehr als einen Grund, ihre Schwangerschaft geheim zu halten beziehungsweise zu verdrängen. Und das gelang ihr anscheinend so gut, dass sie eine ziemlich lange Zeit selbst überzeugt war, nicht schwanger zu sein. Dieses Phänomen kommt gar nicht so selten vor. So gesehen reagierte Gülcan geradezu klassisch. Wie viele Frauen, die eine solche Situation durchmachen, stürzte sie sich in Arbeit. Sie büffelte jede freie Minute für die Schule und trieb mehr Sport als je zuvor. Sie mutete ihrem Körper extreme Belastungen zu, beispielsweise indem sie dem Vater beim Renovieren half.

Erst nahmen sie sich die eigene Wohnung vor, danach die eines Nachbarn, mit dem ihre Eltern befreundet waren. Und anstatt sich besonders gesund und reichhaltig zu ernähren, reduzierte sie ihre ohnehin nicht üppigen Mahlzeiten sogar. Sie nahm das alles auf sich, weil in ihrem Hinterkopf die Hoffnung schwelte, das Kind, das in ihr heranwuchs, durch die ungewohnten Anstrengungen zu verlieren.

All das dürfte, neben einer natürlichen Veranlagung, dazu beigetragen haben, dass sich ihr Körper optisch relativ wenig veränderte. Zudem sind Kinder solcher Schwangerschaften häufig sehr klein. Ein bisschen legte sie gewichtsmäßig aber schon zu. Als ihrem Freund das auffiel, da war sie ungefähr im fünften Monat, fragte er sie, ob sie schwanger sei. Schließlich hatten sie mehrmals miteinander geschlafen und dabei nie verhütet. Doch sie meinte, das läge an einer Hormonstörung, sie sei deswegen schon bei einem Arzt gewesen.

Für ihre Schulfreundinnen, denen sie nach den Sommerferien etwas propper erschien, hatte sie andere Erklärungen parat. Einer erzählte sie, sie sei mit ihrer Familie in der Türkei im Urlaub gewesen, habe dort einen Hitzschlag erlitten und daraufhin von einem Arzt ein Vitaminpräparat verschrieben bekommen. Seitdem sie das Zeug nehme, habe sie mehr Appetit. Eine andere Freundin lachte sie aus, als die sie auf eine mögliche Schwangerschaft ansprach. Und dann sagte sie: »Ich bin Türkin, ich kann gar nicht schwanger sein.«

Während unserer Ermittlungen fragten wir auch ihre Lehrerinnen in der Schule, ob ihnen in den letzten Monaten etwas an Gülcan aufgefallen sei. Zwei von ihnen meinten, sie sei ruhiger geworden und habe sich langsamer bewegt, irgendwie schwerfälliger. Dass ihre Schülerin schwanger sein könnte, daran hätten sie mit keiner Silbe gedacht. Dann hätte sie doch etwas gesagt, schon wegen des Sportunterrichts. Aber den habe sie bis zuletzt mitgemacht.

Mit wem wir auch sprachen, es fand sich niemand, dem sich Gülcan in all den Monaten offenbart hatte. Die psychische Last muss für sie erdrückend gewesen sein. Dass sie die alleine trug, machte es bestimmt nicht einfacher. Vor allem, wenn man bedenkt, dass sie erst sechzehn war. In der Vernehmung sagte sie, sie hätte es niemals gewagt, sich ihren Eltern anzuvertrauen, nicht einmal nur der Mutter, das habe ihr der Respekt verboten. Ich bin kein Psychologe, kann mir aber gut vorstellen, dass der Verdrängungsmechanismus bei Gülcan deshalb so gut funktionierte, weil sie durch die familiäre und religiöse Konstellation einem enormen Druck ausgesetzt war. Der Mensch hat einen natürlichen Überlebenstrieb. Wie hätte sie das anders ausgehalten?

Und trotzdem: Das machte ihre Tat vielleicht verständlicher, es rechtfertigte sie aber in keiner Weise.

Als sie sich in der Vernehmung zum eigentlichen Tatgeschehen äußerte, wirkte es, als wäre sie erleichtert, sich alles von der Seele reden zu können. Auffällig war aber auch, dass sie, während sie sprach, erst richtig zu begreifen schien, was sie getan hatte. Als wäre dem Verdrängungsprozess, der sie so lange von dem Bösen abgeschottet hatte, durch unsere Fragen ein Ende gesetzt worden.

Frage: Was ist in der Nacht passiert?

Antwort: Es fing am Morgen an, das war der Donnerstag. Als ich auf Toilette ging, merkte ich, dass ich blutete. Nur ganz leicht. Ich dachte, dass ich meine Regel bekomme und habe das auch meiner Mutter gesagt. Dann bin ich zur Schule. Alles war ganz normal. Danach habe ich Hausaufgaben gemacht und ein bisschen ferngesehen. Mein Vater und mein Bruder waren zu Hause, die guckten auch mit. So gegen sechs, also abends, kriegte ich Bauchschmerzen – Bauchkrämpfe, ziemlich stark. Aber das war immer so, wenn ich meine Tage bekam. Manchmal waren die so schlimm, dass ich gar nicht aufstehen konnte.

Frage: Hattest du in den Monaten davor immer deine Tage?
Antwort: Nur einmal, im Juli war das. Und davor im Januar das letzte Mal.

Frage: Warum weißt du so genau, wann das war?
Antwort: Das mit Januar weiß ich, weil Ramadan war. Der dauert einen Monat, da muss man fasten. Aber man darf nicht fasten, wenn man seine Periode hat. Weil man dann als unrein gilt. Man darf auch nicht beten oder den Koran lesen. Und Juli weiß ich, weil wir zu der Zeit im Urlaub waren.

Frage: Wie ging es an dem Donnerstagabend weiter?
Antwort: Ich habe mir eine Wärmflasche gemacht und mich ins Bett gelegt. Die Schmerzen waren auch mal weg, kamen aber wieder. Irgendwann bin ich eingeschlafen, bis die Krämpfe wieder so schlimm wurden. Es ging immer hin und her, mal war ich wach, mal habe ich geschlafen.

Frage: Deine Eltern waren die ganze Zeit zu Hause?
Antwort: Ja.

Frage: Und dein Bruder?

Antwort: Der auch. Die saßen alle drei im Wohnzimmer, haben Fernsehen geguckt. Meine Mutter kam auch mal zu mir und wollte wissen, ob es mir besser geht. Und dann bin ich wieder eingeschlafen.

Frage: Wie spät war es da?

Antwort: Weiß ich nicht, vielleicht so gegen neun.

Frage: Und dann?

Antwort: Irgendwann hörte ich nebenan im Bad die Wasserspülung der Toilette. Davon muss ich wach geworden sein. Das war gegen halb fünf. Um diese Zeit steht mein Vater immer auf, wenn er Frühschicht hat.

Frage: Und dein Bruder, wo war der?

Antwort: Der lag in seinem Bett. Ich weiß aber nicht, wann er schlafen gegangen war. Das habe ich nicht mitbekommen.

Frage: Er ist nicht von der Klospülung aufgewacht?

Antwort: Der hört ja nicht mal seinen Wecker. Ich wollte dann auch wieder einschlafen, aber das ging nicht – die Schmerzen waren plötzlich so schlimm. Ich habe mich auf die Seite gedreht und zusammengekrümmt, die Beine angezogen und die Arme um den Bauch gehalten, das hat sonst immer geholfen. Diesmal aber nicht …

Irgendwie habe ich dann angefangen, so zu pressen. Ich wollte das gar nicht, ich wusste ja überhaupt nicht, wie das geht. Es kam aber ganz automatisch. Der Körper machte das einfach so. Auf einmal wurde unten alles nass, da lief ganz viel raus, wahrscheinlich das Fruchtwasser. Es war ja dunkel, ich habe kaum was gesehen. Und dann kam … Ich weiß nicht, wie ich das sagen soll. Jetzt klingt das natürlich komisch. Da kam der Kopf aus meiner Scheide raus, aber in dem Moment war mir das nicht klar. Ich meine, ich habe nicht darüber nachgedacht, dass das der Kopf war. Der war dann auch wieder drin. Vielleicht, weil ich mich auf den Rücken gelegt habe.

Frage: Bist du auf dem Rücken liegen geblieben?
Antwort: Ja, aber das habe ich auch nicht bewusst gemacht. Irgendwie hat mein Körper sich wahrscheinlich die beste Position gesucht. Genauso wie mit den Beinen, die habe ich auch wieder hochgezogen, so angewinkelt – und gepresst. Und dann ist es rausgekommen, mit einem Mal.

Frage: Wie eine Sturzgeburt?
Antwort: Ja, das habe ich danach gelesen, dass man das so nennt – Sturzgeburt.

Frage: Was hast du mit der Nabelschnur gemacht?
Antwort: Die habe ich mit der Schere durchgeschnitten.

Frage: Wo lag die Schere?
Antwort: Auf meinem Schreibtisch.

Frage: Wo da genau?
Antwort: Obendrauf, auf der Platte.

Frage: Du bist also aufgestanden?

Antwort: Nur mit einem Bein. Der Schreibtisch steht direkt neben meinem Bett.

Frage: Aber du konntest doch gar nichts sehen?
Antwort: Doch, ein bisschen. Das Rollo am Fenster war oben. Draußen war es zwar dunkel, aber ganz dunkel ist es ja nie. Da sind auch Laternen.

Frage: Dein Bruder war die ganze Zeit im Zimmer?
Antwort: Ja, der hat geschlafen.

Frage: Du meinst, er hat von der Geburt nichts mitbekommen? Er muss doch etwas gehört haben?
Antwort: Es war nicht laut. Das Baby war ganz still. Und ich habe auch nicht geschrien oder gestöhnt oder so. Ich habe alles unterdrückt, das ging mehr so in mich rein, nach innen, verstehen Sie? Wahrscheinlich hätte mein Bruder auch nichts gehört, wenn ich geschrien hätte, aber dann wäre meine Mutter sofort gekommen. Die hat einen genauso leichten Schlaf wie ich. Den habe ich von ihr geerbt.

Diese Erklärung erschien uns mehr als unglaubwürdig. Wir unterbrachen die Vernehmung, um ihr zu verstehen zu geben, dass es vernünftiger war, bei der Wahrheit zu bleiben und niemanden zu decken. Andernfalls müsste sie die Verantwortung für den Tod des Babys alleine tragen. Wir hatten nicht das Gefühl, dass ihr die Tragweite bisher klar geworden war. Doch selbst nachdem wir ihr sagten, dass sie damit rechnen müsse, für die Tat ins Gefängnis zu kommen, beharrte sie darauf, dass weder ihr Bruder noch die Eltern von der Geburt etwas mitbekommen hätten. Und auch was die Nabelschnur betraf, änderte sie ihre Version nicht.

Frage: Du hast also die Schere vom Schreibtisch geholt und die Nabelschnur durchgeschnitten?
Antwort: Ich musste ein paar Mal ansetzen, das ging richtig schwer. Die Schere ist ja eigentlich nur für Papier gedacht.

Frage: Und was hast du dann gemacht?
Antwort: Ich habe es in ein Longshirt von mir gewickelt und dann genommen und rausgeworfen.

Frage: Sofort oder hast du noch eine Weile überlegt?
Antwort: Sofort. Ich habe es gleich losgelassen und auch nicht runtergeguckt.

Frage: Stand das Bett deines Bruders schon immer vor dem Fenster?
Antwort: Ja.

Frage: Aber dann musstest du aufs Bett steigen, um an das Fenster heranzukommen.
Antwort: Nein, das musste ich nicht. Ich habe mich nur mit einem Bein draufgekniet. So kommt man da auch ran.

Frage: Dabei ist dein Bruder auch nicht wach geworden?
Antwort: Nein. Das ging ganz schnell.

Frage: Du weißt, dass es uns schwerfällt, das zu glauben?

Antwort: So war es aber. Ich kann ja nichts anderes erzählen, wenn es stimmt.

Der bittere Beigeschmack, dass uns die Sechzehnjährige nicht die ganze Wahrheit verriet, blieb bis zum Schluss. Die Wohnung der Familie war nicht riesig, höchstens siebzig Quadratmeter, eher weniger, die sich auf drei Zimmer, Küche und Bad verteilten. Es war üblich, dass alle Türen – mit Ausnahme der des Elternschlafzimmers – offen standen, zumindest einen Spalt breit, Tag und Nacht. Gülcan selbst hatte erzählt, dass es auch an dem Morgen so war. Deshalb brauchte man schon eine gehörige Portion Fantasie, um sich vorstellen zu können, dass sie dort ein Kind zur Welt gebracht hatte, ohne dass es jemand bemerkte. Umso mehr, da ausgeschlossen werden konnte, dass es eine Totgeburt war.

Vielleicht täuschte ich mich, doch irgendwie wurde ich den Eindruck nicht los, dass jeder in der Familie mehr wusste, als er zuzugeben bereit war. Konnte es wirklich sein, dass eine Mutter die Schwangerschaft ihrer Tochter nicht mitbekam, obwohl die noch zu Hause wohnte und manchmal sogar mit ihr in einem Bett schlief? Oder der Bruder, der sich ein Zimmer mit ihr teilte und seine Schwester vermutlich nicht immer nur vollständig bekleidet gesehen hatte? Hatte die Mutter, als sie am Morgen das Blut in Gülcans Bett sah, tatsächlich geglaubt, die Tochter habe ihre Periode, diesmal nur etwas stärker als sonst? Und was war mit dem Fruchtwasser? Das wird in der kurzen Zeit kaum getrocknet sein.

War es nicht vielleicht eher so, dass Gülcan durch die uneheliche Schwangerschaft Schande über ihre Familie gebracht hatte und die sich in Schweigen flüchtete, auch untereinander, als könnte sie es ungeschehen machen, wenn sie nicht darüber sprach?

Aber das war nur eine Vermutung von mir, beweisen konnten wir das nicht. Ob ich damit richtig lag, wurde auch im Prozess nicht geklärt. Nachdem die Ermittlungen abgeschlossen worden waren, hatte die Staatsanwaltschaft Anklage gegen die junge Türkin erhoben – wegen Totschlags. Früher gab es den Sonderfall der Kindstötung, Paragraf 217 des Strafgesetzbuches, der sich auf die Tötung von nicht ehelichen Kindern durch die Mutter während oder unmittelbar nach der Geburt bezog und sozusagen »mildernde Umstände« einschloss. Er wurde Ende der neunziger Jahre abgeschafft.

Das Verfahren fand vor der Jugendkammer des Landgerichts statt, etwa ein halbes Jahr nach der Tat. Gülcan war inzwischen siebzehn geworden. Ihren Geburtstag hatte sie in Untersuchungshaft verbracht.

Totschlag wird normalerweise mit einer Freiheitsstrafe geahndet, auch im Jugendstrafrecht. Es sei denn, das Gericht erkennt einen »minderschweren Fall« darin. So war es hier. Gülcan wurde zwar zu zwei Jahren Haft verurteilt, aber ausgesetzt auf Bewährung. Nachdem sie fast sechs Monate im Gefängnis verbracht hatte, durfte sie den Gerichtssaal nach der Urteilsverkündung als freier Mensch verlassen.

Einige Wochen später traf ich zufällig den Vorsitzenden Richter der Strafkammer bei einer kleinen Feier im Polizeipräsidium. Es blieb nicht aus, dass wir auch auf den Fall der jungen Türkin zu sprechen kamen. Das Urteil hatte bei einigen Unverständnis hervorgerufen, es erschien manchen zu mild – immerhin war ein Mensch getötet worden, hier sogar ein vollkommen wehrloses Wesen. Dass Mütter ihre neugeborenen Kinder umbringen, Neonatizid heißt das in der Fachsprache, kommt in Deutschland relativ selten vor, etwa dreißig Mal im Jahr. Wobei jeder Fall natürlich einer zu viel ist. Die Staatsanwaltschaft hatte für Gülcan eine mehrjährige Haftstrafe gefordert. Aber der Richter meinte, das Mädchen habe sich in einer unlösbaren Konfliktsituation zwischen den überlieferten religiösen Werten ihrer Eltern und der Realität befunden. Er breitete noch mehr Argumente vor mir aus, die nicht von der Hand zu weisen waren.

Und während wir darüber sprachen, musste ich daran denken, dass Gülcan bei ihren Vernehmungen stets vermieden hatte, das Wort »Baby« oder »Kind« zu gebrauchen. Sie sprach immer nur in der Es-Form von ihm, als sei ihre Tochter ein lebloser Gegenstand gewesen. Obwohl das Ergebnis der DNA-Analyse keinen Zweifel zuließ, hatte sie anfangs hartnäckig geleugnet, dass es ihr Baby war. Sie brauchte verdammt lange, ehe sie das erste Mal den Satz »Ich bin die Mutter« über die Lippen brachte. In ihr schien sich alles dagegen zu sträuben. Und als müsste sie schnell einen Fehler korrigieren, setzte sie gleich hinterher: »Gut, ich habe es zwar geboren, aber ich fühle mich nicht so, als ob es von mir wäre. Für mich ist es, als wäre es nicht passiert. Ich habe es auch gar nicht richtig gesehen, es war ja dunkel. Ich fühle mich nicht als Mutter!«

Es ist 11.35 Uhr und ich verabschiede mich

Eine Vollmondnacht im April, klarer Himmel, zwölf Grad Celsius. Der neue Tag war noch keine Stunde alt. Der kleine Bahnhof am südlichen Rand der Innenstadt lag verlassen da, keine Menschenseele auf dem Bahnsteig, den die Laternen mit gelblichem Licht übergossen. Jedenfalls war niemand zu sehen. Erst Stille, dann ein Motorengeräusch, das lauter wurde. Ein Nahverkehrszug näherte sich. Vorn das Triebfahrzeug, dahinter drei Reisewagen. Rechtzeitig vor dem Haltestellenbereich drosselte der Lokführer die Geschwindigkeit, wie es die Vorschrift für eine Durchfahrt verlangte. Mit etwa fünfunddreißig Stundenkilometern passierte der Zug den Bahnsteig. Die Lok hatte fast dessen Ende erreicht, als plötzlich ein dunkler Schatten über den Bahnsteig huschte. Blitzschnell bewegte sich die Gestalt in Richtung der Gleise – und stoppte auch an der Bahnsteigkante nicht.

Der Lokführer sah das Unheil kommen. Reflexartig leitete er eine Schnellbremsung ein. Das war die effektivste Methode, den Zug zum Stehen zu bringen, eine verlässlichere und schnellere gab es nicht. Er ahnte, dass sie trotzdem zu langsam sein würde. Der Bremsweg betrug knapp sechzig Meter …

Danach dauerte es keine fünf Minuten, bis die Leitstelle im Präsidium von dem Vorfall erfuhr. Umgehend beorderte sie eine Streifenwagenbesatzung zum Ort des Geschehens. Als die Schutzpolizisten eintrafen, war bereits die Feuerwehr mit einem Notarzt und mehreren Rettungskräften dort. Kurz darauf wurde die Kriminalwache informiert, die ebenfalls zwei Beamte losschickte.

Am nächsten Tag bekamen wir den Fall als »Todesermittlungssache« auf den Tisch, so stand es auf dem Deckblatt der Akte. Wie es aussah, sprach alles für einen Suizid, aber das musste natürlich überprüft werden. Noch war nichts über die Hintergründe bekannt. Selbst die Identität des Toten, es handelte sich um einen jungen Mann, hatte man bisher nicht sicher klären können.

Köln ist eine Stadt mit einer vergleichsweise hohen Suizidrate. Im Bundesland Nordrhein-Westfalen hat sie seit Jahren die unrühmliche Spitzenposition inne. Warum das so ist, kann ich nicht sagen. Die Zahl der Selbsttötungen schwankt von Jahr zu Jahr zwischen hundertzehn und hundertfünfzig. Das heißt, in schlechten Jahren wählt im Durchschnitt fast jeden zweiten Tag ein Kölner den Weg ins Jenseits. Zuletzt, im Jahr 2012, waren es hundertzweiunddreißig. Und das sind nur die offiziellen Angaben. Vermutlich liegt die tatsächliche Zahl noch höher, denn nicht jeder Suizid wird als solcher erkannt. Es sind deutlich mehr Männer als Frauen, die sich umbringen, im Schnitt dreimal so viele. Die bevorzugtesten Varianten, aus dem Leben zu scheiden, sind Erhängen, Strangulieren und Ersticken. Über vierzig Prozent der Selbstmörder entscheiden sich dafür. Dahinter folgen Vergiften – entweder mit Alkohol, Medikamenten, Drogen oder einer Mixtur davon – und der Sturz aus großer Höhe. Im Übrigen räumt die Statistik auch mit dem Irrglauben auf, wonach Lebensmüde die düstere Jahreszeit bevorzugen, um ihr Vorhaben in die Tat umzusetzen. In Wirklichkeit machen die meisten in den Frühjahrsmonaten Schluss.

Meine erste Begegnung mit dieser Art des Todes ereignete sich an einem wunderschönen Sommertag. Ich war vierzehn Jahre alt und gerade mal wieder mit meinem besten Freund auf Entdeckungsreise – damals eine unserer Lieblingsbeschäftigungen. Sobald wir die Hausaufgaben erledigt hatten, schnappten wir unsere Fahrräder und waren für die nächsten Stunden verschwunden. An diesem Tag trieb es uns von Nippes – das war der Stadtteil, in dem wir wohnten – in die Innenstadt, zum Dom.

Der Kölner Dom hatte – und hat – für viele Menschen eine geradezu magische Anziehungskraft. Uns ging das nicht anders. Wir fanden dieses kolossale Bauwerk überaus beeindruckend. Und die Gegend drumherum nicht minder. Wie ein riesiger Ameisenhaufen, ständig wuselten Leute umher, Touristen und Einheimische, man kann sagen: Menschen aller Hautfarben und jeder Konfession, ein buntes Völkchen. Wer nach Köln kam, sah sich den Dom an, wie heute auch. Dagegen war unser Nippes ein beschauliches Fleckchen.

Auf dem Südturm, in einer Höhe von siebenundneunzig Metern, befand sich eine Aussichtsplattform. Um dorthin zu gelangen, musste man genau fünfhundertdreiunddreißig Stufen steigen, das weiß ich noch wie heute. Einen Fahrstuhl gab es nicht. Die Leute nahmen die Mühe aber gern auf sich, weil man von dort oben einen herrlichen Blick über die Stadt hatte. Ich weiß gar nicht, wie oft ich die Stufen als Kind hochgekraxelt bin. Beinahe jedes Mal, wenn unsere Familie Besuch von Verwandten bekam, die weiter weg wohnten und sich dieses Erlebnis natürlich nicht entgehen lassen wollten. Mir machte das nichts aus, im Gegenteil. Ich fand es immer wieder aufregend.

Die Aussichtsplattform existiert noch. Allerdings sieht sie heute etwas anders aus, allein schon durch die Schutzgitter, die es zu meiner Kindheit noch nicht gab. Sie haben einen Grund: Unter den Dom-Besuchern befanden sich nämlich manchmal welche, die die vielen Stufen nur erklommen, um oben über das Geländer zu klettern und sich in den Tod zu stürzen. Und dieses »manchmal« war in den sechziger, siebziger und achtziger Jahren gar nicht so selten.

An jenem Sommertag, als wir mit unseren Fahrrädern am Dom aufkreuzten, war es gerade wieder einmal geschehen. Die Leiche des Selbstmörders lag noch auf den Betonplatten, mit denen die Fläche vor und neben dem Dom gepflastert war. Da die Polizei alles abgesperrt hatte, kamen wir nicht nah genug heran, um herauszufinden, ob es ein Mann oder eine Frau war, jung oder alt. Wahrscheinlich hatten sie die Leiche sowieso abgedeckt.

Mit dem Abstand der Jahre lässt sich schwer beschreiben, was wir damals fühlten. Für mich war es das erste Mal, dass ich mit dem Tod in Berührung kam und eine Leiche zu sehen kriegte – auch wenn von ihr kaum etwas zu erkennen war. Und dann war es gleich jemand, der sich vom berühmtesten Gebäude der Stadt – vielleicht sogar des ganzen Landes – gestürzt hatte. Das zu erleben, war für uns junge Burschen, die neugierig die Welt erkundeten, natürlich eine Sensation. Allein bei der Vorstellung, dass wir um ein Haar mitbekommen hätten, wie die Person fast hundert Meter in die Tiefe gestürzt und dann auf den steinharten Boden aufgeschlagen war, lief mir ein kalter Schauer über den Rücken. Der Körper musste durch den Aufprall schlimm zugerichtet worden sein. Meine Fantasie reichte damals nicht aus, um mir auszumalen, wie man nach so einem Sturz aussah. Doch das machte es nur umso gruseliger, irgendwie unheimlich.

Aber wie jede Medaille hatte auch dieses Erlebnis noch eine andere Seite: Ich war zugleich fasziniert, wenn man das so sagen kann. Der Tod war für mich so ziemlich das Geheimnisvollste, was ich mir vorstellen konnte. Gern hätte ich erfahren, wie es in dem konkreten Fall dazu gekommen war. Ich meine, nicht in biologischer Hinsicht. Sondern: Was war das für ein Mensch gewesen, der sich auf diese Weise von der Welt verabschiedet hatte? Und warum hatte er es getan? Was hatte ihn dazu getrieben – oder wer?

Wie tief diese Faszination ging, zeigte sich am nächsten Tag. Ich konnte es kaum erwarten, mich wieder auf den Weg zum Dom zu machen. Diesmal nahmen wir noch zwei andere Freunde mit, denen wir von unserem spektakulären Erlebnis berichtet hatten. Wie Museumsführer lotsten wir sie gleich zum »Ort des Grauens«, wo die Leiche gelegen hatte. Ich hatte am Vortag versucht, mir die Stelle genau einzuprägen, aber wir hätten auch so keine Schwierigkeiten gehabt, sie zu finden. Ich vermute, den Beruf des Tatortreinigers gab es damals noch nicht. Denn es war nach wie vor reichlich Blut vorhanden, eingetrocknet zwar, aber das dämpfte unser Interesse in keiner Weise. Wir nahmen die Aufschlagstelle genauestens unter die Lupe. Selbst ohne das Blut wäre sie kaum zu übersehen gewesen. Durch die Wucht des Aufpralls waren einige Platten tiefer in den Boden gedrückt worden.

Viele Jahre später, ich war inzwischen bei der Kripo gelandet und Sachbearbeiter in dem Kriminalkommissariat, das sich mit Todesermittlungen befasste, fragte ich mich in einer stillen Minute, woher eigentlich meine Begeisterung für diese

Arbeit rührte. Ich kannte in meinem Umfeld genügend Menschen, die ihre Nase rümpften, sobald ich ihnen verriet, was ich beruflich tat, dass ich ständig mit Tod und Leichen zu schaffen hatte und das freiwillig – und mit Hingabe, ohne jetzt pathetisch werden zu wollen. Es gab sicherlich mehrere Beweggründe, die mich auf meinen Weg gebracht hatten. Davon war einer die »morbide Faszination«, wie ich es immer nannte.

Während ich also diese Frage in meinem Kopf bewegte, kam mir die Begebenheit aus meiner Jugendzeit in den Sinn. Ich würde nicht mein Wohnmobil darauf verwetten, und ich bin auch kein Psychologe, aber ich könnte mir vorstellen, dass damals am Dom so etwas wie ein Grundstein gelegt wurde. Zumindest im Unterbewusstsein dürfte dieses Erlebnis einen gewissen Einfluss gehabt haben.

Dass ich überhaupt mein berufliches Glück bei der Polizei suchte, hatte vor allem mit meinem Vater zu tun. Er war auch Polizist, vor dem Krieg schon und danach wieder, bei der Schutzpolizei. Da habe ich ja auch angefangen. Nun ist es keine Seltenheit, dass Kinder ihren Eltern nacheifern; das war zu meiner Zeit nicht anders. Mit dem Unterschied, dass mein Vater nicht wollte, dass ich in seine Fußstapfen trat. Deshalb unternahm er auch nie den Versuch, mich für seinen Beruf zu begeistern. Er sprach selten, fast nie darüber, was er im Dienst erlebte. Er war ein stiller, introvertierter Mensch, der die Sachen lieber mit sich selbst ausmachte. Als ich mich mit achtzehn bei der Polizei bewarb, schien für ihn jedoch die Zeit gekommen, mir die Augen zu öffnen. Er redete auf mich ein, ich solle mir das noch einmal überlegen und am besten etwas anderes machen. Aber wie das so ist in dem Alter, in dem ich war: Seine ablehnende Haltung bestärkte mich nur umso mehr in meinem Berufswunsch. Ich sagte mir: »Nee, mein Lieber, jetzt erst recht!«

Später, als ich im Beruf stand und meine ersten Prüfungen gemeistert hatte, die der Job unweigerlich mit sich brachte, änderte sich unser Verhältnis. Wir kamen uns näher, redeten oft über unsere Arbeit, über alle möglichen Probleme, von denen es genug gab, und auch darüber, wie man mit seinen Mitmenschen umgehen sollte. Es waren Gespräche auf Augenhöhe, die es vorher zwischen uns nie gegeben hatte. Man kann es vielleicht so zusammenfassen: Er wollte, dass ich ein guter Polizist werde und dabei Mensch bleibe.

Als ich zur Kripo wechselte, wurde unser Verhältnis noch intensiver. Es klingt komisch, wenn man das selbst sagt, aber er war unglaublich stolz auf mich. Ich werde nie vergessen, wie er sich freute, als ich das erste Mal in der Sendung *Aktenzeichen XY ... ungelöst* beim legendären Eduard – »Ganoven-Ede« – Zimmermann auftrat. Mein Vater, sonst die Ruhe in Person und gefühlsmäßig stets beherrscht, war vor Begeisterung, seinen Sohn im Fernsehen zu sehen, in einer solch wichtigen Mission, völlig aus dem Häuschen.

Mein alter Herr wurde für mich ein enger Vertrauter und der wichtigste Ratgeber, gerade wenn es um berufliche Belange ging. Als ich Chef der Sitte wurde, zum ersten Mal ein Kommissariat leitete, holte ich oft seine Meinung ein, wenn ich mir in einer bestimmten Frage unschlüssig war, wie ich handeln beziehungsweise entscheiden sollte. Kurz vor seinem Tod erfuhr ich, dass ich demnächst die Mordkommission übernehmen sollte. Das ist, wenn man so will, die Königsdisziplin bei der Kriminalpolizei. Ich sehe noch, wie seine

Augen leuchteten, als ich ihm diese Nachricht überbrachte. Den Tag, an dem ich den Posten antrat, erlebte er leider nicht mehr. Er starb ein paar Wochen davor. Ich vermisse ihn jeden Tag, bis heute.

Mit einer anderen Geschichte, die sich im Dom zutrug – nachdem die Aussichtsplattform so gesichert worden war, dass man sich von dort nicht mehr in die Tiefe stürzen konnte – wurde ich viele Jahre später konfrontiert. Suizidenten sind einfallsreiche Geschöpfe, das habe ich als Todesermittler mehr als einmal erfahren. Auch dieser Fall bestätigte das. Es war ziemlich am Anfang meiner Zeit bei der Kripo, als eines Tages die Information kam, ein Mann sei vom Dom gesprungen. Dass er das nicht überlebt hatte, musste nicht extra erwähnt werden. Allerdings fragten wir uns, wie er das angestellt haben mochte, wo doch inzwischen rundherum und auch obendrüber Schutzgitter angebracht worden waren.

Unser Denkfehler bestand darin, dass wir nur die Aussichtsplattform als »Tatort« in Betracht zogen und die Findigkeit des Selbstmörders unterschätzten. Dazu muss man wissen, dass das letzte Stück auf dem Weg zur Plattform über eine freie Treppe führte, die sich im Inneren des Südturms befand. Der Höhenunterschied zwischen der untersten und der obersten Stufe betrug etwa fünfzehn Meter. Die waren mehr als ausreichend für das, was der dreißigjährige Mann geplant und in die Tat umgesetzt hatte.

Unser Einsatz im Dom endete ziemlich skurril. Nachdem Notarzt, Spurensicherung und alle anderen ihre Arbeit erledigt hatten, konnten wir mit einiger Gewissheit von einem Freitod ausgehen. Jetzt war nur noch eine Aufgabe zu erledigen: Die Leiche musste sicher nach unten bugsiert werden und das auf möglichst pietätvolle Weise. Der Weg hinab über Hunderte von Treppenstufen, vorbei an unzähligen Touristen, schien uns eher nicht geeignet für dieses Vorhaben. Blieb genau eine Alternative: An einem der Türme war von außen ein Lastenaufzug installiert, mit dem normalerweise Baumaterial und Werkzeuge hoch und runter transportiert wurden. An irgendeiner Stelle des Doms wird immer gebaut oder restauriert. Nun musste der Aufzug ausnahmsweise für eine Leiche herhalten. Das Problem war nur, dass er für solche Zwecke nicht unbedingt Idealmaße aufwies. Außerdem stand uns kein Sarg zur Verfügung. Es ging nicht anders, wir mussten den Toten aufrecht hineinhieven und während der Fahrt in dieser Position halten. Wenn ich daran denke, die Blicke der Leute, als wir unten ankamen …

Die Aufklärung von Suiziden war ein nicht unwesentlicher Bestandteil unserer Arbeit. Das brachte allein die Häufigkeit solcher Fälle mit sich. Und da noch eine ganze Reihe von denen hinzukam, die beim Versuch, sich umzubringen, scheiterten, beschäftigten wir uns beinahe im Tagesrhythmus mit den Schicksalen von Menschen, die ihres Lebens überdrüssig waren. Dabei blieb es nicht aus, dass man selbst darüber nachzudenken anfing, was einem das Leben bedeutete. Jedenfalls kann ich behaupten, im Umgang mit dem Tod eine Menge fürs Leben gelernt zu haben. Das Bewusstsein von der eigenen Endlichkeit setzte vieles in andere Relationen.

Doch zurück zu dem jungen Mann, der sich in der Vollmondnacht vor den Zug geworfen hatte. Ich habe einige sogenannte

Bahnüberfahrungen erlebt, besser gesagt, die Folgen davon – da war von der Person hinterher nicht mehr viel übrig. In dem Fall ging es relativ glimpflich aus. Damit meine ich, dass der junge Mann als solcher noch zu erkennen war, nachdem der Zug angehalten hatte. Ihm nutzte das nichts mehr, er war tot. Aber unseren Kollegen, die in der Nacht draußen waren und die Spuren sichern mussten, erleichterte es die Arbeit ungemein. Unter dem hintersten Waggon, zwischen den Gleisen, fanden sie eine braune Brieftasche, echtes Leder. Ein Stück weiter, neben dem Gleisbett, lag ein rechter Turnschuh, braun mit zwei hellblauen Streifen an der Seite, die ineinander führten. Der dazu passende linke Schuh befand sich unter dem zweiten Waggon. Unter beiden Waggons entdeckten die Kollegen mehrere kleinteilige, blutige Gewebereste, die vom Körper des Toten stammten.

Die Leiche selbst lag unter dem Waggon hinter der Lok. Die Gliedmaßen waren in alle möglichen Richtungen verdreht, zum Teil auch mehrfach, aber nicht vom Körper abgetrennt. Auch der Kopf war noch dran, allerdings klafften an mehreren Stellen offene Fleischwunden, das Schädeldach schien zertrümmert. Der Rumpf wies ebenfalls zahlreiche Hautverletzungen und starke Deformationen auf, sodass man von zahlreichen Knochenbrüchen ausgehen konnte.

Der Leichnam kam in die Gerichtsmedizin und wurde einer äußeren Leichenschau unterzogen, aber nicht obduziert. Eine Obduktion erfolgte bei solchen Fällen in der Regel nur dann, wenn Zweifel bestanden, dass derjenige sich selbst umgebracht hatte. Oder wenn der Verdacht aufkam, die Person könnte bereits vorher tot gewesen sein, was auf dasselbe hinauslief: dass möglicherweise Fremdverschulden vorlag.

Die Kleidung, die der Mann getragen hatte – Unterwäsche, Socken, Jeans, Poloshirt und Pullover –, war bei dem Zusammenstoß völlig zerfetzt worden. Lediglich das obere Teil der Hose war heil geblieben. Als die Leiche gefunden wurde, lag sie auf dem Bauch. Deshalb fiel den Kollegen sofort das weiße Blatt Papier ins Auge, das aus der linken Gesäßtasche ragte, Format DIN-A4, zweimal gefaltet. Es war ein Abschiedsbrief:

Ich möchte nicht in einer Welt leben, in der Liebe nichts mehr zählt. Es gab in meinen 17 Jahren auf dieser Welt nur einen Menschen, den ich mehr geliebt habe als mein Leben.

Aber wenn der mich nicht mehr will, habe ich keinen Grund mehr zu leben.

Ich danke allen, die mir helfen wollten, und all denen, durch die ich in meinem Leben zeitweise glücklich war. Das kann aber nicht alles gewesen sein …

Denkt an mich und lebt wohl!

Die Zeilen waren an niemand Bestimmten gerichtet. Eine Anrede fehlte ebenso wie die Unterschrift desjenigen, der den Brief geschrieben hatte. Natürlich lag die Vermutung nahe, dass der junge Mann der Verfasser war, aber es konnte ebenso gut jemand anderer gewesen sein. Zumal auch der Inhalt der Brieftasche Rätsel aufgab. Sie enthielt verschiedene Dokumente, die auf unterschiedliche Namen ausgestellt waren: Eine Kundenkarte der Kölner Verkehrsbetriebe, die einem jungen Mann zu gehören schien, dessen Alter allerdings nicht mit dem im Abschiedsbrief erwähnten übereinstimmte. Einen Personalausweis mit dem gleichen Nachnamen, aber einem anderen Vornamen; hier hätte das Alter gepasst. Und einen Bibliotheksausweis, dessen Inhaber offenbar ausländischer Herkunft war. Normalerweise hätte man die entsprechenden Lichtbilder mit dem Gesicht des Toten verglichen. Hier brachte uns das nicht weiter, weil es schlimm zugerichtet war, zu schlimm.

Am nächsten Tag machte sich in der Gerichtsmedizin ein Sektionsassistent daran, den Kopf herzurichten. Im Beisein von zwei unserer Kollegen, die wohl auch mithalfen, wusch er das Blut ab und nähte die äußeren Wunden so gut es ging mit Garn zusammen. Anschließend puderte er das Gesicht, sodass man von den Nähten kaum noch etwas sah. Und als er damit fertig war, machten sie ein Polaroidfoto davon.

Der Sektionsassistent hatte ordentliche Arbeit geleistet. Die Übereinstimmung der Person, die auf dem Foto des Personalausweises abgebildet war, und der auf dem Polaroid war unverkennbar. Der junge Mann hieß Andreas Brackwitz. Er war siebzehn Jahre alt und hatte zusammen mit seinem zwanzigjährigen Bruder bei der Mutter gelebt. Die Eltern waren seit fünf oder sechs Jahren geschieden. Von den anderen Dokumenten, die sich in seiner Geldbörse befanden, gehörte eins seinem Bruder, das andere einem Schulkameraden.

Als wir die Mutter über den Tod ihres Sohnes informierten, brach sie zusammen. Andreas Brackwitz hatte am Abend zuvor gegen dreiundzwanzig Uhr die Wohnung verlassen. Das wusste sie von ihrem anderen Sohn, sie selbst hatte bereits im Bett gelegen und geschlafen.

Außer der Mutter befragten wir den Bruder, einige Mitschüler und Andreas Brackwitz' Freundin. Nach den Vernehmungen bestand für uns kein Zweifel daran, dass wir es mit einem Suizid zu tun hatten, ausgelöst durch enttäuschte Liebe. Und ich schreibe bewusst: ausgelöst. Weil ich so gut wie nie einen Fall erlebt habe, wo das Motiv allein in diesem einen aktuellen Anlass, dem Auslöser, zu finden war. Bei fast jedem der Fälle, die ich bearbeitet habe, kam mehr zusammen. Eine bestimmte psychische Disposition des Betroffenen, die Unfähigkeit, Konflikte zu bewältigen, psychische Krankheiten und so weiter – Psychologen kennen sich damit besser aus.

Seine Freundin erzählte uns die Geschichte von zwei jungen Menschen, die sich ein Jahr zuvor verliebt und seitdem wie zwei Kletten aneinandergehangen hatten. Kein Tag war vergangen, ohne dass sie sich gesehen hätten; jede freie Minute verbrachten sie miteinander. Die alten Freunde schlossen sie aus ihrem neuen Leben aus. Niemand sollte zwischen ihnen stehen.

Es war aber auch die Geschichte eines gegenseitigen Irrtums. Beide hielten jeweils den anderen für stark. Dabei war jeder von ihnen eine überaus empfindliche Seele, nur dass sie das vor der Außenwelt verbargen – und sich auch selbst nicht eingestanden. Sie hatte sich, bevor er in ihr Leben getreten war, dreimal die Pulsadern aufgeritzt. Hilferufe seien das gewesen, sagte sie. Sie mochte sich nicht, ihren Körper, fand sich zu dick, obwohl die Hosen – eine Kindergröße – nur so an ihr herumschlackerten. Er wusste davon, er wollte für sie da sein, sie beschützen und ihr das Gefühl geben, ein besonderer Mensch zu sein, der Liebe verdiente. Das, dachte er, würde sie an ihn binden, für immer. Wie zwei Ertrinkende klammerten sie sich aneinander, und dabei nahmen sie sich die Luft zum Atmen. Bis einer von ihnen – und das war sie – die Enge ihrer Beziehung erkannte und ausbrach. Eine

Auslandsreise – allein, Abende mit Freundinnen, der Flirt mit einem anderen Jungen.

»Ich brauche dich, ich kann ohne dich nicht leben«, sagte er und weinte. Sie hatte ihn noch nie weinen sehen. Vielleicht war es doch die große Liebe, obwohl … ihre Gedanken fuhren Achterbahn. Sie trennte sich von ihm – und trennte sich doch nicht. Sie rief ihn nicht mehr an, schickte aber Mails, unter die sie schrieb: »In Liebe, deine S.«

Dann trafen sie sich doch noch einmal. Sie hatte es vorgeschlagen, wollte einen sauberen Schlussstrich ziehen. Es war der Abend, als der Vollmond schien.

»Was willst du mir sagen?«, fragte er.

Sie sagte: »Es tut mir leid, es geht nicht mehr … das mit uns.«

»Dann wünsche ich dir ein schönes Leben«, sagte er und verschwand.

Sie fuhr nach Hause. Später summte ihr Handy, sie hatte es auf lautlos gestellt, weil sie nachdenken wollte. Als sein Name auf dem Display erschien, ging sie ran.

»Ich sitze in der Bahn«, sagte er, »ich bringe mich jetzt um …«

Sie hörte das Geräusch von Zügen. »Hör auf mit dem Mist!«, unterbrach sie ihn. »Geh von den Zügen weg!« Ihre Stimme überschlug sich.

Was sie noch sagte, wusste sie hinterher nicht mehr. Viel konnte es nicht gewesen sein, er brach das Gespräch ab.

Kurz darauf blinkte ihr Telefon – eine Nachricht: »Das ist die letzte SMS, die ich verschicke. Sie soll dir sagen, ich liebe dich mehr als mein Leben. F.I.D. Andreas«

F.I.D. stand für: Für immer Dein.

Sie wusste nicht, was sie tun sollte. Meinte er es ernst? Sie wählte seine Nummer, er ging nicht ran. Sie probierte es wieder und wieder. Irgendwann dachte sie: »Scheiße, er hat es wirklich getan!« Unternommen hat sie aber nichts, nicht einmal die Polizei gerufen. Uns sagte sie später, der Gedanke sei zwar da gewesen, sie habe sich aber nicht wirklich vorstellen können, dass jemand so weit gehe.

Mit einer äußerst seltenen Methode der Selbsttötung wurden wir einige Monate später konfrontiert. Ein Spaziergänger, der frühmorgens – die Sonne war gerade aufgegangen – seinen Hund ausführte, hatte am Rheinufer eine Gestalt entdeckt, die im Gras lag und sich nicht regte, nur wenige Schritte vom Wasser entfernt. Ein Betrunkener, dachte er zunächst, oder ein Obdachloser, der sich dieses Plätzchen zum Übernachten ausgesucht hatte und immer noch schlief. Weil ihm die Sache aber irgendwie seltsam vorkam, es auch viel zu frisch war, um die Nacht im Freien zu verbringen, ging er ein Stück näher heran. Es war ein Mann von untersetzter Statur, nicht sehr groß, vielleicht 1,65 Meter, kurzes graues Haar, hohe Stirnglatze. Der Spaziergänger schätzte ihn auf Mitte fünfzig.

Der Mann lag auf dem Rücken, sein Unterkörper war leicht seitlich verdreht, das linke Bein angewinkelt, das rechte ausgestreckt. Als wäre er zusammengebrochen und hätte dabei eine halbe Körperdrehung vollzogen. Der linke Arm befand sich zur Hälfte unter dem Oberkörper, der rechte war seitlich vom Kopf nach oben gestreckt und angewinkelt, sodass die Hand über dem Kopf lag, mit dem Handrücken auf dem Boden. Sie war zur Faust geballt, das Handgelenk blutig. Der Mann sah nicht aus, als würde er schlafen. Seine Augen waren weit aufgerissen, der Mund stand leicht offen, als wäre er beim Sprechen plötzlich erstarrt.

Rechts neben dem Mann, etwa einen Meter entfernt, lag eine kleine Reisetasche. Und dazwischen, im niedergetretenen Gras, ein Messer – schwarzer Plastikgriff, silberne Klinge, zirka zwanzig Zentimeter lang, mit etwas Dunklem beschmiert, vermutlich Blut.

Der Spaziergänger alarmierte die Polizei. Zur gleichen Zeit wie der Streifenwagen rückten Rettungssanitäter der Feuerwehr und ein Notarzt aus. Dessen Aufgabe erschöpfte sich dann im Wesentlichen darin, den Tod des Mannes zu bescheinigen. Als sicheres Todeszeichen beschrieb er in seinem Protokoll die Leichenstarre, die bereits stark ausgeprägt war. Demnach war der Mann schon einige Stunden tot. Ob Leichenflecke vorhanden und wie stark diese ausgebildet waren, dazu konnte er nichts vermerken, die Leiche wurde erst in der Gerichtsmedizin entkleidet.

Was ihm und unseren Kollegen allerdings noch vor Ort auffiel: Der Pullover des Mannes war auf der linken Brustseite voller Blut, der Stoff in dem Bereich mehrfach perforiert. Sie zählten neun Einstiche. Nach einem Selbstmord sah das nicht gerade aus. Wie sollte er das bewerkstelligt haben?

Doch wir mussten uns eines Besseren belehren lassen. In der Reisetasche des Mannes fanden wir folgenden Abschiedsbrief:

An alle meine Lieben!
Ihr könnt euch nicht vorstellen, wie einsam und allein ich mich fühle in diesen Tagen. Es sind Höllenqualen. Erst in den letzten Wochen ist mir klar geworden, dass mein Entschluss, zu gehen, endgültig ist. Es ist ein langes Ab-

schiednehmen von allem, was mir lieb und teuer ist, von all den Menschen, die ich in meinem Leben kennengelernt habe, von all den Dingen, die mir etwas bedeutet haben. Es ist kein plötzliches Abschiednehmen, sondern immer ein Stückchen mehr.

Was bedeutet mir noch etwas? Eure Liebe und Zuneigung. Sie hat über den Tod hinaus, so hoffe ich, Bestand.

Es ist schier unmöglich, all die Menschen aufzuzählen, die mir während meines Lebens etwas gegeben haben. Dafür bin ich dankbar und bemühe mich, die Dinge so anzunehmen, wie sie kommen. Das war in den letzten Wochen und Monaten nicht leicht für mich.

Mein Tod wird an den Zuständen im Krankenhaus nichts ändern. Es ist kalt und herzlos hier, unmenschlich und grausam. Ich fühle mich dem hilflos ausgeliefert. Die Persönlichkeit wird zerstört, anstatt aufgebaut …

Genau genommen waren es mehrere Abschiedsbriefe, oder einer in Fortsetzungen. Den oberen Teil hatte er eine Woche vor dem Tag verfasst, an dem seine Leiche gefunden wurde. Darunter und auf zwei weiteren Seiten befanden sich noch fünf andere Einträge, jeweils mit Datum versehen; von Tag zu Tag waren sie kürzer geworden.

Einen davon hatte er mit »Was mir sonst noch einfällt« überschrieben. Darin erklärte er, wo der Schlüssel für seine Wohnung versteckt war, dass das Olivenöl im Küchenschrank teuer war und noch verwendet werden kann und dass er sich wünschte, die Erben würden all das, was sie von seinen Hinterlassenschaften nicht gebrauchen konnten, lieber großzügig verschenken, als es an einen Trödler zu verscherbeln. Zum

Schluss listete er die Schätze in seiner Wohnung auf, die er am wertvollsten fand – von der Waschmaschine bis zu einem Stapel Briefmarkenalben, aber auch Kunstdrucke, die tatsächlich einigen Wert zu haben schienen, eine Schallplattensammlung mit klassischer Musik, eine Profi-Spiegelreflexkamera, so gut wie neu, ein Klavier.

Den letzten Eintrag hatte er am Tag seines Todes verfasst:

Endlich wieder frei sein. Bei Gott sein. Nie mehr allein sein. Nicht mehr leiden. Etwas wird sich vollenden.

Ich trete eine lange, weite Reise an. In eine neue Wirklichkeit. Euch allen, habt vielen Dank!

Euer …

Man konnte wirklich nicht sagen, dass der Mann mit seinem Abschied von dieser Welt einer spontanen Eingebung gefolgt war. Er schien diesen Schritt lange geplant zu haben und wollte offenbar alles geregelt wissen, bevor er abtrat. Dazu gehörte auch sein letzter Wille, den er drei Monate vor seinem Tod niedergeschrieben und später noch einmal abgeändert hatte. Dieses Schriftstück fanden wir ebenfalls in der Reisetasche. Eine Seite hatte er dafür verwendet, sein Vermögen von zweihunderttausend Euro auf neunzehn Personen sowie die Selbsthilfegruppe Emotions Anonymous, der er angehörte, aufzuteilen. Auf der zweiten Seite ging es ausschließlich darum, wie er sich seine Beerdigung vorstellte. Er wünschte sich einen schlichten Holzsarg, wollte auf einem ganz bestimmten Friedhof beerdigt werden und hatte sich auch Gedanken darüber gemacht, welcher Pfarrer die Trauerrede halten könnte. Sein Grab sollte später mit weißen Kieselsteinen bedeckt werden. Auf einer kleinen weißen Granitplatte sollte sein Name stehen und darunter die Geburts- und Sterbedaten, alles silberfarben und in Schreibschrift. Und er wollte, dass eine Todesanzeige in der Zeitung erschien, mit folgendem Text – und einem Kreuz daneben:

Ein Herz hat aufgehört zu schlagen,
das lange Leiden ist vorbei,
die Seele endlich wieder frei.

All das war ziemlich eindeutig. Kam hinzu, dass der Mann zuletzt in einer psychiatrischen Klinik in Behandlung gewesen war, wie wir herausfanden. Er hatte seit Jahren unter manisch-depressiven Psychosen gelitten, die sich zunehmend verschlimmert hatten. Das dürfte der Grund für seinen Suizid gewesen sein.

Dennoch: Was war mit den Einstichen in der Brust? Die konnten wir nicht ignorieren. Wie brachte es jemand fertig, sich auf diese Weise zu töten? Von den neun Stichen waren immerhin drei so tief in den Körper eingedrungen, dass sie das Herz verletzt hatten. Der Mann war innerlich verblutet.

Letztlich waren die Untersuchungsergebnisse der Rechtsmediziner entscheidend, diese stützten die These vom Suizid. Sie hatten keine, nicht die geringste Abwehrverletzung am Körper feststellen können. Wäre der Mann von jemandem mit dem Messer angegriffen worden, wäre er sicherlich nicht reglos stehen geblieben und hätte alles über sich ergehen lassen. Irgendeinen Reflex hätte er gezeigt, ganz automatisch, dafür hätte schon der menschliche Selbsterhaltungstrieb gesorgt, der in jedem steckt. Vielleicht hätte er seinen Körper weggedreht, auf jeden Fall aber seine Arme hochgerissen, um den Angriff abzuwehren.

Es gab aber noch ein zweite. Argument der Rechtsmediziner, das gegen eine Tötung durch fremde Hand sprach, und das war nicht weniger überzeugend: Wenn jemand mit einem Messer die Brust seines Opfers treffen will und ihm dabei frontal gegenübersteht, wird er das Messer in die Faust nehmen und von oben zustechen. Da er den Griff dabei hochkant hält, würde die Klinge am Körper eine vertikale Stichverletzung hinterlassen. Ganz anders die Wunden in der Brust des Mannes, sie verliefen horizontal, quer zur Körperachse – ohne Ausnahme. Und sie lagen alle dicht beieinander, so gut wie parallel. Was für eine gewisse Zielfixiertheit bei der Ausübung der Tat sprechen konnte, aber mehr noch für einen eingeschränkten Bewegungsradius.

Technisch musste man sich das so vorstellen: Der Mann hatte das Messer in seiner rechten Hand gehalten, mit dem Arm immer wieder Schwung geholt und war dabei nahezu auf der gleichen Bewegungsbahn geblieben, ähnlich einem Roboter – weil er unbedingt sein Herz treffen wollte und nichts anderes.

Das leuchtete mir alles ein. Trotzdem konnte ich mir schwer vorstellen, dass jemand den letzten Schritt auf diese Weise durchzog. Der Mann musste sehr verzweifelt gewesen sein. Und er musste eine ungeheure Willenskraft besessen haben – zumindest in der Stunde seines Todes.

Alles geregelt zu wissen, bevor sie sich von dieser Welt verabschiedeten – das war offenbar für viele ein wichtiger Gedanke. Mitunter entstanden ellenlange Listen mit Aufgaben, die

die Hinterbliebenen gebeten wurden zu tun. Ein dreiundsechzigjähriger Mann, der sich Anfang der 2000er-Jahre in seiner Garage erhängte, hinterließ seiner Tochter eine Wunschliste, die sich über ganze drei Seiten erstreckte.

Liebe Simone,
hier noch einige Wünsche, die Du mir bitte erfüllen kannst:
- *Bitte eine anonyme Einäscherung veranlassen.*
- *Meine Medaillen bitte für die nächste Auktion bei der Firma … einliefern. Sie sollten Einiges bringen.*
- *Meine Karnevalsuniform inklusive Umhang, Stiefel, Hut bitte an die Kleiderkammer verkaufen.*
- *Die antiken Uhren meiner Großeltern bitte an Herrn … geben. Er ist ein eifriger Sammler, bei ihm sind sie in guten Händen. Vielleicht zahlt er auch etwas.*
- *Den antiken Schreibtisch und das dazugehörige Bücherregal möchte ich Dir vermachen. Ich hoffe, Du hältst die Sachen in Ehren.*
- *Das Meissener Porzellan und das Silberbesteck habe ich vor der Ehe mit Deiner Mutter zusammengespart und erworben. Ich möchte, dass Du beides bekommst. Deine Mutter würde es sowieso nur kaputt schlagen.*
- *Aus meinem Büro soll alles Dir gehören. Was Du nicht verwenden kannst, bitte verschenken. Den Schriftverkehr und alle persönlichen Aufzeichnungen bitte komplett vernichten.*
- *Deine Tante Ursula hat mir vor Weihnachten Geld geliehen, damit ich Geschenke kaufen konnte. Bitte zahle es ihr aus dem Erlös der verkauften Sachen – siehe oben – zurück.*

– *Informiere Deine Mutter, sie soll sich auf den Gütertrennungsvertrag berufen, damit sie für die offenen Forderungen an mich nicht einstehen muss ...*

So ging es noch zwei Seiten weiter. Wissen muss man dazu, dass der Mann selbstständiger Wirtschaftsprüfer war und mit seiner Firma eine Bauchlandung hingelegt hatte, wodurch Verbindlichkeiten in Höhe von mehreren hunderttausend Euro entstanden waren. Das war auch ein Grund, warum er nicht mehr leben wollte. Um durch seinen Tod möglichst geringe Kosten zu verursachen, hatte er sich beim Friedhofsamt bereits kundig gemacht, welche Art der Bestattung seiner Familie am billigsten käme und seinem Abschiedsbrief eine entsprechende Aufstellung beigelegt.

Krematorium:	*206 €*	*Einäscherung*
	25 €	*Amtsarzt*
	25 €	*sonstige Kosten*
Beisetzung:	*173 €*	*anonym*
Grabstelle:	*1083 €*	*anonym*

Und darunter stand:

Schöner wäre es, wenn die Möglichkeit bestünde, meine Asche in den Rhein zu streuen, so käme ich noch einmal am Dom vorbei.

Manche Abschiedsbriefe, die wir zu lesen bekamen, waren geradezu makaber. Auch hierfür gibt der Mann mit den Schulden ein gutes Beispiel ab. In der Garage, wo er sich erhängte, standen zwei alte Küchenunterschränke, in denen er Werkzeug aufbewahrt hatte. Auf der Arbeitsplatte lag ein Schreiben, das an die Polizei gerichtet war:

Ich habe diesen Schritt aus freier Entscheidung getan und ohne fremde Einwirkung.

Darunter Datum und Unterschrift – und ein kleiner Zusatz:

Es ist 11.35 Uhr und ich verabschiede mich!

In der Wohnung, auf dem Küchentisch, hatte er einen zweiten Abschiedsbrief hinterlassen, der war an seine Frau gerichtet:

Hallo Veronika!
Heute möchte ich mein Versprechen einlösen, welches ich seinerzeit vor dem Altar gegeben habe:
»Bis dass der Tod uns scheidet!«
Und tschüss!!!
(Unterschrift)

P.S.: Spiele bloß nicht die trauernde Witwe, sonst komme ich Dich aus der Hölle besuchen!

Die Tochter der beiden sagte aus, dass die Ehe ihrer Eltern zerrüttet gewesen sei. Ihre Mutter sei Alkoholikerin. Sie habe mehrere Entzugstherapien hinter sich. Es sei ihr aber nie gelungen, trocken zu bleiben. Vermutlich habe das ihren Vater auch fertiggemacht, neben den Schulden.

»Wer davon spricht, sich umbringen zu wollen, macht es sowieso nicht.« Wie oft habe ich diesen Spruch gehört! Und dass jemand, der wirklich vorhat zu sterben, seinen Plan nicht an die große Glocke hängt, sondern den Abgang im stillen Kämmerlein vorbereitet, ohne dass es jemand mitbekommt. Das ist alles Unsinn. Das ist deshalb Unsinn, weil es stimmt und wiederum nicht stimmt. Ich kann nur sagen: Den typischen Selbstmörder gibt es nicht. Manche sprechen immer wieder davon, über Jahre, bis es in ihrem Umfeld niemand mehr ernst nimmt, und dann tun sie es tatsächlich. Andere beklagen sich nie, wirken glücklich, erwähnen mit keiner Silbe, dass sie mit irgendetwas in ihrem Leben unzufrieden sind oder nicht zurechtkommen – und tun es auch.

Ich erinnere mich an den Fall einer Frau aus Holland, die eines Tages zum Sterben nach Köln kam. Die Achtundvierzigjährige, sie hieß Brigitte Verween, lebte in einem Ort unmittelbar hinter der Grenze, in der Nähe von Nijmegen. Sie war verheiratet, hatte aber keine Kinder. Ihr Mann arbeitete als Geschäftsführer eines Pharmaunternehmens. Sie selbst besaß einen kleinen Laden, eine Art Kiosk, in dem sie Getränke, ein paar Lebensmittel, Tabakwaren und Zeitungen verkaufte.

An einem Freitag im August schloss sie das Geschäft früher als sonst, etwa gegen vierzehn Uhr. Sie verriegelte die Ladentür, setzte sich in ihr Auto, das am Straßenrand parkte, fuhr in Richtung Grenze und steuerte die Autobahn A 57 an. Anderthalb Stunden später erreichte sie Köln. Eine Weile kurvte sie durch die Stadt, als suchte sie etwas, dann hielt sie vor einem Hotel. Es war eines der besseren Häuser, nicht weit entfernt vom Rhein.

Brigitte Verween hatte nicht reserviert, bekam aber trotzdem ein Zimmer. Sie checkte für eine Nacht ein. Das Zimmer kostete hundertfünfundneunzig Euro, Frühstück wurde extra berechnet. Mit dem Fahrstuhl fuhr sie in den dritten Stock. Das Zimmer lag nach Süden, es hatte einen kleinen Balkon, auf den die späte Nachmittagssonne schien. Irgendwann am Abend rief sie den Zimmerservice an und bestellte ein Sandwich, dazu eine Piccoloflasche Sekt. Beides wurde ihr fünfundzwanzig Minuten später gebracht. Sie ließ es auf ihre Rechnung setzen, gab zwei Euro Trinkgeld in bar. Das Zimmer verließ sie an dem Tag nicht mehr.

Am nächsten Morgen, nachdem sie im Speisesaal gefrühstückt hatte, ging sie zur Rezeption und verlängerte ihren Aufenthalt um einen Tag. Halb elf klopfte eine Putzfrau an die Tür ihres Zimmers. Da niemand reagierte, öffnete die Hotelangestellte die Tür mit einer Lock-Karte und verrichtete ihre Arbeit. Sie wechselte die Bettwäsche, tauschte die Handtücher aus, leerte die Abfalleimer, reinigte Dusche und Waschbecken, saugte den Teppichboden. Irgendwann danach musste Brigitte Verween zurückgekommen sein. Die beiden Frauen begegneten sich nicht.

Bis zum Abend verließ die Holländerin noch zweimal das Zimmer, aber jeweils nur kurz. Um 19.38 Uhr wurde die Tür zum letzten Mal von außen mit der Lock-Karte geöffnet, die sie beim Einchecken erhalten hatte.

Am Sonntag, gegen zwölf Uhr, klopfte wieder jemand an der Tür, diesmal keine Putzfrau. Ein Hotelangestellter hatte im Buchungscomputer festgestellt, dass das Zimmer noch nicht freigegeben war, Brigitte Verween hatte nicht ausgecheckt. Am Türknauf hing das Schild »Do not disturb«. Im Zimmer rührte sich nichts. Zwei Stunden später probierte er es noch einmal, eine Stunde darauf erneut, jedes Mal ohne Erfolg.

Kurz danach kamen wir ins Spiel. Der Hotelmitarbeiter hatte einen seiner Kollegen hinzugeholt, in seinem Beisein die Tür geöffnet und das Zimmer betreten. Die Vorhänge an den Fenstern waren zugezogen, im Bett lag jemand. Ob es die Frau war, die das Zimmer gemietet hatte, konnten sie nicht sagen. Die Bettdecke war bis zum Hals hochgezogen, der Kopf mit einer dunkelgrünen Plastiktüte umhüllt und am Hals mit einem Gummiband befestigt. Einer der beiden Hotelangestellten trat an das Bett heran, sagte: »Hallo … hören Sie mich?«, und rüttelte vorsichtig an der Decke. Keine Reaktion.

Der Duty-Manager des Hotels wurde gerufen. Er sah sich die gespenstische Szenerie ebenfalls an und verständigte anschließend die Polizei. Wieder das Übliche: Erst vergewisserten sich zwei Schutzpolizisten, ob sie es tatsächlich mit einem Todesfall zu tun hatten. Dann wurde die Kriminalwache verständigt, die umgehend zwei Kollegen zum Hotel beorderte. Dort wurden sie gleich am Eingang vom Hotelmanager empfangen, der sichtlich nervös wirkte und sie darum bat, ihre Arbeit möglichst so zu erledigen, dass kein Aufsehen entstand. Nicht, dass es noch in die Presse kam! Irgendwie verständlich. Eine Leiche war keine gute Werbung, erst recht nicht, wenn der Betroffene auf nicht-natürliche Weise ins Jenseits gelangt war.

Davon konnten wir hier ziemlich sicher ausgehen, nicht nur wegen der Plastiktüte über dem Kopf. Die Frau hatte anscheinend kein Risiko eingehen wollen. Auf dem Nachttisch lagen drei Packungen Schlaftabletten – alle waren leer. Daneben standen eine angebrochene Flasche Sprudel, zwei Miniflaschen Weinbrand, vermutlich aus der Minibar, und ein Glas. Auch das war leer, aber offenbar benutzt worden. Am oberen Rand konnte man einen Lippenabdruck erkennen.

Die Schlaftabletten, bei denen es sich um eine Sorte handelte, die es in Apotheken frei zu kaufen gab, konnten der Frau natürlich unter Zwang einverleibt worden sein. Und die Plastiktüte musste sie sich auch nicht selbst über den Kopf gestülpt haben. Aber auf der anderen Hälfte des Doppelbetts lag ein Blatt, darauf stand: »Bitte keine Wiederbelebung!« Darunter hatte die Frau mit ihrem Namen unterschrieben. Jedenfalls war die Unterschrift mit der in ihrem Personalausweis identisch, den die Kollegen in ihrer Geldbörse fanden. Außerdem lag neben dem Blatt auf dem Bett ein Briefumschlag mit vier Blättern darin, die wie das Kuvert aus der Hotelmappe auf dem Schreibtisch zu stammen schienen. Der Umschlag war mit den Worten »Mein letzter Wille« versehen. Wenn stimmte, was auf den Blättern stand, hatte Brigitte Verween den Abschiedsbrief am Abend zuvor geschrieben. Die Uhrzeit hatte sie mit »21.30 Uhr« vermerkt.

Mein letzter Wille!
Ich befinde mich hier im Hotel … in Köln. Mein Mann kommt heute Nacht von einer Dienstreise zurück und weiß nichts von meinem Entschluss, meinem Leben ein Ende zu machen. Im Gegenteil, er geht davon aus, dass ich nächsten Monat ein Atelier in Nijmegen beziehe, um meinen Traum, zu töpfern, in die Tat umzusetzen. Er hatte mich darin immer bestärkt. Außerdem freute er sich darauf, dass wir dann eine kleine Stadtwohnung gehabt hätten.

Nach diesem Prolog muss klar sein, dass niemand in irgendeinem Bezug zu dem steht, was ich mache. Die harmlosen Schlaftabletten liegen zu Hause. Die hoffentlich wirksameren habe ich gestern hier in Köln gekauft. Die Apothekerin hat mich etwas misstrauisch angesehen. Wer kauft auch drei Schachteln auf einmal? Aber ich sagte ihr, dass ich aus Holland komme und es diese Sorte dort leider nicht gibt. Sonst weiß niemand, dass ich die Tabletten gekauft habe. Die Müllsäcke hatte ich noch bei mir im Laden. Ich werde zwei nehmen, das ist sicherer.

Mein geliebter Mann ist der beste und großzügigste Mensch, den ich je getroffen habe. Er hat mir in all den Jahren, die wir uns kennen, mit seiner Liebe und Aufopferung über alles Schwere hinweggeholfen. Ich neige seit meiner Jugend zu Schwermut und Eigenbrötlerei. Mag sein, dass die Wechseljahre eine Rolle spielen, jedenfalls habe ich keinen Lebensmut mehr, nur noch den Mut zum Tod. Ein herrliches, erfülltes Leben liegt hinter mir. Als alte Frau will ich mich nicht sehen.

Ich möchte es meinem Mann und den Menschen, die mich mögen und vermissen, so leicht wie möglich machen und hoffe, dass alle Formalitäten kurz gehalten werden.

Mein geliebter Mann soll mein Alleinerbe sein. Ich bitte alle, ihn so gut es geht zu schonen. Er hatte keine Chance, mich davon abzubringen. Er weiß nicht, wie es mir geht, und das liegt ganz allein an mir. Ich bin im Sinne des Wortes lebensmüde – des Lebens MÜDE. Aber bei sehr klarem Verstand. Und ich gehe sehr erleichtert …
(Unterschrift)

P. S.: Der Geldschein (100 Euro) auf dem Schreibtisch ist für das arme Zimmermädchen, das mich findet.

Brigitte Verween hatte sich mit den Schlaftabletten vergiftet und war durch die Plastiktüten, die sie übereinandergezogen hatte, gleichzeitig erstickt. Die Tüten hatte sie mit einem Haushaltsgummi am Hals fixiert. Dadurch war zirkulär um den Hals eine Hautfalte entstanden, die man so ähnlich auch nach einem Strangulationsvorgang finden konnte, nur dass sie nicht so tief ging. Die Haut in dem Bereich sah aus wie zerknülltes Papier, wenn man es wieder auseinanderfaltet.

Als der Notarzt die leeren Tablettenblister sah, sagte er lakonisch: »Wenn sie die alle genommen hat, wollte sie auf Nummer sicher gehen.« Er stellte fest, dass die Leichenstarre komplett ausgebildet war, alle Körperteile erfasst hatte. Die Leiche lag auf dem Rücken. Dementsprechend hatten sich die Leichenflecke auf der Rückseite des Körpers gebildet. Sie waren nicht mehr wegdrückbar, woraus er schlussfolgerte, dass der Tod vor zwölf Stunden oder mehr eingetreten sein musste.

Warum Brigitte Verween sich für diese Art des Suizids entschied, erfuhren wir nicht. Gut möglich, dass sie im Internet darauf gestoßen war. Dort wird die Methode in zahlreichen Selbstmordforen regelrecht angepriesen – als sanft, sicher und schmerzfrei. Man braucht nicht lange zu suchen, um Handlungsanweisungen zu finden, in denen genauestens erklärt steht, wie man es am besten anstellt, Schritt für Schritt, bis hin zu Details, wie fest man die Plastiktüten um den Hals schnüren sollte und womit am besten. Und dazu bekommt man Ratschläge, welche Medikamente frei zu kaufen sind und welche Dosierung sich jeweils empfiehlt, damit das Unternehmen von Erfolg gekrönt wird.

Trotz des klar formulierten Abschiedsbriefes mussten wir natürlich alle Eventualitäten ausschließen. Und dazu gehörte, zu prüfen, ob sich jemand zu Brigitte Verweens Zimmer Zutritt verschafft haben konnte, etwa während sie schlief. Dabei half uns die moderne Technik. Das elektronische Zimmerschloss war so konstruiert, dass es automatisch speicherte, wann es mit welcher Karte geöffnet wurde. Diese Daten konnte man an einem der Hotelcomputer abrufen. Zusätzlich existierte eine Liste, welcher Mitarbeiter welche Karte benutzte und wer einen Generalschlüssel besaß, mit dem sich jedes Zimmer öffnen ließ. Dagegen waren die Schlüsselkarten der Zimmermädchen nur für einen bestimmten Bereich freigeschaltet. Wir konnten somit genau nachvollziehen, wann jemand das Zimmer der Holländerin betreten hatte und ob sie es selbst war oder ein anderer. In der fraglichen Zeit, zwischen ihrer Ankunft und der Entdeckung ihrer Leiche, waren das drei Personen: bereits erwähnte Putzfrau, die bei einem Subunternehmen beschäftigt war, des Weiteren ein Zimmermädchen, das das Bett zum Schlafen hergerichtet hatte, und ein zweites, das für das Auffüllen der Minibar zuständig war. Wir befragten alle drei, keiner von ihnen war etwas Ungewöhnliches aufgefallen. Und sie selbst hatten sich auch nicht verdächtig verhalten.

Für den Ehemann, der inzwischen wieder zu Hause war und seine Frau bereits gesucht hatte, war die Nachricht von ihrem Tod ein großer Schock. Er brach in Tränen aus. Nachdem er sich wieder etwas gefangen hatte, sagte er, sie seien glücklich gewesen, er habe nichts von ihren Problemen gewusst, nicht einmal geahnt. Sie habe in letzter Zeit so viele Pläne geschmiedet, die Sache mit der Töpferei und dem eigenen Atelier – das passe irgendwie nicht zusammen!

Ich will nicht unterstellen, dass uns der Witwer etwas vorspielte. Seine Trauer wirkte echt. Aber es kam häufiger vor, dass Hinterbliebene in der Phase des ersten Schocks die Vergangenheit und ihre Beziehung zu der Person, die sich umgebracht hatte, recht verklärt betrachteten und entsprechend schilderten. Wahrscheinlich aus Selbstschutz, um sich ein bisschen weniger schuldig zu fühlen. Denn schuldig, glaube ich, fühlen sich erst mal alle, die so etwas durchmachen. Und nicht wenige bleiben mit dem Gefühl zurück, versagt zu haben, im entscheidenden Moment nicht da gewesen zu sein.

Bei dem folgenden Fall fragte man sich, wann dieser entscheidende Moment gewesen sein könnte, ob es ihn überhaupt gegeben hatte. Der Junge, um den es ging, Felix, wuchs in einem gutbürgerlichen Wohnviertel auf. Seine Eltern waren beide berufstätig, der Vater arbeitete als Versicherungskaufmann, die Mutter bediente in einem Café. Zu dritt bewohnten sie ein Endreihenhaus mit einem kleinen Garten.

Felix war kein auffälliges Kind. Er ging in den Kindergarten, danach zur Schule, das Lernen schien ihm keine Schwierigkeiten zu bereiten. Vielleicht war er etwas stiller als die meisten seiner Mitschüler, doch das verhinderte nicht, dass er Freunde fand.

Sein Leben bekam den ersten Riss, als die Eltern sich trennten. Ein Jahr darauf die Scheidung, damals war er zehn. Der

Vater zog zu einer anderen Frau, Felix blieb bei seiner Mutter. Das Haus, in dem sie zur Miete gewohnt hatten, mussten sie aufgeben, ihr Einkommen allein reichte dafür nicht.

Irgendwie lief das Leben weiter. Die Mutter arbeitete jetzt länger, damit sie finanziell klarkamen. Der Vater machte sich selbstständig, eröffnete eine kleine Versicherungsagentur, seine neue Frau erledigte die Buchführung. Je älter Felix wurde, desto weniger wusste er, wo er hingehörte. Er fing an zu pendeln, übernachtete mal beim Vater, mal bei der Mutter, je nachdem, zu wem er sich gerade mehr hingezogen fühlte. Oder von wem er genug hatte. Zeit für ihn nahmen sich beide nicht, jeder hatte mit sich selbst zu tun. Möglich, dass der Junge sich ziemlich verloren vorkam.

Nach der Schule verbrachte Felix viel Zeit vorm Fernseher, sah sich meistens aber Videos an. Einen Film mochte er ganz besonders, den zog er sich unzählige Male rein: *Scream.* Ein Horrorfilm, in dem Menschen erstochen, aufgeschlitzt und ausgeweidet werden; für einen Dreizehn-, Vierzehnjährigen dürfte das ziemlich schwere Kost gewesen sein. Nicht umsonst war der Streifen erst ab sechzehn zugelassen.

Seine Gedanken zu diesem und zu anderen Filmen und was ihn sonst noch bewegte, schrieb er in ein Tagebuch. Das kleine Heft hatte einen roten Umschlag aus Pappkarton, auf den er seinen Namen und »GEHEIM« geschrieben hatte. Wie einen Schatz trug er es stets bei sich, zeigte es aber niemandem. Vielleicht wäre alles anders ausgegangen, hätten seine Eltern ein einziges Mal hineingeschaut. Als wir es in die Hände bekamen, war es zu spät.

Die Aufzeichnungen dokumentierten, womit sich der Junge herumschlug, bevor er seinen verhängnisvollen Entschluss fasste. In den vier Wochen davor verging kein einziger Tag, an dem er seinem Büchlein nichts anvertraute.

Montag …
Ich habe heute nur an Scream denken können. Ich fürchte, dass ich mich da zu sehr reinsteigere. Wie soll ich mich bloß verhalten?

Heute habe ich aus Papas Keller vier Messer entwendet. Sie sind scharf und wunderschön. Ich habe eins der Messer mal an meinem Arm befestigt. Fühlte sich gut an, aber ich muss wohl noch ein bisschen üben.

Dienstag …
Ich war heute in der Stadt, habe mir ein paar Comics gekauft. Als ich zurückkam, war Papas Freundin stinkig. Sie hatte auch nicht gekocht, ich musste bis um sieben warten, obwohl ich Hunger hatte. In der Zeit habe ich eins der Messer geschärft. Ich nenne sie ab jetzt Schärfchen. Ich wollte Papas Freundin killen. Aber ich dachte, Papa verbietet mir dann, ein Scream-Kostüm zu kaufen.

Mittwoch …
Ich habe heute über die Schule nachgedacht. Wie meine Freunde wohl auf meine neuen Haare reagieren? Ich mache mir einen Kopf über mein Praktikum, das ich gar nicht habe. Eltern, Freunde, Lehrer, alle glauben, dass ich eins habe. Allen habe ich etwas vorgegaukelt. Na, egal.

Mit meinen Messern kann ich schon ganz gut umgehen. Es dauert zwar noch, aber bald darf ich töten.

Donnerstag …
Mein Blutrausch steigt immer weiter. Ich muss aber vorsichtig sein, damit mein Vater und seine Freundin nichts mitkriegen. Ich habe mir vorgestellt, eins meiner Schärfchen an meinem Bein zu tragen. Meine Wut und mein Hass, befürchte ich, versinken im Blutrausch. Bis ich mein Kostüm kriege, vergeht noch eine Zeit. Aber dann beginnt das Blutbad, jeden Tag einer, jeden Tag.

Freitag …
Der Blutrausch fließt in meinen Adern. Mein Körper brennt, wenn ich meine Schärfchen nicht in den Händen halte. Ich habe heute versucht, mich mit Fernsehen und Modellbau abzulenken. Ich sehne mich in meinen Träumen nach dem Kostüm. Bald werde ich töten, sehr bald. Ich habe angefangen zu trainieren. Oh, ich freue mich aufs Töten.

Samstag …
Heute habe ich nur mit meinen Schärfchen gespielt und mir überlegt, dass ich meinen ersten Schlag an Karneval ausführe. Dann schöpft keiner Verdacht wegen des Kostüms. Mein erstes Opfer sollte eine alte Frau sein oder ein alter Mann. Damit ich testen kann, wie ein Körper auf meine Schärfchen reagiert. Ob ich mir noch einen Stimmenversteller kaufen sollte?

Sonntag …
Ich spüre eine riesige Kraft in meinen Adern. Heute hätte mich mein Vater beinahe mit den Schärfchen erwischt.

Ich glaube fast, dass Scream mit mir spricht. Aber das würde bedeuten, dass ich verrückt bin, und ich bin nicht verrückt. Mama meint, sie würde kurz vor Karneval mit mir einkaufen gehen. Natürlich werde ich Mama nicht töten, ob ich aber Papa töte …

Montag …
Heute war mal endlich wieder Schule. Die Ferien sind vorbei. Alle sagten mir, dass ich gute Haare hätte. Ich war heute auch in der Stadt, war aber nichts los. Papa habe ich gefragt, ob ich mehr Taschengeld kriege. Seine Freundin hat einen richtigen Aufstand gemacht. Aber alles das hat mir nicht den Blutrausch genommen. Ich merke langsam, dass ich die Kontrolle verliere. Ich denke nur noch ans Töten. Hilfe!!!

Dienstag …
Heute war ein scheiß Tag, nur langweilig. Ich habe eine tiefe und grausame Stimme gehört. Sie hat mir gesagt, ich soll meinen Vater töten. Ich sagte ihr, ich töte meinen Vater, aber als Letzten. Als Erstes ist eine alte Frau dran, danach töte ich zwei in meinem Alter. Dann komme ich in die Nachrichten.

Mittwoch …
Ich habe heute erfahren, dass Melanie wieder Single ist. Ich weiß nicht, vielleicht sollte ich mich an sie ranschmeißen. Ich habe Angst, sie oder jemand anderen, den ich kenne, zu töten. Ich habe solche Angst! Was soll ich bloß tun? Ob ich in die Hölle komme? Wahrscheinlich.

Donnerstag …
Ich glaube, ich habe mich in Melanie verknallt. Ich wollte es die ganze Zeit nicht wahrhaben. Ich spiele mit dem Gedanken, aus meinem Leben auszutreten. Selbstmord ist keine Lösung, aber so verhindere ich, dass ich an Karneval jemanden töte, wie es die andere Hälfte meines Körpers verlangt. Wie soll ich mich bloß töten?

Ich könnte vom Dach springen.

Freitag …
Heute bin ich nach der Schule mit ein paar Freunden nach Hause gelaufen. Sie haben Scream verarscht. Ich werde ihnen zeigen, wer Scream ist. Wenn ich nicht vorher vom Dach springe. Das wäre aber erst in zwei Wochen, denn alle, wirklich alle, glauben, dass ich eine Praktikumsstelle habe. Ich werde mich vorher töten.

Samstag …
Mein trotteliger Vater hat's geschafft. Endlich funktioniert mein PC wieder.

Ich bin müde. Müde durch Hass und Liebe. Melanie würde der einzige Grund sein, nicht zu töten.

Sonntag …
Ich brauche eine Praktikumsstelle. Ich muss mir irgendwas einfallen lassen. Sollte das nicht klappen, springe ich vom Dach. Aber nicht ohne meine Schärfchen, die werde ich mitnehmen. Was dann wohl passiert? Komme ich in die Hölle, oder komme ich ins Paradies?

Montag …
Melanie ist voll gelangweilt von mir. Was soll sie auch mit so einem anfangen? Dadurch ist mein Hass gestiegen. Der Drang nach Selbstmord ist gestiegen. Auch der Drang zu töten, aber dann denke ich an Melanie. Ich muss mich noch zusammenreißen. Meine Leute haben, glaube ich, noch nichts gemerkt. Was sie wohl denken, wenn ich tot bin oder im Knast sitze, und sie lesen das hier?

Dienstag …
Mein PC funktioniert, aber das ist mir eigentlich egal. Melanie ignoriert mich immer noch. Sie wird mich sowieso nie lieben. Man kann ja auch keinen zwingen, zu lieben.

Mein Blutrausch hat sich heute mal gehen lassen. Es war schlimmer als sonst. Tim hat mich auf die Palme gebracht. Ich wollte ihn schon angreifen und eins meiner Schärfchen ins Herz rammen. Aber bald ist es vorbei. Bald kommt die Erlösung.

Mittwoch …
Was für ein Tag! Zwischen Wahnsinn, Blutrausch und Liebe. Ich habe solche Angst, dass ich am liebsten in die Arme meiner Mutter springen würde. Melanie, wenn ich springe, wird meine Liebe mitspringen. Aber dafür würde ich dein Leben sichern.

Scream hat sich wieder gemeldet. Er verlangt, dass ich die Menschen, die ich liebe, töte. Ich stehe kurz davor.

Donnerstag …
Melanie bemerkt mich immer noch nicht. Aber das kann ich verstehen. Meinen Eltern bin ich wohl auch egal. Wenn ich springe, würden sie es wahrscheinlich gar nicht merken. Ihr Leben geht einfach weiter. Ich habe mir überlegt, ein Testament zu schreiben. Das ist eine gute Idee, finde ich. Ich vererbe Melanie etwas. Was, weiß ich noch nicht.

Freitag …
Ich konnte mich heute gut ablenken, bei meinem besten Freund Robert. Ich habe mir überlegt, ihm meine Mangas und meine PC-Spiele zu hinterlassen. Tim bekommt meine Playboys und Melanie mein gesamtes Vermögen.

Habe wieder an Scream gedacht. Was würde ich dafür tun, dass heute schon Karneval ist! Alle, aber wirklich alle, die ich kenne, würden sterben. Das wäre ein Spaß.

Samstag …
Mein Blutrausch steigt und steigt. Ich will töten, das ist mein einziger Gedanke. Alle würde ich sie töten, wenn da nur nicht Melanie wäre. Meine Liebe zu ihr wird mich vom Töten abhalten. Sie ist schuld daran, dass ich nicht töten kann, sie allein.

Sonntag …
Wie gern hätte ich schon mein Kostüm! Ich würde rausgehen und mich im Wald verstecken. Und rausspringen, um diese Person zu töten, die alte Frau.

Montag …
Als der Tag zu Ende ging durch Liebe, Hass und Ehrfurcht, habe ich mir eine der ältesten Fragen gestellt, die sich wahrscheinlich schon die alten Ägypter gestellt haben: Gibt es ein Leben nach dem Tod? Ich frage mich das, weil ich am Montag sterben werde.

Dienstag …
Montag ist es so weit. Ich springe. Die Ägypter haben an ein Leben nach dem Tod geglaubt. Sie haben alles, was sie besaßen, mitgenommen. Ich glaube auch daran, und ich nehme meine Sachen auch mit. Alles, was mir etwas bedeutet. Ich habe Angst vor diesem Tag, aber ich wünsche ihn mir auch.

Mittwoch …
Ich werde sterben. Wie alle anderen auch. Im heiligen Buch steht, dass Gott richtet und zwischen Gut und Böse unterscheidet. Ich hoffe, dass er mir das Gut zuspricht. Der Einzige, der mich aufhalten könnte, ist Melanie. Aber sie hat mir schon das Töten vermiest. Das wird sie nicht noch einmal vollbringen.
Hoffentlich nicht.

Donnerstag …
Meine Seele leidet. Ich will töten, das ist momentan der einzige Gedanke, den ich habe. Nur Melanie hindert mich daran, es zu tun. Sie weiß es nicht mal. Wenn ich auf dem Dach stehe, werde ich ihr meine Liebe gestehen. Meine Liebe geht unergründlich weit. Ach, könnte ich sie

bloß in die Arme schließen! Ich werde auf der anderen Seite auf sie warten.

Freitag …
Es führt kein Weg mehr zurück. Die Schande würde ich nicht verkraften. So schütze ich wenigstens auch meine Eltern und das Mädchen, das ich liebe. Ich glaube daran, dass ich das, was ich bei mir trage, mitnehme in mein zweites Leben. Dort werde ich auf meine Eltern und auf meine liebe Melanie warten.

Samstag …
Ich habe alles genau geplant. Ich gehe los und verbringe zwei bis drei Stunden auf der Bank im Wald. Danach gehe ich zum Hochhaus und verbringe noch etwas Zeit und schreibe meinen Abschiedsbrief und mein Testament. Danach springe ich. Es dürfte nur ein bis zwei Sekunden dauern. Ich hoffe nur, dass mich Gott in sein Reich lässt.

Sonntag …
Mein letzter Tag. Was für eine Verschwendung. Ich packe heute Abend nur noch das Zeug zusammen, das ich mit in das andere Reich nehme. Was wohl passiert, wenn ich sterbe? Mama hat mal gesagt, man ist sofort tot und spürt nichts. Ich hoffe, sie hat recht.

Das war sein letzter Eintrag. Am nächsten Morgen verließ Felix kurz nach sieben Uhr die Wohnung. Er hatte bei seiner Mutter übernachtet. Ihr sagte er, er müsse halb acht in der Firma sein, in der er sein Praktikum absolviere. Ein kleines

Baugeschäft, dort solle er im Büro Schreibarbeiten erledigen, Akten sortieren und so was. Das hatte er sich ausgedacht; die Praktikumsstelle gab es in Wirklichkeit nicht.

Er nahm sein Fahrrad und fuhr zu einem kleinen Waldstück, das in der Nähe lag und in dem die Bank stand, die er in seinem Tagebuch erwähnt hatte. Sein geheimer Rückzugsort, von dem nur sein bester Freund Robert wusste.

Lange kann er dort nicht gesessen haben. Etwa eine halbe Stunde später kam er an dem Haus an, in dem seine Mitschülerin Melanie wohnte, seine heimliche Liebe. Das gab später eine ältere Frau zu Protokoll, die ihn gesehen hatte. Der Junge habe sie freundlich gegrüßt, sagte sie.

Das Haus hatte neun Stockwerke. Im Treppenflur gab es auf jeder Etage eine Tür, durch die man nach draußen auf einen kleinen Balkon gelangte. Diese Türen konnte jeder öffnen, sie waren zu keiner Zeit verschlossen, weder tags noch nachts. Felix muss das gewusst haben.

Es war 8.20 Uhr, als mehrere Bewohner des Hauses einen lauten Knall hörten. Zwei von ihnen öffneten sofort ein Fenster, um nachzusehen, woher das Geräusch gekommen war. Mit den Augen suchten sie das Gelände vor dem Haus ab, bis ihre Blicke auf das Vordach über dem Hauseingang fielen – dort lag jemand, ein Junge. Er rührte sich nicht, Blut lief aus seinem Mund.

Der Notarzt kam mit einem Rettungshubschrauber. Nahezu gleichzeitig trafen Rettungssanitäter und ein Löschfahrzeug der Feuerwehr ein. Mithilfe der Leitern des Löschfahrzeugs gelangten sie auf das Vordach. Der Junge schien noch zu atmen. Sein Puls war kaum zu fühlen. Fünfundzwanzig Minuten versuchten sie, ihn ins Leben zurückzuholen. Doch vergeblich, sein Herz hörte auf zu schlagen. Auf dem Bildschirm des transportablen EKG-Monitors, den sie über Elektroden an seinen Körper »angeschlossen« hatten, damit er die Herzaktivität aufzeichnete, stellte sich eine Nullinie ein.

Offenbar hatte sich der Junge beim Aufprall – neben zahlreichen anderen Frakturen – das Genick gebrochen. Es war »abnorm beweglich«, stand später im Todesermittlungsbericht. Ansonsten waren äußerlich keine Verletzungen festzustellen, die den Verdacht begründet hätten, dass jemand bei dem Sturz des Jungen nachgeholfen hatte.

Die beiden Kollegen, die vor uns am Einsatzort waren, sahen sich den Treppenflur und jeden Balkon an, der als Absprungmöglichkeit infrage kam. Im siebten Geschoss wurden sie fündig. In einer Ecke des Balkons, auf dem Boden, stand ein Rucksack. Er war schräg an die Brüstung gelehnt, die man überwinden musste, um sich in die Tiefe stürzen zu können. In dem Rucksack befanden sich eine blaue Brotdose, eine Flasche Apfelschorle, vier Jagdmesser mit feststehenden Klingen, ein Schlüsselbund – und ein kleines Büchlein mit rotem Pappumschlag, Felix' Tagebuch.

Ausgeblendet

Zwischen seinem alten und seinem neuen Leben liegen weniger als siebzig Kilometer – und etwas mehr als neunzehn Jahre. Bernd Kattschaft hat seinen Namen nicht geändert, nicht einmal das Bundesland gewechselt. Und auch nicht seinen Beruf. Er ist schlanker als damals, und er trägt einen Bart, den er früher nicht hatte. Aber es fällt nicht schwer, ihn wiederzuerkennen.

Bernd Kattschaft ist inzwischen sechsundvierzig Jahre alt. Er hat sich eingerichtet in seinem neuen Leben. Seit neun Jahren ist er verheiratet. Mit seiner Frau hat er zwei Kinder, eine siebenjährige Tochter und einen Sohn, der demnächst fünf wird. Die Familie wohnt in einem schönen Haus, das noch nicht lange fertig zu sein scheint. Ein weißer Klinkerbau mit Walmdach; die Ziegel in Blauviolett glänzen, als wären sie lackiert. Der Garten dahinter wartet darauf, hergerichtet zu werden.

Das Haus steht am Rand einer kleinen Ortschaft, die einer Stadt eingemeindet wurde, aber einige Kilometer von ihr entfernt liegt. Die Straße vor dem Haus führt in einen Wald, den Bernd Kattschaft sehen kann, sobald er mit seinem Auto vom Grundstück rollt und die Route nach links einschlägt. In die andere Richtung geht es zum Ortskern, wo sich eine Handvoll Läden befindet, darunter ein Bäcker, ein Metzger und eine Drogerie, in der gleichzeitig die Postfiliale untergebracht ist. Sie alle liegen an ein- und derselben Straße. Fährt man diese weiter, gelangt man über eine asphaltierte und stellenweise von Obstbäumen gesäumte Landstraße in die Stadt. Es ist eine idyllische Gegend, in die es Bernd Kattschaft verschlagen hat.

Jeden Morgen fährt er die Strecke durch den Wald, nur am Wochenende nicht. Dahinter beginnt bald ein Industriegebiet, das von Lagerhallen dominiert wird. Und noch ein Stück weiter kommt man zu einer Tankstelle. Dort stoppt er werktags in der Regel seinen Kleintransporter, um sich am Automaten einen Kaffee im Pappbecher zu holen. Manchmal nimmt er dazu ein belegtes Brötchen mit. Den Kaffee trinkt er im Auto, während er weiterfährt. Kurz hinter der Tankstelle gabelt sich die Straße, rechts geht es zur Autobahn. Daran muss er noch vorbei, aber dann ist es nicht mehr weit bis zu seiner Arbeitsstelle, einem Metallbaubetrieb, in dem Türen, Fenster, Zäune und Treppengeländer gefertigt werden. Bernd Kattschaft hat Maschinenbauer gelernt. Sein Chef weiß nichts über seine Vergangenheit, niemand von den Menschen, die heute in seinem Leben eine Rolle spielen, weiß etwas darüber. Nicht einmal seine Frau.

Als ich im Januar 2009 in Pension ging, steckten mir dreiundvierzig Jahre Polizeidienst in den Knochen, davon sechsunddreißig bei der Kripo. Eine verdammt lange Zeit, in der sich eine Menge Erinnerungen angesammelt haben. Ich weiß noch, wie ich an dem Wochenende vor meinem letzten Arbeitstag ins Büro fuhr. Ich hatte keinen Dienst, aber es wurde Zeit, dass ich meinen Schreibtisch ausräumte. Das wollte ich in Ruhe erledigen und allein sein dabei. Viel war es nicht, was ich später mit nach Hause nahm, ein paar persönliche Dinge, sie passten in einen Umzugskarton, der nicht einmal voll wurde.

Nachdem ich alles verstaut hatte, setzte ich mich auf meinen Stuhl und ließ den Blick durchs Zimmer schweifen. Ich kann gar nicht sagen, wie ich mich in dem Moment fühlte. Es war wie eine kleine Zeitreise, die in meinem Kopf ablief. Erinnerungen kamen hoch, Bilder, die sich mir eingeprägt hatten, und Gesprächsfetzen aus irgendwelchen Besprechungen, auch aus Vernehmungen. Manches war so deutlich wieder da, als wäre es gerade erst passiert.

Hinterher wusste ich nicht, wie lange ich so dagesessen hatte, aber mir wurde klar, dass ich vieles von dem, was in den zurückliegenden Jahren geschehen war, was ich erlebt hatte, niemals würde abschütteln können. Es waren über tausend Leichen, die ich während meiner Zeit bei der Polizei gesehen hatte. Nicht, dass ich sie jemals gezählt hätte, aber es mussten so viele gewesen sein, das ließ sich leicht überschlagen. Und die Zahl der Fälle, die ich bearbeitet hatte, in der Mordkommission, im Raubdezernat und bei der Sitte, musste noch weit darüber liegen.

Mein Gedächtnis funktioniert nicht nach einem bestimmten Muster, zumindest nicht, dass ich wüsste. Sonst könnte ich erklären, warum ein bestimmtes Verbrechen mich bis heute beschäftigt, ein anderes dagegen weniger, oder warum ein drittes gar ganz in Vergessenheit geraten ist. Das kann ich aber nicht. Mit Ausnahme der ungeklärten Fälle vielleicht, zumindest der ungeklärten Tötungsdelikte, wo ich Leiter der Mordkommission war. Von denen weiß ich, wie sehr sie an mir nagen, und das wird wohl niemals aufhören. Zum Glück sind es nur drei gewesen, wobei natürlich auch drei zu viel sind. Einen Fall, den Mord an einer Prostituierten, habe ich in meinem ersten Buch beschrieben. Zu den anderen beiden komme ich noch.

Ich versuche, die Dinge klar zu sehen. Wie früher im Job. Und wenn man einmal so gepolt ist, verliert man das so schnell nicht wieder. Man braucht sich da nichts vorzumachen: Einmal Bulle – immer Bulle. Nach so vielen Jahren kann man das nicht abstreifen, das steckt in einem drin. Da ändert es auch nichts, wenn man pensioniert ist. Der Blickwinkel mag sich mit der neuen Situation etwas gewandelt haben. Man hat mehr Zeit, kann seine Gedanken in Ruhe filetieren, wenn einem danach ist. Das war früher, im alltäglichen Diensttrott, gar nicht möglich. Da löste ein Fall den nächsten ab, und wenn man Pech hatte, überschnitten sich zwei oder drei. Man hatte Verbrechen aufzuklären und sich nicht über das Wesen eines Täters den Kopf zu zerbrechen. Es sei denn, genau das war erforderlich, um ihm überhaupt erst auf die Spur zu kommen. Aber solche Fälle bildeten eher die Ausnahme. Man sollte sich da nicht von irgendwelchen Fernsehkrimis täuschen lassen. In den meisten Filmen wird das ganz anders dargestellt. Was vermutlich unter anderem daran liegen dürfte, dass sogenannte Profiler – oder auch Fallanalytiker, wie sie bei uns heißen, was zwar weit weniger cool klingt, aber ihre Tätigkeit eigentlich besser beschreibt – gerade schwer in Mode sind.

Aber warum ich das alles erzähle: Der Fall Bernd Kattschaft ist so einer, der mir nicht aus dem Kopf will, auch jetzt nicht als Pensionär. Dabei handelt es sich nicht mal um einen ungelösten Fall, im Gegenteil. Der Mann wurde überführt und rechtskräftig verurteilt. Trotzdem kommt mir jedes Mal, wenn ich daran denke, die Galle hoch. Irgendwie gelingt es mir nicht, das Buch mit diesem Kapitel zuzuklappen. Dabei liegt die Sache mittlerweile eine Ewigkeit zurück.

Bernd Kattschaft lebte damals in einer kleinen Gemeinde im Bergischen Land. Trotz seiner fünfundzwanzig Jahre steckte er die Beine noch bei seinen Eltern unter den Tisch. Wie seine zwei Brüder auch, wobei die jünger waren, der eine sechzehn, der andere neunzehn. Die Familie besaß kein schönes Haus. Es war sogar ziemlich heruntergekommen, weil kein Geld da war, um es ordentlich zu pflegen und regelmäßig zu renovieren. Aber es war geräumig und hatte sechs Zimmer, sodass jeder der Söhne sein eigenes kleines Reich beanspruchen durfte.

Es war einer dieser Orte, über die man sagte, dort kennt jeder jeden. Bei knapp sechshundert Einwohnern, die sich rund hundertfünfzig Häuser teilten – einige davon waren Mietshäuser, in denen sich mehrere Wohnungen befanden –, konnte das durchaus möglich sein, nicht nur im übertragenen Sinne.

Die Kattschafts gehörten zu den alteingesessenen Familien, schon die Urgroßeltern von Bernd Kattschaft hatten dort gelebt. Vater Kattschaft war Frührentner und trank gern einen über den Durst. Die Mutter arbeitete auf einem Bauernhof im Nachbarort, dort war auch ihr Ältester angestellt. Er kümmerte sich darum, dass die Fahrzeuge und Maschinen funktionierten, mit denen die Felder bewirtschaftet wurden. Im Sommer, zur Erntezeit, fuhr er Mähdrescher.

Als Maschinenbauer war das nicht unbedingt sein Fach, doch Bernd Kattschaft entpuppte sich als geschickter Handwerker, das hatte er von seinem Großvater väterlicherseits geerbt. Der hatte zu seinen besten Zeiten einen Traktormotor komplett zerlegen und wieder zusammensetzen können – und das Ganze ohne Anleitung. Auch sonst schien der Junge nach ihm zu schlagen: die gleiche Haarfarbe, die gleiche Kopfform, die gleiche große Nase, die gleiche stämmige Statur. Der Enkel war bei einer Größe von 1,74 Meter sogar noch etwas kräftiger gebaut. Zumindest hatte er breite Schultern und imposante Bizeps vorzuweisen, die das Ergebnis jahrelangen Trainings waren. In seinem Zimmer, gleich neben dem Bett, lagen zwei Zehn-Kilo-Hanteln. Damit brachte er sich jeden Morgen in Schwung, noch vor dem Frühstück. Nur am Wochenende nahm er es mit der Körperertüchtigung nicht so genau, weil es da abends oft spät wurde und er am nächsten Tag lieber ausschlief. Nicht dass er viel unternommen hätte. Meistens saß er in seiner Stammkneipe herum, spielte mit ein paar Kumpels Karten und schüttete ein Bier nach dem anderen in sich hinein. In dem Punkt ähnelte er mehr seinem Vater.

Andere Männer in Bernd Kattschafts Alter waren verheiratet oder hatten eine feste Freundin, jedenfalls die meisten im Ort – er nicht. Während der Berufsschulzeit war er mit einem Mädchen gegangen, seine erste Liebe, sie hielt etwas länger als ein Jahr. Seither hatte es niemanden mehr gegeben. Allerdings war die Auswahl auch nicht besonders groß, nicht wenn es eine Frau aus der Gegend sein sollte. Und von den wenigen, für die er sich vielleicht interessiert hätte, wollte anscheinend keine etwas von ihm wissen. Oder er hatte es gar nicht erst probiert.

Das war also Bernd Kattschafts altes Leben. Es endete an

einem Tag im Herbst Anfang der neunziger Jahre – besser gesagt, in einer Nacht. Doch der Reihe nach.

Einige Grundstücke von dem der Kattschafts entfernt, auf derselben Straße, wohnte Hildegard Schützach mit ihrer zweiundzwanzig Jahre alten Tochter Verena. Die Fünfzigjährige, die von allen in der Nachbarschaft Hilde genannt wurde, war Hausfrau. Sie lebte von Witwenrente, ihr Mann war sechs Jahre zuvor nach einem Hirnschlag gestorben. Das Haus, das deutlich kleiner war als das der Kattschafts, gehörte ihr, sie musste keine Miete zahlen; der Kredit, den sie und ihr Mann dafür aufgenommen hatten, war längst getilgt. Und Verena, die als Anwaltsgehilfin arbeitete, steuerte jeden Monat Kostgeld bei.

Hilde Schützach hatte noch eine zweite Tochter, Sibylle. Sie war vier Jahre älter als Verena und lebte mit ihrem Freund in Leverkusen, telefonierte aber beinahe täglich mit der Mutter und besuchte sie mindestens einmal die Woche. Das nächste Treffen war für den folgenden Tag ausgemacht. Da hatte Hilde Schützach Geburtstag. Die eigentliche Feier sollte erst am Wochenende stattfinden, trotzdem wollte Sibylle ihrer Mutter natürlich persönlich gratulieren.

Aus demselben Grund hatte sich Verena Schützach am Abend vor dem Geburtstag von ihrem Freund nach Hause fahren lassen. Normalerweise wäre sie bei ihm geblieben, hätte dort übernachtet wie schon so oft. Verena Schützach und Karsten Löberger – so hieß der Freund, er wohnte im Nachbarort – kannten sich praktisch ihr halbes Leben lang. Sie waren zusammen zur Schule gegangen, er war eine Klasse über ihr gewesen. Ineinander verliebt hatten sie sich allerdings erst nach der Schulzeit, vor zweieinhalb Jahren, seitdem waren sie ein Paar. Es verging kaum ein Tag, an dem sie sich nicht sahen. Vor einer Woche hatten sie sich verlobt, im Sommer sollte Hochzeit sein, das Aufgebot war bereits bestellt.

Die beiden luden also am späten Abend die Geburtstagsgeschenke für Hilde Schützach in Karsten Löbergers alten Fiat, dann brachte der junge Mann seine Freundin nach Hause. Als sie dort ankamen, stieg Verena Schützach aus dem Auto. Er blieb sitzen und wartete, bis sie im Haus verschwunden war, erst danach startete er den Motor wieder. Später sollte er sich erinnern, dass es in dem Moment leicht zu regnen begann.

Karsten Löberger fuhr bis zur nächsten Straßenecke, dort stoppte er, weil ihm ein Bekannter auf dem Fahrrad entgegenkam. Die beiden unterhielten sich ein Weilchen, trotz des Regens. Dabei drehte sich Karsten Löberger noch einmal zum Haus der Schützachs um und beobachtete, wie im Erdgeschoss die Rollläden runtergelassen wurden. Da er in dem Haus ein und aus ging, wusste er, dass sich dahinter das Wohnzimmer befand. Ob seine Freundin die Fenster verdunkelte oder seine zukünftige Schwiegermutter, das konnte er nicht sehen.

Ausgemacht war, dass er am Tag darauf einen frischen Blumenstrauß besorgen und damit zum Geburtstagsfrühstück kommen sollte. Möglichst Gerbera, hatte ihm Verena aufgetragen, die mochte ihre Mutter am liebsten. Karsten Löberger sollte gegen neun Uhr da sein.

Am nächsten Morgen war der Dreiundzwanzigjährige spät dran. Im ersten Blumengeschäft hatte es keine Gerbera gegeben, und auch sonst nichts Brauchbares. Nun parkte er seinen Wagen direkt gegenüber dem Haus der Schützachs, auf der anderen Straßenseite. Beim Aussteigen fiel ihm auf, dass die Rollläden des Wohnzimmers noch immer unten waren. Und während er die Fahrbahn überquerte, sah er die Zeitung im Briefkasten stecken. Normalerweise holte Hilde Schützach sie morgens gleich rein.

Karsten Löberger nahm die Zeitung und schloss die Tür auf. Den Schlüssel besaß er seit ungefähr zwei Monaten. Als feststand, dass sie heiraten würden, hatte seine Freundin ihm den gespielt feierlich überreicht und dabei gesagt: »Du gehörst doch jetzt zur Familie.«

Die Tür war nicht abgeschlossen. Er brauchte den Schlüssel nur ein halbes Mal herumzudrehen, schon ging sie auf. Als er den Flur betrat, wunderte er sich, dass die Schuhe neben der Heizung nicht wie üblich in Reih und Glied standen, sondern durcheinandergewirbelt herumlagen. Der Teppichläufer davor war verrutscht, er lag fast quer, was ihm ebenfalls ungewöhnlich erschien. Und es waren keine Stimmen zu hören, kein Geschirrgeklapper, keine Musik, nicht das typische Röcheln der Kaffeemaschine – kein einziger Laut.

Zuerst ging er nach links, dort befand sich die Küche. Aber da war niemand. Sicher hatten die Frauen zur Feier des Tages im Wohnzimmer eingedeckt, dachte er. Er legte die Zeitung auf den Tisch, die Blumen behielt er in der Hand. Papier war keins mehr drum, das hatte er im Auto gelassen.

Noch immer hörte er keinen Ton, nur das Knatschen seiner eigenen Schritte auf dem Fliesenboden. Er trug Turnschuhe.

»Hallo, ich bin's«, sagte er und nahm Kurs aufs Wohnzimmer.

Die Tür stand offen, aber nicht so weit, dass er hineinsehen konnte. Er zog sie ein Stück weiter auf und wollte gerade über die Schwelle treten, als er wie vom Blitz getroffen stehen blieb. Auf dem Boden, keine drei Schritte von ihm entfernt, lag Hildegard Schützach. Ihre Beine und der Unterkörper waren nackt. Über dem Oberkörper lag grüner Stoff, zusammengerafft, möglicherweise ein Kleid, aber das konnte er nicht genau sehen. Es waren auch nur wenige Sekunden, die er so dastand. Er hielt diesen Anblick nicht aus. Überall Blut, das meiste am Kopf, im Gesicht, die Frau war kaum noch zu erkennen.

Karsten Löberger fragte sich nicht, ob sie tot war. Es ging viel zu schnell, um einen einzigen klaren Gedanken zu fassen. In seinem Kopf drehte sich alles. Ihm war übel.

Verena!, dachte er nur. Plötzlich fühlte es sich an, als hätte ihm jemand in den Magen geboxt. Wo war seine Verlobte?

Den Weg zu ihrem Zimmer hätte er im Schlaf gefunden. Völlig aufgelöst hastete er durch den Flur, dann die Treppe hinauf. Er nahm zwei, drei Stufen mit einem Mal. Oben war es gleich die erste Tür, er riss sie auf. Ob sie eingeklinkt war, wusste er später nicht mehr. Als wäre das in dem Moment wichtig gewesen! Als Erstes fiel sein Blick auf eine weiße Schranktür, die ursprünglich zum Kleiderschrank gehörte, jetzt aber mit abgerissenen Scharnieren auf dem Fußboden lag.

Mit dem nächsten Blick fing er etwas ein, was ihm unwirklich erschien, surreal. Er bewegte sich keinen Schritt weiter. Es war Verena, seine Verena. Sie lag rücklings auf dem Bett, ihr Körper war nackt – und voller Blut. Hinterher wünschte er sich, er hätte sie niemals so gesehen. Die Bilder sollten ihn noch Jahre verfolgen. Wieder war es der Kopf, den es am schlimmsten erwischt hatte. Die Rechtsmediziner zählten später zehn Einstiche im Schädelbereich. Um den Hals der jungen Frau waren mehrere Lagen roten Geschenkbandes geschlungen, die sich tief in die Haut geschnitten hatten; vorn, unter dem Kinn, waren sie verknotet. Es war das Band, mit dem sie am Abend zuvor eines der Geschenke für ihre Mutter verpackt hatten.

Es dauerte ein Weilchen, bis er sich aus seiner Starre löste und näher ans Bett herantrat. Er wusste nicht, was er tun sollte. Bis zu diesem Tag hatte er noch nie eine Leiche gesehen. Aber das hier war eine Leiche, da war er sich sicher. Und unten, Verenas Mutter, das war auch eine. Er streckte seinen linken Arm aus, zum Bett hin. Er zögerte, als wollte sein Arm ihm nicht gehorchen. Wo sollte er sie berühren? Am Bauch vielleicht, da war kein Blut, nicht an der Stelle. Ihr Bauch fühlte sich hart an, und die Haut war ganz kalt.

Sonst berührte er nichts. Aber er sah, dass auf dem Nachttisch ein Messer lag.

Irgendwann verließ Karsten Löberger das Zimmer. Ohne sich noch einmal umzudrehen. Er stieg die Treppe wieder hinab. Im Flur stand das Telefon, damit rief er die Polizei.

Ich leitete damals die Mordkommission. Karsten Löberger war der erste Zeuge, mit dem wir sprachen. Er stand unter Schock. Verständlich, dass ihm die Sache zusetzte, trotzdem konnten wir ihm die Vernehmung nicht ersparen. Wir brauchten seine Informationen. Und wir mussten klären, ob er nicht womöglich selbst als Täter in Betracht kam. Es wäre nicht das erste Mal gewesen, dass ein Täter die Polizei von sich aus alarmierte. Ich habe einige Schlauköpfe erlebt, die offenbar darauf spekulierten, dass wir dachten: Der kann es gar nicht gewesen sein. Kein Mensch ist so blöd und liefert sich selbst ans Messer. Karsten Löberger gehörte jedoch nicht zu dieser Sorte.

Die Nachricht vom Tod der beiden Frauen verbreitete sich rasend schnell im Ort, sprichwörtlich wie ein Lauffeuer. Es gab wohl niemanden im Umkreis von zwanzig oder dreißig Kilometern, der nicht über die Tat gesprochen hätte. Nachbarn tuschelten vor ihren Häusern, die Leute standen beim Einkaufen zusammen, andere riefen ihre Bekannten an: »Stell dir vor, was bei uns passiert ist …!«

Wir mussten zusehen, dass wir so schnell wie möglich die wichtigsten Zeugen zu fassen kriegten, damit sie uns nur das erzählten, was sie wirklich wussten. Manchen Leuten fiel es schwer auseinanderzuhalten, welche Informationen dem eigenen Erleben entsprangen und welche ihnen zugetragen wurden. Das machte aber einen großen Unterschied. Das selbst Erlebte galt praktisch als bewiesen, was jemand vom Hörensagen wusste, erst einmal nicht.

Von Sibylle Schützach erfuhren wir, dass ihre Mutter den Abend in einer Gaststätte verbracht hatte. Eine Familie aus der Nachbarschaft hatte sie zu einer kleinen Feier eingeladen. Kurz vor zwanzig Uhr war sie aus dem Haus gegangen. Das wiederum hatten Nachbarn gesehen, die direkt nebenan wohnten. Da das Lokal nur einen Steinwurf entfernt lag, hatte sie die Strecke zu Fuß zurückgelegt.

Zum weiteren Verlauf des Abends bekamen wir verschiedene Versionen aufgetischt. Eine Kellnerin aus der Gaststätte behauptete, Hilde Schützach sei in Begleitung einer jungen Frau gekommen, die dann auch an ihrem Tisch gesessen habe. Sie meinte, das könne ihre Tochter Verena gewesen sein, obwohl sie die nicht gekannt habe. Die gleiche Kellnerin sagte aber auch, die beiden Frauen seien erst gegen zweiundzwanzig Uhr dreißig eingetroffen. Zu dieser Zeit hätten sie eigentlich schon mindestens zwei Stunden dortgewesen sein müssen. Zumindest Hilde Schützach. Ihre Tochter war ja bis zweiundzwanzig Uhr mit ihrem Freund zusammen. Wie es schien, konnte man auf die Aussagen der Kellnerin nicht allzu viel geben.

Sibylle Schützach hielt es für ausgeschlossen, dass ihre Schwester die Mutter begleitet hatte. Die Mutter selbst hatte ihr nachmittags am Telefon gesagt, Verena wolle nicht mitgehen, weil sie die Leute nicht kenne. Und überhaupt, es sei nicht die Art ihrer Schwester gewesen, sich in Kneipen herumzutreiben. Damit mochte Sibylle Schützach prinzipiell recht gehabt haben, als Beweis genügte das aber nicht. Wie sagt man so schön: Ausnahmen bestätigen die Regel.

Tatsächlich schien die Zweiundzwanzigjährige an diesem Abend eine Ausnahme gemacht zu haben. Jedenfalls fanden sich mehrere Zeugen, die sie – im Gegensatz zu der Kellnerin – persönlich gekannt, in der Gaststätte gesehen und auch mit ihr gesprochen hatten. Offenbar war ihre Mutter zwar allein hingegangen, die Tochter aber später am Abend dazugestoßen. Woran sich allerdings keiner mehr genau erinnern konnte oder vielleicht auch nicht wollte: wann sie gegangen war. Auf jeden Fall vor ihrer Mutter, so viel stand fest.

Es muss eine gesellige Runde gewesen sein. Als es auf Mitternacht zuging, war Hilde Schützach immer noch dabei. Und Punkt zwölf wurde es dann plötzlich laut. Das Wirtsehepaar stimmte an, die anderen Gäste sangen lauthals mit: »Happy Birthday to you …« Korken knallten, Sekt perlte in Gläsern, alle stießen auf das Geburtstagskind an.

Unter den Gratulanten soll sich auch ein junger Mann befunden haben, für den die Gaststätte so etwas wie sein zweites Zuhause war. Es hieß, er habe im Verlauf des Abends immer wieder Kontakt zu Hilde Schützach gesucht, sich mehrmals an ihren Tisch gesetzt und ihr »schöne Augen« gemacht. Eine Zeugin wollte mitgehört haben, wie er sie zu später Stunde zu überreden versuchte, sich mit ihm noch eine Flasche Sekt zu gönnen – bei ihr zu Hause, nur sie und er. Sie habe gelacht und seinen Annäherungsversuch als Scherz abgetan. Ihre Tochter dürfte zu dieser Zeit bereits nicht mehr in der Gaststätte gewesen sein.

Es war dieselbe Zeugin, die uns beschrieb, wie die zwei – Hilde Schützach und der junge Mann – später, weit nach Mitternacht, dann doch zusammen das Lokal verließen. Die Zeugin war unmittelbar nach ihnen hinausgegangen. Draußen sei sie kurz stehen geblieben, um ihren Mantel zuzuknöpfen, und dabei habe sie den beiden nachgeschaut und gedacht: Ein seltsames Pärchen, sie könnte locker seine Mutter sein.

Hildegard Schützach habe mit ihrem Begleiter genau den Weg eingeschlagen, der zu ihrem Haus führte. Die Frau meinte, sie habe die gleiche Strecke gehabt, zumindest das erste Stück, deshalb sei sie ihnen gefolgt, ohne sich allerdings bemerkbar zu machen. Sie wollte dann noch beobachtet haben, wie die beiden vor der Haustür der Schützachs herumgealbert hatten. Ob sie anschließend auch tatsächlich ins Haus hineingegangen waren, dafür fanden wir keinen Zeugen.

Wie bei Mordfällen üblich, arbeiteten auch die Rechtsmediziner mit Hochdruck. Obwohl sie diesmal gleich zwei Leichen zu sezieren hatten, lieferten sie uns am folgenden Tag bereits zu jeder einen vorläufigen Obduktionsbericht, der die wichtigsten Ergebnisse beinhaltete. Das war wirklich schnell, da die Leichen der beiden Frauen erst spät am Abend nach Köln ins Institut transportiert worden waren. So lange hatten die Arbeiten der Spurensicherung gedauert.

Die Leiche der Einundfünfzigjährigen wies im linken Scheitelbereich eine sogenannte Terrassenfraktur auf. Zugefügt worden war ihr diese höchstwahrscheinlich mit dem Pendel der alten Standuhr, das wir im Wohnzimmer auf dem Boden gefunden hatten. Es war mit Blut beschmiert, das von Hildegard Schützach stammte, wie sich nach der Laboruntersuchung herausstellte. Das war übrigens das einzige Mal im Lauf meiner Karriere, dass ich es mit einem Uhrenpendel als Tatwaffe zu tun hatte.

So übel die Schädelverletzung auch aussah, allein daran wäre die Frau vermutlich nicht gestorben. Ebenso wenig an den Stichverletzungen, die in ihrer Kopfschwarte festgestellt wurden. Sie stammten von der Klinge eines Küchenmessers, das wir ebenfalls am Tatort sichergestellt hatten. Todesursächlich, so stand es im Obduktionsbericht, war »massive Gewalteinwirkung gegen den Hals«. Der Täter hatte die Frau gewürgt, vermutlich mit bloßen Händen, und zwar mit solcher Kraft, dass dabei ihr Zungenbein gebrochen war. Außerdem hatte er sie vergewaltigt. Auch das mit einer enormen Brutalität, wie die starken Verletzungen im Vaginalbereich verrieten.

Das Gleiche war Hildegard Schützachs Tochter widerfahren. Nach den Verletzungen, die die Rechtsmediziner an ihrem Unterleib feststellten, schien der Täter sich an ihr noch hemmungsloser vergangen zu haben. Und auch sie war mit Messerstichen traktiert worden: zehn Einstiche im Schädelbereich. Die Art und Größe der Wunden passte zu jenem

Messer, das Karsten Löberger auf dem Nachttisch seiner Verlobten aufgefallen war, als er ihre Leiche gefunden hatte. Im Gegensatz zu ihrer Mutter musste sich Verena Schützach heftig gewehrt haben. An beiden Armen und Beinen und an mehreren Stellen ihres Körpers hatte sie Verletzungen, die typischerweise bei Abwehrhandlungen entstehen. Getötet wurde aber auch sie durch Strangulation. In ihrem Fall dürfte es eine Kombination aus Würgen und Drosseln gewesen sein.

Aus diesen Erkenntnissen ergab sich für uns folgender Tatablauf, der zu diesem Zeitpunkt natürlich eine reine Hypothese war, beziehungsweise eine Ansammlung von Hypothesen: Da die Haustür weder aufgebrochen noch sonst irgendwie beschädigt worden war, musste eine der beiden Frauen den Täter hereingelassen haben. Falls er nicht sowieso im Schlepptau von Hildegard Schützach ins Haus gelangt war, was uns die plausibelste Erklärung schien. Auf dem Tisch im Wohnzimmer hatten eine angebrochene Flasche Sekt und zwei benutzte Gläser gestanden. Es war die gleiche Marke, die es auch in der Gaststätte gegeben hatte. Wir nahmen an, dass Hildegard Schützach dem Drängen des jungen Mannes nachgegeben und mit ihm noch ein bisschen weitergefeiert hatte. Dabei schienen sich die beiden auch körperlich nähergekommen zu sein. Vielleicht war der junge Mann forscher zu Werke gegangen, als ihr recht gewesen war. Vielleicht hatte sie ihn auch erst gewähren lassen und es sich plötzlich anders überlegt. Oder sie hatte seinen Versuch, mit ihr Sex zu haben, von vornherein abgelehnt, doch er hatte sie trotzdem bedrängt und den Geschlechtsverkehr erzwungen. Irgendetwas musste jedenfalls vorgefallen sein, wodurch die Stimmung gekippt war und sie in Streit gerieten.

In einem unbeobachteten Moment könnte er sich dann das Uhrpendel geschnappt und es ihr über den Schädel gezogen haben. Vielleicht hatte er sich zwischendrin zum Schein einsichtig gezeigt, sie war kurz auf Toilette gegangen und dann von ihm niedergeschlagen worden, als sie zurückkam. Wie auch immer es gewesen sein mochte, die Auseinandersetzung dürfte einigen Krach verursacht haben, sodass Verena Schützach in ihrem Zimmer vermutlich wach geworden war. Wir gingen davon aus, dass die Zweiundzwanzigjährige bereits geschlafen hatte. Immerhin dürfte es bereits nach zwei Uhr morgens gewesen sein.

Mit der Tochter musste sich der Täter einen heftigen Kampf geliefert haben. Wobei unklar blieb, ob der sich ausschließlich im Zimmer der jungen Frau abgespielt hatte. Möglicherweise war sie, aufgeschreckt durch den Lärm, hinuntergegangen, um nachzuschauen, was passiert war, und dann zurück in ihr Zimmer geflüchtet. Aber das hätte nur Sinn ergeben, wenn der Täter ihr den Weg nach draußen versperrte, denn das wäre die bessere Fluchtmöglichkeit gewesen, vor allem die sicherere. Oder sie hatte geglaubt, ihre Mutter lebe noch und wollte sie nicht mit dem Täter allein lassen.

Andererseits konnte man nicht unbedingt davon ausgehen, dass jemand, der in eine Situation wie Verena Schützach geriet, in der sie um ihr Leben fürchten musste, logisch handelte. Umso weniger, da sie vermutlich noch im Halbschlaf war. Am wahrscheinlichsten fanden wir schließlich die Annahme, dass der Täter sie bereits unten mit dem Messer bedroht und auf diese Weise nach oben gedrängt hatte. Vergewaltigt und getötet worden war sie auf jeden Fall in ihrem Bett. Wobei wir nicht ausschließen konnten, dass er sie erst penetriert hatte, nachdem sie bereits wehrlos, vielleicht sogar tot gewesen war, oder während sie im Sterben gelegen hatte. So oder so, die Brutalität, die die junge Frau hatte erleiden müssen, war unvorstellbar. Nach Meinung der Rechtsmediziner hatte der Täter sie auch nicht nur gewürgt, sondern ihren Kopf dabei mit solch einer Wucht auf eine harte Unterlage geschlagen, dass ihr Schädelknochen gebrochen war.

Das Wohnzimmer der Familie und Verena Schützachs Zimmer waren vollkommen verwüstet worden. Und zwar in einem Ausmaß, das allein mit dem Kampfgeschehen nicht erklärt werden konnte. Die herausgerissene Schranktür hatte ich bereits erwähnt. Im Wohnzimmer standen die Türen aller Schränke weit offen. Einige waren aus ihrer Halterung gebrochen. Kein einziges Schubfach befand sich noch dort, wo es hingehörte. Der Inhalt lag verstreut auf dem Boden. Anscheinend wollte der Täter, dass es nach einem Raubmord aussah.

Nur war bei Hildegard Schützach nicht viel zu holen gewesen. Ein bisschen Schmuck, aber der war kaum der Rede wert. Mit Ausnahme einer Goldkette vielleicht, die hatte ihr Mann ihr zum fünfzehnten Hochzeitstag geschenkt. Aber nicht einmal die war verschwunden. Die Kette hatte sie nicht jeden Tag getragen, nur wenn es einen besonderen Anlass gab, eine Feier zum Beispiel. An dem Abend, bevor sie starb, hatte sie das Schmuckstück auch angelegt. Offenbar war es bei der Auseinandersetzung mit dem Täter zerrissen worden. Die Kollegen von der Spurensicherung entdeckten die Kette unter dem Wohnzimmertisch. Auch die Geldkassette, die Hildegard Schützach im Unterschrank einer Vitrine aufbewahrte, schien der Täter nicht angerührt zu haben. Es hätte sich auch nicht gelohnt, sie aufzubrechen oder mitzunehmen. Bis auf ein paar alte ausländische Geldstücke, Erinnerungen an Urlaube in Spanien und Marokko, war sie leer.

Ansonsten, und das war das Erstaunliche, hatte der Täter so ziemlich alles getan, um uns die Ermittlungen nicht unnötig zu erschweren. Unten im Wohnzimmer lag das Messer, mit dem er auf Hildegard Schützach eingestochen hatte, oben das, mit dem ihre Tochter verletzt worden war. An beiden Klingen haftete Blut, an beiden Griffen konnten Fingerabdrücke nachgewiesen werden. Außerdem die anderen Tatwaffen, das Uhrpendel und das rote Geschenkband am Hals von Verena Schützach – und dazu noch unzählige Spuren in der Wohnung, von Finger- und Schuhabdrücken bis zum Sperma an beiden Leichen. Ein solch breites Spektrum bekam man an einem Tatort nicht alle Tage geboten.

Der Clou aber war: Auf einer der oberen Treppenstufen lag eine Geldbörse, die weder den beiden Frauen noch Karsten Löberger gehörte, dem sie, verwirrt wie er war, nicht einmal aufgefallen war. Und in der Geldbörse steckte neben anderen Dokumenten und ein paar Geldscheinen ein Personalausweis – es war der des jungen Mannes, der Hildegard Schützach in der Nacht aus der Gaststätte nach Hause begleitet hatte: Bernd Kattschaft.

Der Fünfundzwanzigjährige war inzwischen verschwunden, wie vom Erdboden verschluckt. Wir erreichten nur seinen Vater, und der wusste nicht, wo sein Ältester abgeblieben war. Er sagte, am Morgen habe er noch im Bett gelegen. Mit Morgen meinte er gegen neun Uhr. Zu dieser Zeit sei er in sein Zimmer gegangen, um ihn zu wecken. Kurz darauf habe er gehört, wie im Badezimmer die Dusche anging. Vater Kattschaft fuhr dann zum Einkaufen, und als er nach einer halben Stunde zurückkehrte, wunderte er sich, dass er seinen Sohn nirgends finden konnte. Dabei hatte der ihm gesagt, er brauche an diesem Tag nicht zur Arbeit, würde zu Hause bleiben und im Garten helfen. Die Kartoffeln mussten geerntet werden, das wollten sie zusammen tun.

Wir verschwendeten keine Zeit und leiteten eine große Suchaktion ein. Hubschrauber, Hundestaffel, Einheiten der Bereitschaftspolizei – wir versuchten zu mobilisieren, wen wir auf die Schnelle bekommen konnten. Sogar Taucher forderten wir an, nachdem ganz in der Nähe eines Weihers eine Tasche mit blutigen Kleidungsstücken gefunden worden war, die Bernd Kattschaft gehörte, wie uns sein Vater bestätigte. Es konnte sein, dass er sich im Wasser ertränkt hatte. Dann aber kam die Nachricht, er sei in einem Geschäft gesehen worden, wo er sich eine Wäscheleine gekauft habe. Wollte er sich erhängen?

Parallel versuchten wir in Erfahrung zu bringen, wen wir da eigentlich suchten – was für ein Mensch war das, der eine solche Tat begangen hatte? *Vermutlich* begangen hatte, denn noch war es nicht bewiesen. Aber durch seine Flucht machte er sich nicht weniger verdächtig.

Der Vater sagte, sein Sohn sei ein unkomplizierter Junge, der nie Schwierigkeiten gemacht und sich auch nie gegen seine Eltern aufgelehnt habe. Im Ort sei er sehr beliebt. Er mache bei der Freiwilligen Feuerwehr mit und beim Schützenverein und habe viele Freunde. Auch am Morgen, als er ihn geweckt habe, sei ihm nichts Ungewöhnliches aufgefallen. Er sei ganz normal gewesen, wie immer, eher ruhig, überhaupt nicht nervös oder verstört. Aber der das erzählte, war auch sein Vater. Kein Wunder, dass er uns ein ausgesucht positives Bild seines Sohnes präsentierte.

Bernd Kattschafts Bruder wusste immerhin zu berichten, dass der Verschwundene an dem Abend in der Gaststätte ganz schön gebechert haben musste. Bernds »Fahne« habe ihn am nächsten Morgen fast umgehauen, als er ihn wecken wollte, was ihm kaum gelungen sei. Zwei- oder dreimal sei er in sein Zimmer marschiert, jedes Mal habe er ihn wachgerüttelt, weil er annahm, er müsse zur Arbeit, doch sobald er sich umgedreht habe, sei sein Bruder sofort wieder eingenickt. Irgendwann habe er ihn einfach schlafen lassen.

Drei Stunden musste er danach noch geschlafen haben, dann hatte sein Vater den nächsten Weckversuch unternommen, diesmal mit Erfolg.

Ganz so harmlos, wie sein Vater ihn darstellte, schien Bernd Kattschaft allerdings nicht zu sein. Als wir Sibylle Schützach fragten, ob sie es für möglich halte, dass er ihre Mutter und ihre Schwester umgebracht habe, erinnerte sie sich an einen Vorfall aus ihrer Kindheit. Damals hatte Bernd Kattschaft einen Nachbarsjungen nackt an einen Baum gefesselt und mit einem Messer bedroht. Außerdem, sagte sie, sei im Ort seit Jahren bekannt, dass er sich gern Gewaltvideos anschaue.

Der Nachbarsjunge war inzwischen verzogen, aber seine Eltern lebten noch dort. Wir baten die Mutter zu einer Zeugenvernehmung. Sie konnte sich an jedes Detail erinnern, als wäre die Geschichte gestern erst geschehen: Es war im Herbst, fünf Tage nach dem Erntedankfest. Ihr Sohn war damals vier Jahre alt, Bernd Kattschaft fast acht. Zusammen mit einem anderen Jungen in Kattschafts Alter spielten sie an dem Nachmittag auf einer Wiese am Rand des Ortes. Auf der Wiese standen mehrere Obstbäume. Wobei »spielen« nicht das richtige Wort ist. Die beiden älteren Jungen zwangen den jüngeren, sich nackt auszuziehen. Dann banden sie ihn an einen Baum, zogen an seinem Penis und bewarfen ihn mit heruntergefallenen Äpfeln, von denen die meisten angefault und matschig waren. Sie trafen seinen Körper, aber auch seinen Kopf, der Junge weinte und bettelte, bis sie irgendwann aufhörten und ihn freiließen.

Ihr Sohn sei in Tränen aufgelöst nach Hause gekommen und habe sich in der folgenden Nacht mehrmals übergeben, erzählte die Mutter. Am nächsten Morgen fuhr sie mit ihm in ein Krankenhaus. Der Arzt dort diagnostizierte eine starke Gehirnerschütterung. Der Junge musste eine Woche zur Beobachtung in der Klinik bleiben.

»Haben Sie die Sache damals bei der Polizei zur Anzeige gebracht?«, fragten die Kollegen, die die Vernehmung durchführten.

Die Antwort der Frau: »Nein.«

»Gab es dafür einen Grund?«

»Das war schwierig, wir kannten die Familie Kattschaft halt sehr gut. Na ja, jeder im Ort kannte sie. Und dann war es eben auch so, dass Frau Kattschaft hochschwanger war. Manche Nachbarn meinten, die Aufregung könne ihr schaden. Ich will hier keine Namen nennen, aber einige von denen haben uns ganz schön unter Druck gesetzt. Das ging so weit, dass wir irgendwann Angst bekamen, auf unsere Firma – wir hatten einen kleinen Betrieb, eine Autowerkstatt – könnte ein Anschlag verübt werden.«

Und noch eine andere Geschichte über Bernd Kattschaft

bekamen wir zu hören, sie lag etwa zehn Jahre zurück. Erzählt wurde sie uns von einer jungen Frau, die in dem Ort aufgewachsen, in der Zwischenzeit aber nach Köln gezogen war. Sie hatte damals eine Disko besucht, die im Saal einer Gaststätte stattfand, wie das auf dem Land üblich war. Bernd Kattschaft war ebenfalls dort. Sie kannte ihn als Nachbarskind, hatte aber keinen besonderen Draht zu ihm und den ganzen Abend auch nichts mit ihm zu tun gehabt. Als die Disko zu Ende ging und sie aufbrechen wollte, fiel ihr auf, dass Kattschaft ganz schön in den Seilen hing. Zwar konnte er noch laufen, brauchte dafür aber die komplette Breite der Straße. Deshalb bot sie ihm an, ihn nach Hause zu bringen. Es war als nette Geste gemeint, sozusagen Nachbarschaftshilfe, damit er sicher zur elterlichen Haustür fand. Weit war es bis dorthin nicht, zehn Minuten Fußweg vielleicht – aber in seinem Zustand?

Bernd Kattschaft musste das Angebot gründlich missverstanden haben. Obwohl damals erst vierzehn oder fünfzehn, startete er gleich einen Annäherungsversuch und nahm die junge Frau in den Arm, was diese sofort ablehnte. Vor seiner Haustür verabschiedete sie sich, sie musste noch ein Stück weiter. Es war mitten in der Nacht, die Straße lag im Dunkeln. Auf einmal, sie ging gerade an einem Feldweg vorbei, stürzte sich jemand von der Seite auf sie, riss sie zu Boden. Sie erkannte sofort, dass es Kattschaft war. Sie wehrte sich, er rang mit ihr, presste sich auf ihren Körper, stöhnte angeblich auch. Erst als sie laut nach ihrem Vater rief – bis zum Haus der Eltern waren es nur wenige Schritte –, schien er zur Besinnung zu kommen. Er hörte auf und torkelte davon, so schnell er konnte. Aber auch die junge Frau zeigte ihn nicht an. Sie meinte, sie habe die Sache nicht überbewerten wollen, er sei eben betrunken gewesen.

Lange hielt sich Bernd Kattschaft nicht versteckt. Zwei Tage nach seiner Flucht erschien er mit seinen Eltern auf der Polizeiwache und stellte sich. Es war früh am Morgen, ich weiß noch, wie er mir das erste Mal gegenübersaß: ein muskulöser Typ, unrasiert, vor allem war er stumm. Er machte lediglich Angaben zu seiner Person. Ansonsten berief er sich darauf, erst einmal mit seinem Anwalt sprechen zu wollen. Wir konfrontierten ihn mit der Geldbörse, die am Tatort gefunden wurde und in der sein Personalausweis steckte. Dann mit der Tasche vom Weiher. Bei den blutbeschmierten Kleidungsstücken handelte es sich um welche von ihm und von beiden Opfern, als hätte er sie als Trophäen mitgenommen. Doch selbst damit ließ er sich nicht aus der Reserve locken. Manchmal wirkte er irritiert, man konnte förmlich sehen, wie es in seinem Hirn arbeitete. Aber er äußerte sich mit keiner Silbe zur Tat.

Wir versuchten es dann mit einem sogenannten informatorischen Gespräch, um die Atmosphäre etwas zu entkrampfen. Die wenigsten Täter waren eiskalte Killer, die es nicht juckte, jemanden umgebracht zu haben. Im Gegenteil, die Tat belastete sie oft enorm. Sie mussten die Sache erst einmal verdauen und begreifen, dass sich ihr Leben damit radikal geändert hatte. Da half es manchmal, wenn man nicht sofort mit einem strengen Verhör loslegte, sondern eine relativ ungezwungene Gesprächsatmosphäre schuf, soweit das unter diesen Vorzeichen halt möglich war. Es klappte nicht immer, dass man damit jemanden zum Sprechen bekam, aber einen Versuch schien es uns wert.

Im Unterschied zu Vernehmungen wurden informatorische Gespräche nicht aufgenommen. Man machte sich lediglich Notizen, die anschließend als Aktenvermerk zu den Unterlagen kamen. Vor Gericht wurden solche Aufzeichnungen unterschiedlich eingeschätzt. In der Regel wurde ihnen nicht die gleiche Wertigkeit beigemessen wie einer Vernehmung. Was sich schon daraus ergab, dass die Niederschrift einer Vernehmung hinterher vom Beschuldigten gelesen und unterschrieben und damit autorisiert wurde. Einen Aktenvermerk kriegte der Beschuldigte nicht zu sehen. Deshalb zweifelten Anwälte solche Aufzeichnungen schon aus Prinzip an.

Bernd Kattschaft sprudelte nicht los, aber immerhin bekam er seine Lippen überhaupt mal auseinander. Er erzählte, dass er sich am Abend vor der Tat in besagter Gaststätte aufgehalten hatte, dort mit ein paar anderen Karten spielte und Bier trank. Zwischendurch hatte er Kontakt zu anderen Gästen, ohne dass er diese namentlich nannte. Er meinte nur, er sei mal hier, mal da gewesen. Und dann folgte auch schon ein Satz, den wir noch häufiger zu hören bekommen sollten: »An mehr kann ich mich nicht erinnern.« Nicht, wie lange er in der Gaststätte gewesen war. Nicht, mit wem er sie verlassen hatte. Und auch nicht, wie er nach Hause gekommen war und um welche Uhrzeit. Sein Erinnerungsvermögen setzte erst wieder mit der Feststellung ein, er habe zu Hause geschlafen, das könne sein Vater bezeugen.

Er gab zwar zu, am nächsten Morgen Blut an seinen Schuhen und an den Kleidungsstücken entdeckt zu haben, die er abends getragen hatte, behauptete aber, nicht gewusst zu haben, woher das Blut stammte und wie es an seine Klamotten gekommen war. Und auch nicht, warum er Kleidung von den beiden Frauen eingesteckt hatte und warum diese blutig war. Er habe das Zeug nur so schnell wie möglich verschwinden lassen wollen, deshalb habe er sich aus dem Staub gemacht. Völlig planlos war er durch die Gegend geirrt, hatte unter freiem Himmel geschlafen, weder etwas gegessen noch getrunken. Die Tasche am Weiher erklärte er so: »Ich wollte sie versenken, das hat aber nicht geklappt, die kam immer wieder hoch.« Zur Tatnacht und zum Tatgeschehen machte er keine Angaben – außer der Feststellung: »An mehr kann ich mich nicht erinnern.«

Gegen Mittag versuchten wir es noch einmal, ihn zum Sprechen zu bewegen. Diesmal sollte es eine reguläre Vernehmung werden. Doch ich kam mit ihm über drei Fragen nicht hinaus:

Frage: »Herr Kattschaft, nachdem Sie mit Ihrem Anwalt gesprochen haben – sind Sie jetzt bereit, eine Aussage zu machen?«

Antwort: »Nein.«

Frage: »In unserem Gespräch vorhin, bei dem auch der zuständige Staatsanwalt anwesend war, haben Sie sich zu einigen Punkten, die Ihnen vorgeworfen werden, geäußert. Möchten Sie dazu noch mehr sagen?«

Antwort: »Nein.«

Frage: »Wollen Sie uns sonst noch irgendetwas mitteilen?«

Antwort: »Nein.«

Nach fünf Minuten ließen wir ihn in seine Zelle zurückbringen.

Eine ähnliche Begegnung erlebte ich zwei Wochen später,

nur dass wir Bernd Kattschaft diesmal in der Justizvollzugsanstalt aufsuchten. Der Haftrichter hatte Untersuchungshaft angeordnet – wegen des Verdachts des zweifachen Mordes in Tateinheit mit zweifacher Vergewaltigung.

Kattschaft schien blasser geworden, wirkte ansonsten aber nicht anders als bei unseren ersten Vernehmungsversuchen – nämlich so, als wüsste er ganz genau, wie viel er preisgeben durfte, um sich nicht mehr als nötig selbst zu belasten. Neu war, dass er sich auf seinen Anwalt berief: »Er sagt, ich soll mich dazu nicht äußern, bis er Akteneinsicht nehmen konnte.« Der Anwalt kam aus demselben Ort wie er. Kattschafts Eltern hatten ihn gebeten, ihrem Sohn zu helfen. Notfalls wollten sie eine Hypothek auf ihr Haus aufnehmen, um die Kosten begleichen zu können.

Wir mussten natürlich trotzdem versuchen, etwas aus ihm herauszubekommen. Wie üblich bei solchen Vernehmungen begannen wir mit den Angaben zur Person. Die musste er machen, dazu ist jeder Beschuldigte von Gesetzes wegen verpflichtet. Er legte los und wirkte geradezu redselig: Geboren in Essen. Umzug ins Bergische Land. Zwei Brüder, beide jünger. Drei Jahre Kindergarten, vier Grundschule, danach Hauptschule, Abschluss nach der neunten Klasse. Maschinenbaulehre drei Jahre, parallel Berufsschule, Gesellenprüfung mit »Sehr gut« bestanden. Dann zählte er die Arbeitsstellen auf, die er seitdem gehabt hatte. Zwischendurch gab es immer mal wieder Zeiten, in denen er arbeitslos gewesen war – natürlich nie durch eigene Schuld. Einmal war der Chef nicht zu ertragen, ein anderes Mal wurde ihm ein Diebstahl in die Schuhe geschoben, den er angeblich nicht begangen hatte. Geradezu mustergültig sah er sich in der Rolle als Sohn und

Bruder. Perfektes Verhältnis zu Mutter und Vater, das zu den Geschwistern nicht weniger gut. Sonst hätte er ja nicht mehr zu Hause gewohnt. So stellte er es dar. Außerdem müsse er die Eltern im Garten unterstützen, sein Vater sei körperlich nicht mehr gut beieinander.

Diese Selbstbeweihräucherung ging noch ein Weilchen weiter: Beliebt bei der Feuerwehr, im Schützenverein der Beste, hilfsbereit den Nachbarn gegenüber, ein Vorbild am Arbeitsplatz, nie Streit mit jemandem – in etwa so konnte man es zusammenfassen. Alles in allem: ein toller Hecht. Wenn nur die Hälfte von dem gestimmt hätte, was er uns auf die Nase band, hätten wir eigentlich auf die Knie fallen und ihn als Heiligen anbeten müssen. Ich übertreibe ein bisschen, aber selbst seine häufigen Kneipentouren, bei denen er oft kein Maß gefunden hatte, wie wir von anderen Leuten aus dem Ort wussten, deutete er um in: »Ich habe eine Menge Freunde und bin sehr gesellig, die Jungs haben viel Spaß mit mir.« Vielleicht hätte er Werbetexter werden sollen.

Nur mit den Mädels schien es nicht recht geklappt zu haben. Mit seinen fünfundzwanzig Jahren hatte er erst eine feste Freundin gehabt, und diese Beziehung lag schon einige Zeit zurück.

Fast eine Stunde hechelte er durch seinen Lebenslauf. Aber dann war plötzlich Schluss. Zu seinem Verhältnis zu Hildegard und Verena Schützach, zu dem Abend in der Gaststätte oder gar zu der Tat, die ihm zur Last gelegt wurde, verlor er kein einziges Wort. Da war nur noch Schweigen, als hätte er mit einem Mal die Sprache verloren.

Doch seine Taktik, ich nenne es mal so, änderte nichts daran, dass er wegen zweifachen Mordes und zweifacher Vergewaltigung angeklagt und sechs Monate später vor Gericht gestellt wurde. Die Beweislage war auch ohne sein Geständnis eindeutig. In der Anklageschrift stand, Bernd Kattschaft habe die beiden Frauen zur Befriedigung seines Geschlechtstriebes umgebracht.

Im Prozess vor der Großen Strafkammer des Landgerichts kam nicht viel Neues ans Licht. Der Angeklagte blieb seiner Linie treu. Sobald der Richter auf die Tat zu sprechen kam und sich mit einer Frage an ihn wandte, berief er sich auf seinen »Filmriss«. Das Einzige, was er zugab: dass er mit Hildegard Schützach in ihr Haus gegangen war und dort noch ein bisschen ihren Geburtstag gefeiert hatte. Wann es zum Streit kam und warum und was er danach mit ihr angestellt hatte und später mit ihrer Tochter? – Immer die gleiche Antwort: »Ich kann mich nicht erinnern.« Oder, leicht abgewandelt: »Ich weiß es nicht.« Letzteren Satz bekamen die Zuschauer im Gerichtssaal mindestens genauso oft zu hören. Sie registrierten ihn jedes Mal mit Unverständnis.

Der Staatsanwalt forderte lebenslänglich. Kattschafts Verteidiger, es hatte sich noch ein zweiter hinzugesellt, ein Experte für Strafrecht, was der andere nicht war, versuchten die Morde in Totschlag umzudeuten. Die Situation in dieser Nacht sei einfach eskaliert, argumentierten sie, ihr Mandant stark alkoholisiert gewesen und infolgedessen in eine Art Blutrausch geraten. Nach ihrem Verständnis war es eine Handlung im Affekt, also kein Mord.

Das Gericht sah die Wahrheit praktisch in der Mitte. Die erste Tat, der Hildegard Schützach zum Opfer gefallen war, wertete es tatsächlich als Totschlag, die zweite als Mord – zur Verdeckung einer Straftat.

Als strafmildernd wurde berücksichtigt, dass Bernd Kattschaft betrunken gewesen war. »Es ist der Alkohol, der die Katastrophe herbeigeführt hat«, sagte der Vorsitzende Richter, was mir etwas prophetisch erschien. Niemand konnte sagen, wie viel Kattschaft zur Tatzeit tatsächlich intus hatte. Als er sich stellte, war sein Rausch längst verflogen. Und die Aussage seines Bruders, er habe am nächsten Morgen eine gewaltige »Fahne« gehabt, bewies rein gar nichts. Selbst wenn die Angabe der Wirtsleute dazu, wie viel er bei ihnen in der Gaststätte konsumiert hatte, einigermaßen konkret ausgefallen wäre – was sie nicht war –, hätte man daraus nicht automatisch auf einen Vollrausch schließen können. Das hätte bestenfalls für eine Vermutung gereicht, ein Beweis wäre auch das nicht gewesen. Zumal Kattschaft ein geübter Kneipengänger war und Einiges vertragen haben dürfte.

Dass es keinen wirklichen Beweis für einen alkoholbedingten Blackout gab, konnte allerdings auch nicht gegen ihn verwendet werden. Wenngleich das Gerechtigkeitsempfinden vieler im Saal etwas anderes sagte. Doch für solche Fälle gab – und gibt – es nun einmal den Grundsatz: in *dubio pro reo* – im Zweifel für den Angeklagten. Also ging das Gericht zumindest bei der ersten Tat von verminderter Schuldfähigkeit aus.

Ein anderes strafmilderndes Moment, das die Richter ihm anrechneten, war sein Geständnis. Diese Auslegung fand ich ziemlich großzügig, schließlich endete sein sogenanntes Geständnis vor der Tat beziehungsweise den Taten. Über die sagte er bis zum Schluss nichts.

Sechs Verhandlungstage dauerte der Prozess, dann verkündete der Vorsitzende Richter das Urteil: zwölf Jahre Haft! Das Ausrufezeichen steht hier für die Höhe des Strafmaßes, die so ziemlich jedem im Gerichtssaal absurd erschien, absurd gering. Mir fiel am nächsten Tag fast die Zeitung aus der Hand, als ich davon las. Bei der Urteilsverkündung selbst war ich nicht dabei gewesen.

Die Richter werden ihre Gründe gehabt haben, nachvollziehen konnte ich ihr Urteil nicht. Bei guter Führung, dachte ich, wird er in acht Jahren wieder draußen sein. Genauso kam es dann auch.

Es ist natürlich nur eine Vermutung, aber ich glaube, Bernd Kattschaft hat die ganze Zeit gelogen – um mit einem möglichst milden Urteil davonzukommen.

Das war ein Punkt, der mich über die Jahre immer wieder beschäftigte. Der andere war die Frage: Wie lebt jemand mit dieser Schuld, wie kommt man damit zurecht? Diese Frage stellte ich mir bei anderen Tätern auch, aber bei Bernd Kattschaft irgendwie noch mehr. Dabei könnte ich gar nicht erklären, warum das so war. Und warum das so geblieben ist, bis heute.

Vielleicht nicht die klügste Entscheidung, den Dämonen der Vergangenheit nachzujagen. Aber ich dachte, ich müsste es tun, um die Sache ein für alle Mal abschließen zu können. Und da ich seit meiner Pensionierung genügend Zeit und auch die innere Ruhe habe, alte Dinge aufzuarbeiten, die mich beschäftigen, fuhr ich eines Tages einfach los – wie früher, zum Tatort.

Das Haus steht noch. Man erkennt es aber kaum mehr, da es neu verklinkert und mit einem anderen Dach versehen wurde. Ein Stück weiter, vor dem Haus, in dem damals Bernd Kattschaft wohnte, traf ich den jüngsten seiner Brüder. Ein freundlicher Mann, mit dem es sich gut plaudern ließ – bis ich ihm sagte, warum ich ihn angesprochen hatte. Er wusste nicht, wer ich war. Mit einem Mal wurde er einsilbig. Er wollte nicht, dass in der alten Geschichte wieder herumgerührt wurde. Er sei froh, dass die Leute die Sache vergessen hätten. Ich konnte ihn gut verstehen.

Nicht weit von dem Ort fand ich einen der damaligen Anwälte von Bernd Kattschaft. Er hatte seine Praxis bereits Jahre zuvor aufgegeben, war wie ich Pensionär, nur dass ihn das Alter härter bestraft hatte. Er war inzwischen an Alzheimer erkrankt. An guten Tagen, meinte er, leiste sein Langzeitgedächtnis noch ganz passable Dienste. An den alten Fall erinnerte er sich auf der Stelle, es sei der heftigste in seinem gesamten Berufsleben gewesen. Den Mandanten hatte er nicht nur vor Gericht verteidigt, sondern auch während der Haftzeit betreut, bis zu dessen vorzeitiger Entlassung nach etwas mehr als acht Jahren. Obwohl sich zwischen ihnen ein Vertrauensverhältnis entwickelt habe, in gewisser Weise, habe Kattschaft auch ihm nie verraten, was damals in der Nacht in dem Haus der Schützachs geschehen war.

Ich hatte vor meinem Ausflug in die Vergangenheit die alten Zeitungsartikel über den Fall noch einmal gelesen, auch über die Gerichtsverhandlung und die Tumulte, die nach der Urteilsverkündung im Saal ausgebrochen waren. Irgendwo stand, der Angeklagte hätte sich entschuldigt und Reue gezeigt. Das war mir neu, der Anwalt konnte sich auch nicht daran erinnern: »Von ihm kam kein Wort des Bedauerns, er hat auch nie Anstalten gemacht, sich zu entschuldigen. Aber kann man sich für so etwas überhaupt entschuldigen?« Als ich mich verabschiedete, brachte er mich zur Tür. Wir hatten uns schon die Hand gegeben, als er leise sagte: »Das Urteil war zu mild, er hätte eine höhere Strafe verdient gehabt.«

Auch Bernd Kattschaft stattete ich einen Besuch ab. Als ich vor ihm stand, meinte er, er wüsste, wer ich bin, er könne sich an mich erinnern. Ich war mir nicht sicher, ob das stimmte. Ich hatte ihm über seinen Bruder ausrichten lassen, dass ich gern mit ihm sprechen möchte, einfach so, um für mich ein paar Fragen zu klären. Er hatte sich darauf nie gemeldet, also war ich hingefahren. Ich wollte es wenigstens versucht haben. Dadurch habe ich eine ganze Menge darüber erfahren, wie er sich in seinem neuen Leben eingerichtet hat. Seine Familie, das Haus, der Beruf. Ich hatte sogar das Gefühl, dass er mit sich im Reinen ist. Wie man das schafft? Ich weiß es immer noch nicht.

Räuber

Die Männer warteten, bis das letzte Licht in dem Haus erloschen war. Sie waren zu zweit. Einer von ihnen hatte sich über das Nachbargrundstück in den Garten geschlichen, wo er sich hinter einem ausufernden Rhododendronstrauch versteckt hielt. Der andere hatte es etwas gemütlicher. Er saß in einem metallicgrauen Lieferwagen, der auf der Straße parkte. Die beiden hatten ihre Positionen nicht zufällig gewählt, und sie waren in dieser Nacht nicht das erste Mal dort. Daher wussten sie, dass sie von ihren Plätzen sämtliche Fenster auf der Vorder- und Rückseite des Hauses gut im Blick hatten. Sie waren von oben bis unten in Schwarz gekleidet. So fielen sie in der Nacht, bei dem, was sie taten, am wenigsten auf.

Das zweigeschossige Haus, das die beiden Männer beobachteten, lag in einem der besseren Wohnviertel, im Süden der Stadt, auf der linksrheinischen Seite. Die Gegend war geprägt von Villengrundstücken und Mehrfamilienhäusern in hochwertiger Bauart. Wer hier wohnte, ob als Hausbesitzer oder als Mieter, gehörte zu den Besserverdienenden. Oder er hatte eine Erbschaft gemacht, die ihn von finanziellen Sorgen befreite.

Es war ein lang gezogener, rotbrauner Klinkerbau, er stand am Anfang einer ruhigen Anliegerstraße. Innen war er in drei Wohnungen aufgeteilt, von denen die kleinste hundertdreißig Quadratmeter maß. Zwei der Wohnungen befanden sich im

Obergeschoss. In einer davon wohnte Mechthild Flagemann, eine rüstige Rentnerin, einundachtzig Jahre alt; sie war Witwe und lebte allein. Ihr gehörte das Haus, sie hatte es von ihrem Mann geerbt. Nebenan wohnte Mandy Bernshoff, zweiunddreißig Jahre, selbstständige Immobilienmaklerin. Auch sie hatte niemanden, mit dem sie sich die Wohnung teilte. Das Untergeschoss bewohnte Mechthild Flagemanns Tochter mit ihrem Mann und den beiden Kindern Louise und Aaron. Das Mädchen war vierzehn, ihr Bruder zwölf. An diesem Abend, beziehungsweise in dieser Nacht, waren die zwei allein zu Hause. Ihre Eltern, die gemeinsam ein Geschäft für exquisite Wohnaccessoires betrieben, hielten sich zu einer Geschäftsreise in London auf.

Mechthild Flagemanns Schlafzimmer befand sich auf der hinteren Seite des Gebäudes, zum Garten hin. Bevor die alte Dame zu Bett ging, nahm sie wie jeden Abend ihr Hörgerät aus dem Ohr, schaltete es ab und legte es auf den Nachttisch. Ohne das kleine Gerät war sie fast taub. Anschließend öffnete sie das Fenster – auch das ein Ritual, das sie allabendlich vollzog. Ob Winter oder Sommer, sie schlief nie bei geschlossenem Fenster.

Das war den beiden Männern, die draußen lauerten, offenbar nicht entgangen. Wochenlang waren sie Nacht für Nacht durch das Viertel gestreift, um nach offenen Kellerfenstern oder irgendwelchen anderen Einstiegsmöglichkeiten Ausschau zu halten.

Die Männer warteten noch eine gute Stunde. Als sie ihre Plätze verließen, war es fast zwei Uhr morgens. Nacheinander kletterten sie auf das betonierte Vordach der Terrasse, die in den Garten hineinragte und zur unteren Wohnung gehörte.

Der Aufstieg gelang ihnen relativ mühelos, da an einem der Pfeiler, die das Vordach stützten, eine recht robuste Rankhilfe für Pflanzen angebracht war, die sich fast wie eine Leiter benutzen ließ. Von dort aus war es nur noch eine Kleinigkeit, durch das offene Fenster einzusteigen. Mechthild Flagemann nahm die Geräusche, die die Männer verursachten, nicht wahr, und sie sah sie auch nicht kommen, denn sie schlief fest.

Noch ehe die Einundachtzigjährige begriff, was in ihrem Schlafzimmer vor sich ging, war sie an Armen und Beinen mit Kabelbindern gefesselt. Im gleichen Moment spürte sie, wie ihr jemand breites Klebeband – Gaffer Tape – über den Mund zog und festdrückte. In der Dunkelheit und ohne Brille erkannte sie kaum etwas. Sie sah nur, dass es zwei dunkle Gestalten waren, die sich über sie beugten. Ihre Gesichter waren unter Wollmasken verborgen. Dann sah sie gar nichts mehr, die Männer hatten ihr die Bettdecke über den Kopf gezogen.

Auch Mandy Bernshoff nebenan schlief. Sie wachte in dem Augenblick auf, als jemand gegen ihre Zimmertür schlug oder trat; so hörte es sich jedenfalls an. Sekunden später krachte wieder etwas dagegen, dass die Tür zu vibrieren schien. Die Zweiunddreißigjährige sprang aus dem Bett, lief in den Flur und stemmte sich mit ihrem Oberkörper gegen das Türblatt. Doch gegen die Kraft von außen hatte sie keine Chance. Die Männer wummerten so lange gegen das Holz, bis das Türschloss aus der Zarge brach und die Tür sich öffnen ließ.

Das Nächste, was Mandy Bernshoff spürte, war ein Schlag auf den Kopf, rechts oberhalb der Schläfe. Halb besinnungslos vor Schmerz sackte sie zu Boden, wurde aber gleich wieder von einem der Männer am linken Arm gepackt und hochgerissen. Die Wunde an ihrem Kopf blutete.

Die Männer brachten sie in die Wohnung von Mechthild Flagemann, in ein Gästezimmer, das selten benutzt wurde. Dort zwangen sie ihre Gefangene, sich aufs Bett zu legen, mit dem Gesicht nach unten. Sie fesselten ihr Arme und Beine, und wieder kam Gaffer Tape zum Einsatz, um ihr den Mund zu verschließen. Dann ließen sie von ihr ab und verschwanden. Das Ganze geschah im Dunkeln. Das einzige Licht kam von den Taschenlampen, die die Männer dabeihatten. Als die beiden sich entfernten, hörte Mandy Bernshoff, wie sie miteinander redeten – in einer Sprache, die sie nicht kannte.

Offenbar wussten die Eindringlinge, wie viele Personen sich im Haus aufhielten. Zielgerichtet steuerten sie die untere Wohnung an, verschafften sich auch dort gewaltsam Zutritt, um die nächsten Geiseln zu nehmen: die Enkelkinder von Mechthild Flagemann. Auch die fesselten und knebelten sie, aber erst nachdem sie sie mit vorgehaltenen Pistolen – beide Täter hatten eine – nach oben in die Wohnung ihrer Großmutter gedrängt hatten. Schließlich pferchten sie alle in das Gästezimmer, in dem sie schon Mandy Bernshoff gefangen hielten.

Bis dahin schien ihr Plan aufzugehen, doch dann geriet er ins Stocken. Sie durchsuchten die Wohnung, fanden aber nicht, was sie sich erhofft hatten, nirgends war ein Tresor zu sehen, und auf ein verstecktes Bargelddepot stießen sie auch nicht.

Sie kamen zu den Geiseln zurück und drohten Mechthild Flagemann, ihre Enkel zu erschießen, falls sie nicht verrate, wo sich der Tresor mit den Familienreichtümern befinde – sie wüssten ganz genau, dass es einen solchen gäbe. Wäre die Situation nicht so ernst gewesen, man hätte fast lachen können.

Denn die alte Frau war zwar über alle Maßen verängstigt, sie spürte, dass sie und die anderen in großer Gefahr schwebten. Sie sah ja auch die Pistolen, mit denen die Männer vor ihrem Gesicht herumfuchtelten. Nur verstand sie nicht, was die von ihr wollten. Und das im wahrsten Sinne des Wortes – ihr Hörgerät lag im Schlafzimmer.

Als die anderen die Gangster darauf hinwiesen, lief einer von denen los und holte es. Louise sollte es ihrer Großmutter einsetzen, doch sie wusste nicht, wie man das anstellte. Sie fummelte ein Weilchen herum, ohne dass sie es anstellte, es so hinzubekommen, dass es auch funktionierte. Irgendwann leuchtete den beiden Männern ein, dass es hilfreich wäre, Mechthild Flagemann von ihren Fesseln zu befreien, damit sie es selbst erledigen konnte.

Die Täter schienen fest davon überzeugt, dass die alte Dame irgendwo im Haus hundertfünfzigtausend Euro oder sogar noch mehr gebunkert hatte. Keine Ahnung, wie sie auf diese Summe kamen und woher sie diese Information hatten. Mechthild Flagemann bot ihnen ihre Kreditkarte an und verriet, in welchem Schrank sie ihren Schmuck aufbewahrte, der einiges wert war – mit einer großen Summe Geld allerdings konnte sie nicht dienen. Sie hatte eine kleine Reserve zu Hause, fünfhundert Euro, die in ihrer Küche ganz klassisch in einer alten Kaffeedose steckten, mehr aber auch nicht.

Die schnappten sich die beiden Männer, wollten aber nicht akzeptieren, dass das ihre ganze Beute sein sollte. Immer wieder drohten sie, den Kindern etwas anzutun und so lange zu bleiben, bis die alte Dame das Geld herausrückte.

Stunden vergingen. Die Täter durchsuchten alle Zimmer im Haus, und wahrscheinlich jedes zweimal. Auch den Keller durchforsteten sie. Doch irgendwann gaben sie auf und verschwanden. Draußen dämmerte es bereits, vielleicht war das der Grund.

Die Gefangenen saßen noch einige Zeit gefesselt in dem Gästezimmer, bis es dem Jüngsten gelang, wenigstens die Beine freizubekommen. Er lief in die Küche und fingerte geschickt eine Schere aus einem Schubfach. Damit befreiten sie sich gegenseitig. Anschließend wurden wir alarmiert. Also, erst die Kollegen der Schutzpolizei, dann wir.

Ich war damals Leiter des Raubdezernats. Wir wurden sofort hellhörig, als uns erst Mandy Bernshoff und dann Mechthild Flagemann, die nach dem Überfall mit einem Schock und Herzproblemen ins Krankenhaus gebracht werden musste, schilderten, wie die Täter vorgegangen waren. Der Modus Operandi kam uns nur allzu bekannt vor. Es waren noch keine zwei Wochen vergangen, als uns ein ähnlicher Fall gemeldet worden war. Er hatte sich ganz in der Nähe zugetragen, im selben Stadtviertel, lediglich ein paar Straßen weiter, Luftlinie vielleicht fünfhundert Meter entfernt. Auch da waren es zwei Täter gewesen, zwei Männer, komplett in Schwarz gekleidet. Sollte das Zufall gewesen sein?

Als Polizist hatte ich aufgehört, an Zufälle zu glauben, jedenfalls an solche.

Einen Unterschied gab es allerdings: In dem anderen Fall war es eine Firma gewesen, in die die Täter eingedrungen waren. Genauer gesagt: eine Firma, die außer über Büros zugleich über einige Wohnungen verfügte, die sich im selben Haus befanden. Die Büros und Wohnungen waren über Flure miteinander verbunden, alles hing irgendwie zusammen. In den Wohnungen wurden ausnahmslos Firmenbeschäftigte einquartiert, von denen die meisten aus Osteuropa stammten. Zur Tatzeit war aber nur eine davon belegt.

Und die Täter waren noch eine Spur dreister vorgegangen: Sie kamen gegen zwei Uhr nachts, brachen ein Fenster im Keller auf und stiegen in das Gebäude ein. Möglicherweise hatten sie nicht damit gerechnet, dort unten jemandem zu begegnen, aber eine der besagten Unterkünfte befand sich im Keller. Die junge Frau, die darin wohnte, wurde vom Lärm aufgeschreckt, wollte nachschauen, was geschehen war, und stand plötzlich im Halbdunkel vor zwei maskierten Gestalten, die sie beide um etwa einen Kopf überragten und auch sonst alles andere als schmächtig wirkten. Ehe sich die Sechsundzwanzigjährige versah, hatten sie sie geschnappt, zurück in ihr Bett verfrachtet, Arme und Beine mit Kabelbindern gefesselt und ihr den Mund mit Gaffer Tape »versiegelt«.

Die beiden Männer schätzten die Befugnisse ihres Opfers allerdings völlig falsch ein. Sie wollten nicht nur, dass sie ihnen zeigte, wo sich der Firmentresor verbarg. Sie sollte ihnen auch den Code verraten, mit dem dieser zu öffnen war. Beides wusste sie aber gar nicht. Sie arbeitete erst seit wenigen Tagen in der Firma und hatte auch keine so herausgehobene Position, dass man ihr gleich solche Geheimnisse anvertraut hätte. Da die Männer ihr das nicht glaubten und vermutlich auch, um ihr zu zeigen, dass sie harte Jungs waren, mit denen man keine Spielchen trieb, zerriss ihr einer der Täter den Slip, den sie unter ihrem Nachthemd trug, griff mit der Hand zwischen ihre Beine und schob ihr zwei Finger in die Scheide. Erst als ihr Opfer trotz dieser Demütigung weiter behauptete, weder das eine noch das andere zu wissen, schien ihnen zu dämmern, dass sie auf dem Holzweg waren.

Anschließend gingen die Täter zur Arbeitsteilung über. Während einer bei der jungen Frau blieb, um sie zu bewachen, »arbeitete« sich der andere durch die Firma, durchstöberte ein Zimmer nach dem anderen, in der Hoffnung, irgendwo auf einen Tresor zu stoßen oder auf eine Geldkassette, die sich zu knacken lohnte – falls sich kein Schlüssel dazu fand, was ihnen natürlich noch lieber gewesen wäre.

Die zwei Ganoven ließen sich Zeit. Als am Morgen gegen sechs Uhr jemand von der Putzkolonne anrückte, waren sie immer noch im Gebäude. Die Reinigungskraft, eine Tschechin Mitte vierzig, hatte kaum die Eingangstür hinter sich geschlossen, als sie mit dem kalten Lauf einer Pistole begrüßt wurde, den ihr einer der Männer an die Schläfe drückte. Ohne die Waffe wieder herunterzunehmen, dirigierte er die Frau, die kaum zu atmen wagte, in das Zimmer, in dem sein Komplize die Angestellte bewachte. Wieder Kabelbinder, wieder Gaffer Tape – jedes Mal das gleiche Prozedere.

Daran hielten die beiden auch fest, als die nächsten Firmenangestellten eintrudelten; inzwischen ging es auf acht Uhr zu. Wobei man dazusagen muss, dass es kein allzu großes Unternehmen war. Die Zahl der Festbeschäftigten beschränkte sich auf zehn, höchstens zwölf, soweit ich mich erinnern kann. Davon waren die Hälfte Vertriebsleute, also meistens unterwegs. Die Nächste, die eintraf, war die Sekretärin des Geschäftsführers. Kurz darauf erschien der Prokurist. Die beiden waren ein Paar. Sie wären auch zur gleichen Zeit durch die Tür marschiert, hätte der Prokurist nicht in dem Augenblick, als er aus dem Auto gestiegen war, einen Anruf auf seinem Handy erhalten. Er zog es vor, das Gespräch draußen zu erledigen. Das gab ihm die Möglichkeit, nebenbei noch eine Zigarette zu rauchen, was in den Büros nicht erlaubt war.

Vermutlich wären die zwei Maskierten längst verschwunden gewesen, hätte sich ihr Raubzug als lohnenswert herausgestellt. So aber lauerte einer von ihnen hinter der Eingangstür und empfing einen Mitarbeiter nach dem anderen mit der Pistole in der Hand. Drei kamen noch. Alle wurden in das eine Zimmer verfrachtet und dort als Geiseln festgehalten. Dass die Firma tatsächlich über einen Tresor verfügte, hatten die Täter inzwischen herausgefunden. Sie wussten auch, wo er stand. Jetzt fehlte ihnen nur noch der Code. Aber den kannte keiner, nur der Chef, und der war im Urlaub, irgendwo auf einer karibischen Insel. Seine Sekretärin wurde gezwungen, ihn anzurufen. Drei- oder viermal wählte sie seine Nummer, innerhalb einer halben Stunde. Aber es kam keine Verbindung zustande.

Irgendwann müssen die Täter die Aussichtslosigkeit ihres Vorhabens erkannt haben. Vielleicht wurden sie auch langsam müde, immerhin waren sie seit über sechs Stunden in dem Haus zugange. Um nicht völlig leer auszugehen, knöpften sie den Geiseln sämtliches Bargeld ab und zwangen sie, ihre Kredit- und EC-Karten mit den dazugehörigen PIN-Nummern herauszurücken. Als der Prokurist Anstalten machte, sich ihren Anweisungen zu widersetzen, zog ihm einer der Männer sofort den Griff seiner Pistole über den Schädel.

Danach verließen die beiden Gangster das Zimmer, verriegelten die Tür von außen und machten sich aus dem Staub. Die Eingesperrten brauchten eine Weile, aber irgendwie gelang es ihnen, sich zu befreien, erst von den Fesseln, dann aus ihrem Verlies. Da sie nicht wussten, ob sich die Männer noch in dem Gebäude aufhielten, kletterten sie aus dem Fenster, einer nach dem anderen. Draußen rief der Prokurist sofort die Polizei. Unten im Keller hatte er keine Verbindung gehabt.

Wir waren keine Propheten, aber dass wir es hier mit denselben Tätern zu tun hatten – daran gab es kaum etwas zu deuteln. Bei den Ermittlungen half uns, dass sie – obwohl sie maskiert waren und Handschuhe trugen – Spuren hinterlassen hatten. Keine Unmengen, aber dennoch brauchbare Spuren. Am ersten Tatort, in der Firma, zum Beispiel eine Zigarettenkippe, an der DNA-Material nachgewiesen werden konnte. Ein klassischer Fehler, den man von einem Profi nicht unbedingt erwartete. Wahrscheinlich hatten sie nicht damit gerechnet, dass wir bei der Tatortarbeit dermaßen gründlich vorgingen. Aber darauf legte ich immer großen Wert. Es war damals nicht üblich, dass bei Raubdelikten der Erkennungsdienst den Tatort unter die Lupe nahm. Normalerweise erledigten das Kollegen vom Kriminaldauerdienst. Die bemühten sich zwar auch, sie waren auf dem Gebiet nur keine Profis, nicht im Vergleich zu den Spezialisten vom Erkennungsdienst. Es kann sein, dass ich mich damit nicht beliebt machte, trotzdem versuchte ich bei größeren Raubstraftaten immer, ein Team von ihnen zum Tatort zu bekommen. Meistens zahlte sich das aus, in dem Fall auch. Neben der Zigarettenkippe stöberten die Kollegen im Mülleimer in der Küche einen Wegwerfbecher aus Plastik auf, der ebenfalls mit DNA-Material behaftet war. Während an der Kippe im Labor eine sogenannte Mischspur identifiziert wurde, also DNA-Material von mehreren Personen, das sich teilweise überlagerte, stammte die Spur am Plastikbecher von nur einer.

Die DNA-Analysen dauerten einige Zeit. Bevor wir die Ergebnisse bekamen, versuchten wir, aus unserer Täterdatei diejenigen herauszufiltern, die in ein bestimmtes Raster passten. Die Kriterien für dieses Raster ergaben sich unter anderem aus der Täterbeschreibung, dem Modus Operandi und der Tatörtlichkeit. Wir gingen davon aus, dass sich die Täter in der Gegend auskannten und spekulierten darauf, dass sie dort schon einmal zugeschlagen hatten und dass das wiederum bei uns aktenkundig war. Allerdings zogen wir nicht nur Akten von Tätern heran, die mit Raubdelikten aufgefallen waren, sondern nahmen auch die hinzu, die unter Einbruchs- und Sexualstraftaten gespeichert waren.

Das Raster wurde dann immer weiter verfeinert, erst nach Größe, Alter und Herkunft der Täter, später wurden auch die ausgesiebt, die bisher nicht mit einer hohen kriminellen Energie in Erscheinung getreten waren. Wobei es nicht allein um die Schwere einer Verletzung ging, die sie ihrem Opfer – oder ihren Opfern – zugefügt hatten, sondern eher darum, wie niedrig bei ihnen die Hemmschwelle war, überhaupt Gewalt anzuwenden.

Am Ende blieb eine Auswahl von elf Personen, die ziemlich gut in das Schema passten. Was aber das Entscheidende war: Von diesen Personen besaßen wir DNA-Material, das wir mit dem am Tatort sichergestellten abgleichen lassen konnten.

Und tatsächlich, wir landeten einen Treffer! Ein Algerier, achtundzwanzig Jahre alt, ohne festen Wohnsitz. Sein DNA-Material befand sich sowohl an der Zigarettenkippe – dort war sie Teil der Mischspur – als auch an dem Plastikbecher. Die Kabelbinder und Gaffer-Tape-Reste wiesen keine Spuren von ihm auf, aber die hatte er vermutlich auch nur mit Handschuhen angefasst.

So gründlich am Tatort nach Spuren gesucht und so aufwendig die DNA-Analyse betrieben wurde, vom zweiten Täter fand sich nirgends etwas. Und der andere, der Algerier, wartete nicht gerade darauf, von uns festgenommen zu werden. Einen Haftbefehl gegen ihn zu erwirken, war keine Hürde. Bei den Beweisen zögerte der zuständige Richter beim Amtsgericht keine Sekunde. Nur hatten wir nicht die blasseste Ahnung, wo sich der Beschuldigte aufhielt.

Da die Beute bei beiden Raubzügen relativ gering ausgefallen war, die Täter also kaum zufrieden sein konnten, war es nicht ausgeschlossen, dass sie in absehbarer Zeit ein drittes Mal zuschlugen. Die Chance, sie dabei auf frischer Tat zu ertappen, war nicht unbedingt riesig, einen Versuch schien es uns dennoch wert. Zwei Wochen gaben wir uns, das war in etwa der Abstand zwischen der ersten und zweiten Tat. So lange kurvten jede Nacht mehrere Zivilstreifen durch das Viertel – ohne Erfolg.

Genauso unergiebig verliefen mehrere Fahndungsaufrufe, und auch die Leute in der Nachbarschaft, die wir befragten, konnten keine sachdienlichen Hinweise geben.

TKÜ war diesmal das Zauberwort – Telekommunikationsüberwachung. Telefonanschlüsse überwachen, SMS und E-Mails lesen, Telefonate live mithören, Handys orten … technisch war so ziemlich alles machbar. Um das komplette Spektrum der Möglichkeiten ausreizen zu können, fehlten uns hier nur leider die erforderlichen Informationen. Sicherlich besaß der Gesuchte ein Handy, damit wäre es kein Problem gewesen, seinen Aufenthaltsort zu lokalisieren. Doch dafür hätten wir die Handynummer wissen müssen. Uns blieb nur, die Festnetztelefone seiner Verwandten anzuzapfen, soweit diese in Deutschland lebten und uns bekannt waren. Viele gab es nicht, und es dauerte eine Weile, aber eines Tages schnappten wir eine Verabredung auf, die er mit seinem Cousin ausmachte. Der wohnte in Kalk, gar nicht weit entfernt vom Polizeipräsidium. Als er kurz vor Mitternacht die Wohnung des Cousins wieder verließ, wartete vor dem Haus bereits ein Begrüßungskomitee von uns.

Straftäter sind mir grundsätzlich nicht sympathisch, aber der Algerier übertrieb es. Dass er als Beschuldigter in den Vernehmungen von seinem Aussageverweigerungsrecht Gebrauch machte, damit mussten wir leben, das stand ihm zu. Wenn er wenigstens seine Klappe gehalten hätte, doch er fluchte ohne Unterlass und beschimpfte uns als Nazis, wir würden Ausländer hassen, die völlig unschuldig seien – wie er.

Er wanderte dann auf dem direkten Weg in die Justizvollzugsanstalt nach Ossendorf. Untersuchungshaft. Dort muss er sich noch schlimmer aufgeführt haben. Wir hörten später, er sei mehrfach gegen Wärter verbal aggressiv und auch handgreiflich geworden. Daraufhin hatten sie ihn in ein Gefängnis im Rheinland verlegt, wo er genauso weitermachte, bis er schließlich in Isolationshaft landete. Anders bekamen sie ihn offenbar nicht gebändigt.

Bevor der Prozess begann, trugen wir noch mehr Beweise gegen ihn zusammen. Da er offiziell keinen festen Wohnsitz hatte, nirgendwo angemeldet war, interessierte uns vor allem, wo er die ganze Zeit untergeschlüpft war. Eine Spur führte zur Wohnung eines Landsmannes von ihm. Dessen Handy hatte er benutzt, um mit seinen Eltern zu telefonieren. Der Landsmann könnte auch sein Komplize gewesen sein. Diese

Vermutung drängte sich geradezu auf. Die Täterbeschreibung von den Opfern passte auf ihn. Aber da keiner sein Gesicht gesehen hatte, passte sie auf viele. Er selbst bestritt, mit den Taten irgendetwas zu tun zu haben. Und das Gegenteil konnten wir ihm nicht beweisen, nicht einmal nachdem wir seine Wohnung durchsucht hatten.

Auch bei den Eltern und anderen Bekannten des Algeriers wurden wir nicht fündig. Aber dann tauchte ein Hinweis auf eine Frau auf, die irgendjemand aus dem Dunstkreis als seine Freundin bezeichnete, wahrscheinlich war das demjenigen nur herausgerutscht. Wir überprüften den Namen und fanden eine Anschrift dazu. Bevor wir an der Tür klingelten, hatten wir uns einen Durchsuchungsbeschluss besorgt.

Die junge Frau, sie war Anfang zwanzig und sah aus wie sechzehn, mimte die Unschuld vom Lande. Sie habe keinen Freund, wer, bitteschön, soll dieser Algerier sein? Nein, den kenne sie nicht, nie gesehen. Und mit irgendwelchen Raubüberfällen habe sie erst recht nichts zu tun. Man sah, dass es ihr nicht passte – wir schauten uns trotzdem in ihrer Wohnung um. Und siehe da: Im Schlafzimmer war eine Sporttasche unters Bett gequetscht. Sie ähnelte verdächtig der, die uns Mandy Bernshoff beschrieben hatte, die Immobilienmaklerin, die im Haus von Mechthild Flagemann wohnte. Natürlich konnte sich die junge Frau weder erklären, wie die Tasche dorthin gelangt war noch wem sie gehörte. Ihr jedenfalls nicht, schwor sie hoch und heilig.

In der Tasche fanden wir eine schwarze Jeans, einen Pullover in der gleichen Farbe und Turnschuhe, deren ursprüngliches Weiß jemand mit Mattschwarz überpinselt hatte. Besonders schick sah das nicht aus, aber darum war es dem Besitzer wohl nicht gegangen. Uns interessierten auch mehr das Fabrikat der Schuhe und ihre Sohlen. In der Küche von Mandy Bernshoff, auf dem Fliesenboden, hatten die Kollegen vom Erkennungsdienst einen Schuhabdruck sichern können. Wie sich zeigen sollte, war er von einem Schuh derselben Marke hinterlassen worden, und auch die Größe stimmte überein.

Man glaubt gar nicht, wie viel das an sich unscheinbare Profil eines durchschnittlichen Schuhs verraten kann. Eine der aufwendigsten Schuhspurenanalysen hatte ich beim Fall Bernd Kattschaft, der Mutter und Tochter Schützach getötet hatte, erlebt. In dem Haus, in dem die beiden Frauen starben, war ein einziger brauchbarer Schuhabdruck sichergestellt worden. Durch einen Vergleich mit verschiedenen Schuhsohlen konnte man nicht nur feststellen, von welcher Marke der Schuh stammte, der den Abdruck hinterlassen hatte, sondern auch, um welches Modell es sich handelte – und sogar, in welchem Zeitraum dieses hergestellt worden war. Kattschaft hatte bei der Tat Turnschuhe eines bekannten Sportartikelherstellers getragen. Ich habe keine Vorstellung, wie viele Hunderttausend damals allein von diesem einen Modell unters Volk gebracht wurden. Für einen Laien sah die Sohle wie die meisten anderen dieser Marke aus. Doch beim Bundeskriminalamt gab es Experten, die Schuhprofile regelrecht lesen konnten. Ihnen fielen die winzigsten Unterschiede auf, bis hin zur Anordnung von Luftbläschen, sogenannten Werkstofflücken, die bei der Produktion im Material entstanden waren.

So weit trieben wir es bei dem Algerier allerdings nicht. Das war auch gar nicht notwendig, da wir die DNA-Spuren hatten. In dem Fall genügte es zu wissen, dass die Abdrücke am

Tatort von Schuhen der gleichen Marke und Größe stammten wie die in der Sporttasche.

Aber das war noch nicht der ganze Inhalt. In einem Seitenfach entdeckten wir – verstaut in einem Lederbeutel – eine Pistole, Kaliber 9 Millimeter. Und eine Packung Patronen, die dazu passten. Dass die junge Frau vorgab, auch von der Waffe nichts zu wissen, war dann keine große Überraschung mehr.

Wir ermittelten noch eine ganze Reihe von Personen, die im engen Kontakt mit dem Algerier standen. Hauptsächlich junge Männer, Landsleute. Es war mehr als offensichtlich, dass sie ihren Lebensunterhalt nicht auf legale Weise bestritten. Keiner von ihnen hatte einen normalen Arbeitsplatz. Aber es schien auch keinem von ihnen finanziell schlecht zu gehen. Sie fuhren Mercedes oder BMW und davon nicht die ältesten Modelle, und nicht die kleinsten. Und jeder hatte sofort die Nummer eines Anwalts parat, sobald wir das Wort »Vernehmung« auch nur andeuteten. Hätte es noch DNA-Spuren von den Tatorten gegeben, die sich einem von ihnen hätten zuordnen lassen, wir hätten eingreifen können – aber so?

Was den möglichen Mittäter des Algeriers anging, kamen wir einfach nicht weiter. Ob er immer noch frei herumläuft, kann ich nicht sagen. Für die beiden Taten wurde er jedenfalls nie bestraft, was mich bis heute wurmt. Zu verdanken hatte er das auch dem Algerier, der selbst nach Monaten in Haft seinen Komplizen nicht verpfiff. Und der das auch später nicht tat, als er vor Gericht gestellt und wegen zweifachen schweren Raubes zu acht Jahren verknackt wurde.

Was mich während meiner Zeit im Raubdezernat immer wieder aufs Neue erschütterte, war die Brutalität, mit der manche Täter vorgingen. Wenn jemand gewalttätig wurde, um an eine bestimmte Beute heranzukommen, sich dieser zu bemächtigen, war das ein Verbrechen, das man nur zutiefst verurteilen konnte. Aber wie steigerte sich mein Abscheu erst, wenn ein Täter Gewalt anwendete, obwohl er seine Beute längst sicher hatte und es auch sonst nichts gab, was ihn in seinem Tun hätte aufhalten können. Solche Fälle machten mich jedes Mal fassungslos. Einer ist mir besonders in Erinnerung geblieben.

Es geschah am Anfang meiner Zeit beim Raubdezernat, irgendwann im Spätherbst; die Tage waren schon ziemlich kurz, es wurde früh dunkel. Ich hatte bereits Feierabend, der Anruf erreichte mich zu Hause. Es muss deutlich nach zwanzig Uhr gewesen sein, die *Tagesschau* war vorbei. Als Kommissariatsleiter hätte ich mich mit der Information über die Tat begnügen und alles Weitere am nächsten Tag in den Akten nachlesen können. Aber so verstand ich meinen Job nicht. Seit meiner Zeit beim KK 11 war es für mich eine Selbstverständlichkeit, stets erreichbar zu sein und mich bei größeren Fällen selbst vor Ort blicken zu lassen.

Ich setzte mich also ins Auto und fuhr zum Tatort. Die Gegend war nicht ganz so vornehm wie bei den anderen beiden Fällen, aber immer noch eine von den besten, die Köln zu bieten hatte.

Es war eine zweigeschossige Villa mit geradezu feudalem Eingangsportal. Breiter Treppenaufgang, seitlich zwei Sandsteinsäulen wie übergroße Wachsoldaten, darüber ein Vordach mit Stuckarbeiten im Frontbereich. Und innen vier Wohnungen, zwei rechts vom Treppenhaus, zwei links davon, jede breitete sich auf etwa zweihundert Quadratmetern aus. Die im oberen Geschoss verfügten über umlaufende Balkone.

Das parkähnliche Grundstück wurde zur Straße hin von einer Ligusterhecke begrenzt, die so dicht und hoch gewachsen war, dass man in die Fenster der Parterrewohnungen nicht hineinschauen konnte – in die darüber jedoch schon. Zumindest sah man, ob in den Zimmern Licht brannte.

In einer der beiden oberen Wohnungen, die auf der linken Seite, wenn man vor dem Haus stand, wohnte Elisabeth Cordhammer. Die Sechsundachtzigjährige entstammte einer Kaufmannsfamilie, die es zu einigem Wohlstand gebracht hatte. Ihre Vorfahren waren Adlige gewesen, doch sie hatte bei ihrer Hochzeit den Namen ihres Mannes – eines Bürgerlichen – angenommen und auf das »von« verzichtet. Das lag lange zurück, über fünfzig Jahre. Ihr Mann war inzwischen gestorben. Die Frau hatte drei Söhne, zwei lebten mit ihren Familien im Ausland, einer in den USA, der andere in Belgien. Nur der jüngste war in Köln geblieben. Er besuchte seine Mutter regelmäßig, in der Woche kam er allein, am Wochenende mit der Familie. Außerdem gab es eine Zugehfrau, die täglich erschien und sich um den Haushalt kümmerte, auch das Mittagessen zubereitete. Sie blieb meistens bis sechzehn Uhr. Mehr Hilfe brauchte Elisabeth Cordhammer nicht, trotz ihres hohen Alters war sie körperlich und geistig gut beieinander. Außer ihre Ohren, die wurden immer schlechter. Ein Hörgerät hätte ihr gutgetan, aber dazu konnte ihr Sohn sie nicht überreden.

Die Wohnung hatte sechs oder sieben Zimmer, die durchweg überaus stilvoll eingerichtet waren: edle antike Möbel, echte Gemälde an den Wänden und auf den Dielenböden Perserteppiche von ausgesuchter Qualität. Von Letzteren verstand ich ein bisschen was, seit ich beim Einbruchsdezernat gearbeitet hatte. Dort waren gestohlene Orientteppiche sozusagen mein Spezialgebiet gewesen. Zum Beispiel wusste ich, dass solche Teppiche dann besonders wertvoll waren, wenn sie über fünfhunderttausend Knoten pro Quadratmeter aufwiesen. Ab einer Million Knoten waren sie vom Feinsten, dann musste man schon sehr genau hinschauen, um die Vorderseite von der Rückseite unterscheiden zu können.

Außer den Zimmern in der Wohnung gab es noch zwei Bäder und eine Küche mit Vorratskammer. Man brauchte beinahe einen Kompass, um sich in diesem Labyrinth nicht zu verirren – so viele Türen! Manche Zimmer gingen ineinander über, andere wurden zur Sackgasse. Ich war eigentlich immer stolz auf meine Orientierungsfähigkeit. An dem Abend aber hatte ich Mühe, mich zurechtzufinden.

Elisabeth Cordhammer war nicht mehr in der Wohnung, als ich eintraf. Ein Notarzt hatte sie versorgt und anschließend in ein Krankenhaus bringen lassen. Der Sechsundachtzigjährigen ging es ziemlich schlecht, wie man mir sagte. Die Täter hatten sie schlimm zugerichtet, dazu der Schock; sie schwebte aber nicht in Lebensgefahr.

Ein Beamter aus meinem Kommissariat, der die Ermittlungen übernommen hatte, führte mich ins Wohnzimmer. Im Gegensatz zu den meisten anderen Räumen, die so akkurat aufgeräumt waren, dass es fast wirkte, als würde man ein Museum betreten, sah es darin aus wie nach einem Wirbelsturm. Schranktüren standen offen, sämtliche Schubladen des Aufsatzschrankes, der neben der Couch thronte, waren herausgezogen, Tischwäsche lag verstreut auf dem Boden. Links neben der doppelflügeligen Tür stand eine Kommode, Biedermeier, vermutete ich, wobei ich dafür kein Experte war. Darauf hatte die alte Dame etwa zwei Dutzend Bilderrahmen mit Fotos von Familienangehörigen gestellt. Die Bilder waren alle umgekippt, einige auf den Boden geschleudert worden, wo das Glas zersplittert war.

Im Schlafzimmer, das zwei Türen weiter lag, bot sich uns ein kaum weniger wüster Anblick.

Auch in diesem Fall waren zwei Männer durch ein Fenster eingestiegen, nur dass es hier das Küchenfenster war, das auf Kipp gestanden hatte und von ihnen aufgehebelt wurde. Elisabeth Cordhammer hatte derweil in ihrem Fernsehzimmer gesessen und das Abendprogramm verfolgt, es lief irgendeine Spiel- oder Rateshow.

Dazu sollte ich erklären, dass das Fernsehzimmer im mittleren Teil der Wohnung lag, umgeben von den anderen Räumen. Es hatte zwei Türen, aber kein Fenster. In dem Zimmer standen ein Sessel, ein Sofa, davor ein kleiner Abstelltisch und an der Wand gegenüber, auf einer Kommode, ein Fernseher. Der Fernseher war recht groß, zwischen ihm und dem Sessel, in dem es sich die Sechsundachtzigjährige bequem gemacht hatte, lagen knapp drei Meter. Der Sessel hatte eine hohe Lehne, er stand mit der Rückseite zu einer der beiden Türen. Der Fernseher war so laut gestellt, dass es einem, der gute Ohren hatte, fast schon wehgetan hätte. Aber anders hätte die Frau nichts gehört.

Die Täter konnten ungestört die anderen Zimmer durchforsten und alles einpacken, was ihnen wertvoll erschien. Hauptsächlich waren sie auf Schmuck und Bargeld aus. Davon fanden sie eine ganze Menge. Zusätzlich griffen sie sich einige Kunstgegenstände und steckten sie ein, darunter zwei Skulpturen aus Bronze und drei antike Kerzenständer, die mit Gold überzogen waren. Der Wert ihrer Beute belief sich geschätzt auf über zweihunderttausend Euro. Bei dem Schmuck handelte es sich vornehmlich um Erbstücke, die sich seit Generationen im Besitz der Familie befunden hatten. Niemand konnte sagen, welcher Wert genau ihnen zuzuschreiben war. Der ideelle für die Eigentümerin dürfte unbezahlbar gewesen sein.

Bis zu diesem Moment wäre es ein Einbruch gewesen. Doch dann machten die Täter etwas, wofür keiner von uns eine Erklärung fand. Sie hatten, was sie wollten. Es wäre ein Leichtes gewesen, die Beute zu nehmen und aus der Wohnung zu verschwinden. Wahrscheinlich hätten sie die Villa sogar ganz bequem über das Treppenhaus verlassen können, ohne dass ihnen jemand in die Quere gekommen wäre.

Doch stattdessen nahmen sie Kurs aufs Fernsehzimmer, schlichen sich von hinten an den Sessel heran, in dem Elisabeth Cordhammer eingedämmert war, und versetzten ihr einen Schlag auf den Kopf. Anschließend schlangen sie ihr den Gürtel ihres Morgenmantels, den sie aus dem Schlafzimmer mitgebracht hatten, um den Hals und drosselten sie, auch das von hinten, wie sich später bei der Untersuchung der Verletzungen zeigte.

Die Frau überlebte. Sie wurde kurz darauf von ihrem Sohn gefunden, der nach ihr schauen wollte. Als hätte er geahnt, dass ihr etwas zugestoßen war. Es war auch der Sohn, der die Polizei verständigt hatte.

Trotzdem waren die Folgen für Elisabeth Cordhammer verheerend. Sie kam über den Schock nicht hinweg. Vor allem erwiesen sich die Kopfverletzungen als gravierender als anfangs vermutet. Die alte Frau lag wochenlang im Krankenhaus, ohne dass sich ihr Zustand verbesserte. Das Gegenteil war der Fall: Hatte sie uns bei den ersten Vernehmungen noch mit klaren Worten geschildert, was geschehen war, erschien sie später zunehmend verwirrt.

Sie konnte dann auch nicht wieder in ihre Wohnung zurück, da sie nicht mehr allein sein wollte und ohnedies Pflege benötigte. Ihr Sohn suchte ihr eine kleine Wohnung in einem Seniorenheim. Dort starb sie etwa ein Jahr nach der Tat. Der für den Fall zuständige Staatsanwalt ordnete eine Obduktion an, um klären zu lassen, ob ihr Tod auf die Verletzungen zurückzuführen war, die ihr bei dem Überfall zugefügt wurden. Diese Kausalität wird häufig übersehen, besonders wenn zwischen den Ereignissen viel Zeit vergangen ist.

Ich würde nicht ausschließen, dass auch hier unter anderen Umständen auf eine Obduktion verzichtet worden wäre. Dann nämlich, wenn wir die Täter in der Zwischenzeit gefasst und hinter Schloss und Riegel gebracht hätten. Wären sie für dieses Verbrechen bereits rechtskräftig verurteilt worden, hätte es keine Auswirkungen gehabt, ob das Opfer an den Spätfolgen der Tat gestorben war oder nicht. Im Strafprozessrecht gilt der Grundsatz: *ne bis in idem* – nicht zweimal für dieselbe Sache, also keine Doppelbestrafung. Jemand, der wegen Totschlags verurteilt wurde, darf nicht für dasselbe Tötungsdelikt ein zweites Mal bestraft werden, selbst wenn sich im Nachhinein herausstellt, dass es Mord war – und er damit zu einer höheren Strafe hätte verdonnert werden müssen. Immer vorausgesetzt, das erste Verfahren wurde bereits abgeschlossen. Etwas anderes ist es, wenn der Prozess noch läuft oder das Urteil bisher nicht rechtskräftig wurde. Findet sich das Gericht dann noch einmal zusammen, bewertet die Tat als Mord und setzt ein höheres Strafmaß an, ist es ja aber auch keine Doppelbestrafung.

Insofern konnte man es sogar positiv auslegen, dass wir die Täter noch nicht geschnappt hatten. Obwohl uns das natürlich schwerfiel. Ungeklärte Fälle hatte keiner gern auf seinem Schreibtisch liegen. Immerhin wussten wir, nach wem wir suchten. Wobei wir das einem Zufall zu verdanken hatten, ohne den wir vermutlich gar nicht so weit gekommen wären. Die Spurenlage in der Wohnung war mehr als dürftig gewesen, und wir hatten auch niemanden gefunden, dem die beiden Männer am Tatort oder wenigstens in der Nähe aufgefallen waren. Aber, und das war der Zufall, im Nachbarhaus wohnte ein älterer Herr, der selbst einmal Opfer eines Überfalls geworden war und sich danach angewöhnt hatte, seine unmittelbare Umgebung aufmerksamer als andere zu betrachten. Dieser Mann besaß ein kleines schwarzes Moleskineheft, das er jederzeit bei sich trug. Stach ihm etwas Verdächtiges ins Auge, machte er sich sofort Notizen. Als wir mit ihm sprachen, präsentierte er uns stolz seine Aufzeichnungen.

Der letzte Eintrag war erst wenige Tage alt. Kurz vor dem Raubüberfall auf seine Nachbarin war ihm ein dunkelblauer Ford Scorpio aufgefallen, älteres Baujahr, wahrscheinlich aus den Achtzigern, der ein Stück weiter die Straße hoch geparkt hatte.

»Der passte nicht hierher«, meinte der Mann im Brustton tiefster Überzeugung.

»Wie meinen Sie das?«

»So eben, Bauchgefühl.«

»Könnte das Auto vielleicht einem Handwerker gehört haben, der irgendwo in der Nachbarschaft zu tun hatte?«

»Unwahrscheinlich. Ich bin einmal rumgelaufen, da waren keine Handwerkersachen drin.«

»Was fanden Sie an dem Fahrzeug denn auffällig?«

»Irgendwie das ganze Auto. Und das Nummernschild, das sah total verbeult aus, als hätte jemand mit dem Hammer draufrumgeschlagen. Da stimmte was nicht!«

Was sollte man davon halten? Ich sage es mal so: Hätten wir fünfzig konkrete Hinweise abzuarbeiten gehabt, der auf das Auto wäre sicher nicht der erste gewesen, den wir uns vorgenommen hätten. Aber unsere Ermittlungen waren nicht halb so ergiebig verlaufen, sodass das Kennzeichen von dem alten Ford ziemlich weit nach vorn rückte. Wir machten eine Halterfeststellung. Der Wagen war auf einen Albaner zugelassen. Den fanden wir auch, nur das Auto nicht, angeblich war es ihm gestohlen worden. Warum er keine Diebstahlsanzeige bei unseren Kollegen aufgegeben hatte, konnte er uns nicht erklären. Oder er wollte es nicht. Wir glaubten ihm kein Wort und ermittelten intensiver in seinem Umfeld, in dem es vor zwielichtigen Gestalten nur so wimmelte. Und irgendwann fanden wir heraus, wer sich den Wagen »ausgeliehen« hatte: zwei Landsleute, die nicht nur wir in unserer Täterdatei hatten, sondern auch zahlreiche andere Polizeidienststellen, in Deutschland und im Ausland. Sie gehörten zu einer Bande – oder Tätergruppe, wie es offiziell hieß –, die mit Einbrüchen und Raubüberfällen halb Europa unsicher machte.

Es dauerte über zwei Jahre, bis wir sie endlich kriegten.

Überführen konnten wir beide unter anderem durch DNA-Spuren, die der Erkennungsdienst am Küchenfenster und im Fernsehzimmer gesichert hatte, wo sie über Elisabeth Cordhammer hergefallen waren. Und da bei der Obduktion der Leiche der alten Frau ein Zusammenhang zwischen den Verletzungen, die ihr zugefügt wurden, und ihrem Tod festgestellt worden war, klagte das Gericht die Albaner wegen Raubes mit Todesfolge an. Beide wurden zu zwölf Jahren Haft verurteilt. Sie dürften immer noch sitzen, falls sie nicht inzwischen in ihr Heimatland abgeschoben wurden.

Etwa zu der Zeit, als der Prozess gegen die zwei Albaner lief, ereignete sich ein spektakulärer Bankraub, der uns lange beschäftigte. Die Tat geschah am helllichten Tag. Man könnte sagen, es war das perfekte Verbrechen. Aber nicht so, wie man sich das vielleicht vorstellt, nicht ausgeklügelt bis zum Letzten.

Der Täter hatte sich die Bankfiliale, auf die er es abgesehen hatte, lediglich ein paar Mal von innen angeschaut, genauer gesagt den Schalterraum, viel mehr bekam er nicht zu Gesicht. Er konnte sich bestenfalls noch ausrechnen, wo die Büros liegen mussten. Und ihm war aufgefallen, dass es im hinteren Bereich eine Treppe gab, die offenbar in einen Keller führte. Zusätzlich hatte er vier oder fünf Tage investiert, um aus einem gegenüberliegenden Café zu beobachten, wann die Angestellten die Bank betraten und wann sie sie wieder verließen. Dabei kam ihm die Idee, in der Mittagszeit zuzuschlagen. Über Mittag schloss die Bank für eine Stunde, sodass ihm keine überraschend auftauchenden Kunden dazwischenfunken konnten. Diese eine ungestörte Stunde würde ausreichend Zeit sein für sein Vorhaben. Das wusste er von seinem letzten Bankraub, den er zwei Monate zuvor verübt hatte, allerdings nicht in Köln.

Auf die Idee mit der Mittagszeit war er durch eine der Bankangestellten gekommen – ohne dass sie das wusste. Er hatte gesehen, wie die Frau kurz nach dreizehn Uhr die Bank verlassen hatte, um sich in einem Imbiss auf der anderen Straßenseite eine Kleinigkeit zu essen zu holen. Dabei war sie nicht durch die elektronisch öffnende Glastür des Haupteingangs nach draußen gelangt, sondern durch eine unscheinbare Tür, die sich versteckt im benachbarten Hauseingang befand. Von allein hätte man nicht vermuten können, dass diese Tür in die Bank führte, aber das war vermutlich auch nicht gewollt.

Jetzt musste er nur noch den richtigen Moment abpassen und genau in dem Augenblick hinter der Bankangestellten auftauchen, wenn sie nach ihrem kleinen Ausflug zurückkam und gerade dabei war, die Tür zu öffnen. Es gelang ihm auf Anhieb. Sicher vereinfacht durch den Umstand, dass er eine Pistole in der Hand hielt, und zwar so, dass sie der Frau nicht verborgen blieb. Als sie drin waren, presste er ihr den Lauf der Waffe an den Rücken und drängte sie in den Schalterraum. Dort kam ihnen eine andere Angestellte entgegen, die ebenfalls einen Blick auf die Pistole werfen durfte. Dann musste sie sich umdrehen, und er dirigierte beide Frauen zur Treppe, die in den Keller hinunterführte. Auf dem Weg dorthin kamen sie an drei Büros vorbei, die Türen standen offen. Zwei waren leer, im dritten saß der Filialleiter in einem hohen Lederstuhl, mit der Rückenlehne zur Tür, und telefonierte mit seinem Handy. Anscheinend war es ein sehr intensives Gespräch. Jedenfalls war er so vertieft darin, dass er nicht mitbekam, wie hinter ihm gerade ein Bankraub ablief.

Ich weiß, wenn man so eine Szene am Sonntagabend im *Tatort* vorgesetzt bekäme, würde man sich glatt zwingen müssen, nicht wegzuschalten. Aber es hat sich tatsächlich so abgespielt.

Und es kam noch besser: Da es seine Geliebte war, mit der der verheiratete Filialleiter telefonierte, wie wir später erfahren sollten, säuselte er seine Worte so leise ins Telefon, dass auch der Bankräuber nicht bemerkte, dass da jemand im Sessel saß.

Dass die zwei Frauen nicht auf die Idee kamen, sich vielleicht mal zu räuspern oder irgendeinen anderen Laut von sich zu geben, kann nur an ihrer Angst gelegen haben. Die Waffe des Täters sah nicht aus wie eine Spielzeugpistole.

Der Filialleiter ließ sich also nicht stören, telefonierte weiter, und der Bankräuber setzte mit den beiden Frauen den Weg in den Keller fort. Dort befand sich der Pausenraum, in dem die anderen Kollegen beisammensaßen. Insgesamt waren mit den Frauen, die von oben kamen, nun acht oder neun Mitarbeiter im Raum. Durch seine »Observationen« wird der Täter gewusst haben, dass so viele in der Bank arbeiteten. Er wirkte kein bisschen überrascht, als er die Runde sah. Die Waffe verschaffte ihm auch bei den anderen Respekt. Außerdem sagte er, in seinem Rucksack stecke eine Bombe, die er jederzeit zünden könne.

Nachdem er das geklärt hatte, nahm er jedem sein Handy ab und befahl der gesamten Gruppe mit vorgehaltener Pistole, nach oben zu gehen. Als er hinter den Bankangestellten selbst die Treppe erklomm, fiel sein Blick ins Büro des Filialleiters, der immer noch im Flüsterton Süßholz raspelte. Diesmal übersah er ihn nicht. Und so folgte der zweite Akt mit dem Filialleiter als Hauptdarsteller: Der Täter ließ alle Angestellten in einer Reihe antreten, dann wartete er, bis ihr Chef sein Gespräch beendet hatte. Als der sich endlich umdrehte, begrüßte er auch ihn mit der Pistole, und sorgte dafür, dass er jedem seiner Mitarbeiter mit Kabelbindern die Hände fesselte – nur einem nicht, dem Kassierer. Bis auf ihn mussten alle wieder in den Keller, wo sie in die Toilette gesperrt wurden, die sich neben dem Pausenraum befand.

Der Rest war schnell erledigt. Fast eine Dreiviertelmillion Euro ließ sich der Räuber vom Kassierer in drei Rucksäcke packen, die er mitgebracht hatte. Im Tresorraum befand sich sogar noch mehr Geld, aber die Rucksäcke waren proppenvoll, und mehr hätte er gar nicht tragen können.

Anschließend sperrte er den Kassierer zu den anderen. Und bevor er den Keller verließ, drohte er ihnen noch einmal mit der Bombe. Er sagte, er habe sie an der Toilettentür befestigt. Eine Stunde sollten sie warten und sich nicht rühren. Würden sie vorher versuchen, sich zu befreien, ginge die Sprengladung hoch.

Ziemlich genau eine halbe Stunde hatte das Ganze gedauert. Noch vor Ende der Mittagspause war der Täter verschwunden, und zwar auf demselben Weg, wie er gekommen war.

Kurz darauf muss dem Filialleiter eingefallen sein, dass er als Einziger noch sein Handy hatte. Warum er nicht sofort bei der Polizei anrief, sondern eine Mitarbeiterin in einer anderen Filiale verständigte, blieb ein Rätsel, das er auch später nicht auflösen konnte oder wollte. Wenigstens die Frau meldete sich bei der Polizei. Sie gab die Nummer des Filialleiters durch, sodass die Leitstelle wiederum ihn anrufen konnte. Das war das übliche Verfahren, um sicherzugehen, dass sich jemand einen schlechten Scherz erlaubte.

Da niemand ausschließen konnte, dass der Täter tatsächlich einen Sprengsatz in der Bank deponiert hatte, wurde das Gelände drumherum weiträumig abgesperrt und die Personen in den Wohnungen und Büros der angrenzenden Häuser vorsichtshalber evakuiert. Das Kommissariat, das bei uns für Sprengstoff-, Brand- und Erpressungsdelikte zuständig war, schickte ein Spezialteam, zu dem ausgebildete Sprengmeister gehörten. In Schutzanzügen rückten die Kollegen in den Keller ein. Doch der ganze Aufwand war umsonst, bei der vermeintlichen Bombe handelte es sich um eine Attrappe.

Danach waren wir vom Raubdezernat an der Reihe, die übliche Maschinerie lief an: Spurensicherung, Zeugenvernehmungen, Abgleich von DNA-Material, Fahndungsaufrufe … das komplette Programm. Tagelang war das Team, das ich auf den Fall angesetzt hatte, mehr als ausgelastet. Die Ausbeute der Ermittlungen ließ allerdings zu wünschen übrig. Wir hatten eine Täterbeschreibung, allerdings keine vollständige, da der Mann eine Sturmhaube mit Sehschlitzen getragen hatte. Es gab keine brauchbaren Fingerabdrücke und keine DNA-Spuren, die uns weitergebracht hätten. Nicht einmal auf die Bilder der Raumüberwachungskamera in der Bank konnten wir zurückgreifen – es gab von der Zeit des Überfalls keine, da die Kamera ausgeschaltet war. Manche Banken lassen ihre Überwachungskameras im Dauerbetrieb laufen. Die sind dann so programmiert, dass die Aufnahmen nach vierundzwanzig Stunden automatisch gelöscht werden. In der überfallenen Filiale musste die Kamera erst vom Kassierer aktiviert werden. Der entsprechende Bedienknopf befand sich hinter dem Schaltertresen. Das war aber auch nur für den Fall vorgesehen, wenn ihm ein Kunde verdächtig erschien. Sonst blieb die Kamera aus. Man konnte sich schon fragen, ob diese Praxis sehr sinnvoll war.

Es tauchten noch andere Merkwürdigkeiten auf. Zum Beispiel konnte – oder wollte? – uns niemand von der Bank erklären, warum ausgerechnet an dem Tag der Bargeldbestand um fast fünfzig Prozent höher lag als an den meisten anderen Tagen. Dann das seltsame Verhalten des Filialleiters. Hatte er beim Telefonieren wirklich nicht mitbekommen, was sich hinter ihm, nur wenige Schritte entfernt, abspielte? Und warum hatte der Täter ihn zu Ende telefonieren lassen? Überhaupt schien der es nicht eilig gehabt zu haben. Ein Bankräuber, der sich in aller Seelenruhe seine Rucksäcke vollstopfen ließ, sich eine geschlagene halbe Stunde am Tatort aufhielt – wie oft war uns das schon untergekommen? Ich konnte mich an keinen vergleichbaren Fall erinnern.

Da wir nicht weiterkamen, beschlossen wir – der Sachbearbeiter, der Kommissionsleiter und ich –, den Tatablauf am Originalschauplatz zu rekonstruieren. Vielleicht würde uns das ja zur Erleuchtung führen. Zwei Stunden versuchten wir, uns in die Situation hineinzuversetzen, wie die Angestellten sie erlebt hatten. Wir liefen die gleichen Wege ab, durch die kleine Seitentür, den Schalterraum entlang, an den Büros vorbei, hinunter in den Keller, zum Pausenraum, wieder nach oben, später in die Toilette und so weiter. Danach setzten wir uns schräg gegenüber in ein Café, um alles noch einmal Revue passieren zu lassen, es wieder und wieder zu durchdenken.

Wie wir es auch drehten und wendeten, es sah alles danach

aus, als habe der Täter mehr über das Innenleben der Bankfiliale gewusst als ein normaler Kunde. Aber wer hatte ihm etwas verraten? Gab es womöglich einen Mittäter, der in der Bank arbeitete? Wenn sich jemand verdächtig gemacht hatte, dann der Filialleiter, darin waren wir uns einig.

Also nahmen wir den Mann etwas genauer ins Visier. Er war verheiratet, hatte zwei Kinder – und eine Geliebte, wie wir inzwischen wussten. Damit hatten wir seiner Ehefrau etwas voraus, aber es war nicht unsere Aufgabe, sie davon in Kenntnis zu setzen. Ein anderer Punkt, der zu klären war, betraf seine Vermögensverhältnisse. Ein Bankangestellter in seiner Funktion verdiente nicht schlecht, aber nicht so viel, dass er Reichtümer hätte anhäufen können. Davon war er auch weit entfernt, obwohl es auf Außenstehende anders wirken konnte. Seine Familie wohnte in einem geräumigen Einfamilienhaus, das leicht als Villa durchgegangen wäre. Auf dem Grundstück stand eine Doppelgarage. Seiner Frau hatte er einen Range Rover gekauft, er selbst bevorzugte einen 5er BMW. Aber das war nur die Fassade. Um sie aufrechtzuerhalten, hatte er sich verschuldet, und dabei handelte es sich nicht um kleine Beträge. Da fragte man sich wirklich, wie so jemand noch ruhig schlafen konnte.

Auf jeden Fall bestätigte uns das in dem Verdacht, er könnte mit dem Bankraub etwas zu tun haben. Wir beantragten eine Telefonüberwachung, die auch genehmigt wurde, und hofften, dass er sich irgendwie verraten würde. Aber das Einzige, was wir auf diese Weise erfuhren, war seine Meinung über unsere Ermittlungsarbeit, die er nicht für besonders gut hielt. Nicht bloß einmal teilte er einem Gesprächspartner mit, dass er nicht daran glaube, dass wir den Fall gelöst bekämen.

So falsch lag er damit nicht, leider.

Später bestellten wir ihn zur Vernehmung ins Präsidium. Ich war nicht dabei, aber die Kollegen erzählten hinterher, dass er Blut und Wasser schwitzte, als er erfuhr, was wir über ihn alles in Erfahrung gebracht hatten. Wir wussten inzwischen auch, dass er in der Vergangenheit hin und wieder Bankgeheimnisse verraten hatte. Einmal hatte ihn jemand angerufen, den er gut zu kennen schien. Er meinte, er habe einen amtlichen Vollstreckungstitel gegen den und den, der schulde ihm Geld, das er sich zurückholen wolle. Ob er nicht mal nachsehen könne, wie viel auf dessen Konto ist, ob sich die Sache auch lohne. Eine Weile blieb es still in der Leitung, dann sagte der Filialleiter sinngemäß: »Du kannst das Aufgebot ruhig bestellen.« Aber das war eine andere Geschichte. Ihn mit dem Bankraub in Verbindung zu bringen, als Tatverdächtigen, gelang uns nicht.

Irgendwann waren alle Spuren abgeklärt und alle Hinweise überprüft. Die Akte wurde unter den ungelösten Fällen einsortiert – wie etwa jede zweite, die für einen Raub angelegt wurde. Dabei klang die Quote schlechter, als sie war. Von den größeren Raubstraftaten wurden die meisten aufgeklärt. Der relativ schlechte Schnitt in der Statistik kam hauptsächlich durch Straßenraube zustande. Davon gab es praktisch jeden Tag welche, meistens mehrere. Schon deshalb waren sie ermittlungstechnisch kaum in den Griff zu bekommen. Dafür hätte unser Dezernat eine ganze Armee an Mitarbeitern benötigt.

Fast ein Jahr verging, dann erreichte uns eine Nachricht von der Polizei in Oberhausen. Die Kollegen hatten einen Bankräuber festgenommen. Der war genauso vorgegangen wie der Täter, nach dem wir gesucht hatten. Nur dass ihm diesmal ein schwerer Fehler unterlaufen war: In der Mittagspause hatten zwei Bankangestellte ihre Filiale verlassen, und eine davon musste er übersehen haben. Die kam erst zurück, als er bereits im Schalterraum zugange war und ihre Kollegen mit seiner Pistole in Schach hielt. Sein Pech war, dass sie das von draußen durchs Fenster beobachten konnte und sofort die Polizei alarmierte. Zwei, drei Minuten später kreuzten die ersten Funkstreifenwagen auf. Sie näherten sich in »stiller Anfahrt«, wie wir das nannten, oder »ohne Reklame« –, also ohne ihre Martinshörner in Betrieb zu setzen. Die Beamten postierten sich vor dem Gebäude, ohne dass sie von innen zu sehen waren. Dann warteten sie ab, bis der Täter fertig war und rauskam, wieder schwer bepackt. Diesmal hatte er knapp hunderttausend Euro geraubt. In dem Augenblick, als er die Tür hinter sich gelassen hatte, stürzten sich gleich mehrere Polizisten auf ihn, er landete auf dem Pflaster, und schon war es mit der Herrlichkeit vorbei.

Es stellte sich heraus, dass es sein vierter Banküberfall gewesen war. Hätte er nach dem dritten Schluss gemacht, dem bei uns, wäre er wahrscheinlich niemals gefasst worden. Aber er konnte nicht aufhören, weil er Geld brauchte. Der Mann war spielsüchtig. Außerdem hatte er sich an ein luxuriöses Leben gewöhnt, darauf wollte er ungern verzichten, auch wenn es im Spielcasino mal nicht so lief. Er besaß ein Haus in Wuppertal, das über alle Maßen protzig eingerichtet war, bis hin zu vergoldeten Armaturen im Badezimmer. Standesgemäß – aus seiner Sicht – fuhr er einen Lamborghini, eine Flunder in Gelb. Und das, obwohl er keinen Führerschein besaß, zumindest keinen, der in Deutschland gültig war. Er hatte sich einen in Tschechien gekauft, aber der entpuppte sich als Fälschung. Echt war daran nur sein Passfoto.

Ich glaube, trotz seines ganzen Geldes war dieser Typ ein armes Würstchen. Jedenfalls kam mir sein Dasein ziemlich traurig vor. Er lebte allein, reiste von einem Spielcasino zum nächsten, übernachtete in teuren Hotels und warf dabei mit Trinkgeld um sich, dass es einem schwindlig werden konnte. Nur, warum tat er das, warum machte er ständig einen auf dicke Hose? Er war vierundvierzig Jahre alt, wahrscheinlich einsam, er hatte keine Ausbildung, nicht mal einen Schulabschluss. Ich weiß es nicht, aber vielleicht suchte er Anerkennung, das könnte gut der Grund gewesen sein.

Mit »dicker Hose« war es nach der Festnahme allerdings erst mal vorbei. Obwohl er nur den letzten Banküberfall gestand, wie hätte er den auch leugnen wollen, wurde er wegen vierfachen Bankraubs angeklagt. Einen davon musste das Gericht streichen, für den reichten die Beweise nicht aus. Obwohl der Täter dort haargenau die gleiche Masche abgezogen hatte, konnte er für die Tatzeit ein Alibi vorweisen. Angeblich war er mit einem Freund zusammen gewesen, der das bestätigte. Vermutlich hatte er sich das Alibi erkauft, aber das konnte ihm nicht nachgewiesen werden.

Die drei anderen Bankraube führten dazu, dass er zu einer Gesamtstrafe von zehn Jahren Haft verurteilt wurde. Vermutlich wäre sie noch höher ausgefallen, hätte ihm ein psychiatrischer Gutachter nicht eine narzisstische Persönlichkeitsstörung bescheinigt, die sich bei ihm in einer Art krankhafter Geltungssucht niederschlug und für das Gericht einen Strafmilderungsgrund darstellte.

XY ... ungelöst

Von allen Tötungsdelikten, die ich im Laufe der Jahre als Leiter einer Mordkommission zu bearbeiten hatte, sind drei auf dem Stapel der ungeklärten Fälle gelandet. Das war jedes Mal ärgerlich, und bis heute überkommt mich Unbehagen, wenn ich daran denke. Einer dieser Fälle war mein allererster als MK-Leiter überhaupt. Vielleicht ist er mir deswegen noch so präsent, obwohl er ewig lange zurückliegt. Er ereignete sich in der zweiten Hälfte der achtziger Jahre. Zu dieser Zeit wurden Einsatzberichte, Vernehmungsprotokolle und der ganze andere Schriftkram noch mit Schreibmaschinen getippt – das kann man sich heute kaum noch vorstellen. Ich war jung, vergleichsweise unerfahren und gerade Kriminalhauptkommissar geworden. Zwar hatte ich vorher schon als Sachbearbeiter bei Tötungsdelikten ermittelt, doch in der neuen Funktion trug ich die Verantwortung.

Daher war ich nicht unglücklich darüber, dass mir ein erfahrener Kommissar zur Seite gestellt wurde, der in den letzten fünfzehn Jahren so ziemlich jede Leiche in Köln und Umgebung umgedreht hatte. Ein ausgemachter Tatortspezialist, alte Schule, die nicht schlecht war. Wir fuhren gemeinsam zum Tatort, in die Nähe von Siegburg, südöstlich von Köln. Es war morgens gegen zwei Uhr, als wir eintrafen, kurz nach den Kollegen vom Erkennungsdienst.

Der Tatort: ein Zweifamilienhaus mit kleinem Garten, das

mit der Vorderfront direkt an einer Straße stand. Es gehörte einem neunundachtzigjährigen Mann, der das Erdgeschoss bewohnte, allein, seine Frau war ein halbes Jahr zuvor gestorben. Die Wohnung darüber hatte er an eine Rentnerin vermietet. Sie war vierundsiebzig Jahre alt und ebenfalls alleinstehend, wurde aber häufig von ihren Kindern besucht. Auch wenn die beiden, der Hausbesitzer und sie, so dicht beieinander unter einem Dach lebten, hatten sie keine Beziehung miteinander gehabt außer einer gut nachbarschaftlichen.

Der Tatort war inzwischen von Schutzpolizisten abgesperrt worden. Die Haustür stand offen, im Flur brannte kein Licht, dafür war das Wohnzimmer dahinter erleuchtet. Auf dem Teppich, etwa in der Mitte des Raumes, lag der alte Mann auf dem Bauch, sein Kopf war nach links gedreht. Der rechte Arm lag über dem Kopf angewinkelt, der linke ausgestreckt dicht neben dem Körper. Der Mann regte sich nicht, er war tot. Blut war nirgends zu sehen, auch keine Wunde.

Als wir das Zimmer betraten, in dem es ziemlich chaotisch aussah, bekam ich meine erste Lektion von dem tatorterfahrenen Kollegen. Er sagte: »Peter, bevor du hier irgendetwas machst, setzt du dich erst mal auf den Stuhl da und siehst dir das Zimmer ganz genau an, in aller Ruhe. Jede Ecke, jeden Winkel, jedes Möbelstück, alles. Und dann versuchst du dich in den Täter hineinzuversetzen: Auf welchem Weg ist er ins Zimmer gekommen? Wie hat er es wieder verlassen? Was hat er dazwischen gemacht? Wie hat er es gemacht? An welcher Stelle hat er angefangen, Gewalt einzusetzen? Wie hat er sie eingesetzt? Gegen wen? Gegen welche Körperpartien seines Opfers? Wo lassen sich die entsprechenden Spuren dazu finden? ... Und das machst du dann in jedem Zimmer, im gesamten Haus. Und, Peter, lass dir Zeit dabei, auch wenn es Stunden dauert. Du musst den Tatort begreifen, ihn ›lesen‹ können. Erst dann siehst du, was er dir über den Täter und über seine Tat verrät.«

Damals nannte man das noch nicht so, aber nichts anderes machen heute Profiler: Rekonstruktion des Tatorts, um daraus ein Profil vom Täter zu erstellen – vereinfacht ausgedrückt. Für mich war das ein prägender Moment. Jedes Mal, wenn ich danach an einen Tatort kam, konnte ich die Worte meines altgedienten Kollegen förmlich hören. Und genauso habe ich es dann auch immer gemacht. Später, als ich bei der Sitte arbeitete, und auch beim Raubdezernat, hielten manche diese Gründlichkeit für übertrieben, aber das kümmerte mich wenig. Vielleicht war es fünf Mal übertrieben – beim sechsten Mal half es uns, den Täter zu überführen.

Doch was war in dem Haus bei Siegburg geschehen? Für den ersten Teil der Tat gab es nur einen Zeugen, den Neunundachtzigjährigen, aber der konnte uns leider nichts mehr sagen. Den zweiten Teil schilderte uns die Frau, die im oberen Geschoss wohnte.

Sie hatte am Abend ferngesehen und wollte gerade schlafen gehen, als jemand an ihre Wohnungstür hämmerte. Die Frau dachte, es sei der Hausbesitzer, aber dann hörte sie, wie eine fremde Stimme forderte: »Öffnen Sie die Tür! Hier ist die Polizei … zwei Offiziere! Bei Ihnen gab es einen Einbruch, wir müssen das überprüfen. Lassen Sie uns rein!«

»Ich bin schon in Schlafkleidung«, entgegnete die Frau, obwohl das nicht stimmte. Vor allem die Formulierung »zwei Offiziere« machte sie stutzig. Offiziere gab es bei der Armee, bei der Polizei waren es Wachtmeister oder Kommissare, und wie die sich vorstellten, wusste sie aus dem Fernsehen. Dort hatte sie noch keinen Polizisten gesehen, der eine unbescholtene alte Dame dermaßen unfreundlich anging, noch dazu zu nachtschlafender Zeit. Die Stimme vor der Tür klang aufgebracht, geradezu aggressiv.

Aber da krachte es auch schon, die Tür sprang auf, und zwei maskierte Männer stürzten in die Wohnung. Einer von ihnen hatte einen Revolver in der Hand, hielt der Frau die Waffe vors Gesicht und fauchte in dem gleichen aggressiven Ton wie vorher: »Wo ist dein Geld?«

Die Frau sagte, sie sei eine arme Rentnerin, sie habe nur das, was sich in ihrem Portemonnaie befinde – ein paar Mark.

Da packten die Männer sie, zerrten sie aus der Wohnung, die Treppe hinunter, ins Wohnzimmer ihres Vermieters. Ihn hatten sie davor überfallen. Er lag zusammengekrümmt auf dem Boden. Hand- und Fußgelenke waren mit einem durchgeschnittenen Telefonkabel gefesselt, das die Täter vorher aus der Wanddose gerissen hatten. Sein Mund war mit Heftpflaster zugeklebt, er röchelte und schien nicht mehr ganz bei sich zu sein. Einer der Täter nahm seinen Kopf und flößte ihm Tropfen aus einem braunen Fläschchen ein. Was das für welche waren, konnte die Frau nicht erkennen.

Auch sie wurde an Händen und Füßen gefesselt, ihr Mund mit einem Pflaster verschlossen. Nur die Tropfen, die blieben ihr erspart.

Nach einer Weile ließen die Täter die beiden im Wohnzimmer allein, um in der Wohnung der Frau nach Geld und Schmuck zu suchen. In der Zeit muss es der alten Dame irgendwie gelungen sein, sich von den Fesseln zu befreien. Sie sagte später zu einem Kollegen, nicht ohne Stolz: »Ich habe das einfach so gemacht, wie sie das im Fernsehen immer zeigen.« Als ich das hörte, dachte ich: Scheinbar sind Krimis doch zu etwas nütze.

Bevor die Frau floh, sagte sie etwas zu dem Hausbesitzer, aber der reagierte nicht darauf, rührte sich auch nicht mehr. Also schlich sie allein nach draußen und lief zu einem Nachbarn. Der verständigte die Polizei. Zwischen dem Anruf und dem Eintreffen der ersten Schutzpolizisten vergingen ungefähr zehn, zwölf Minuten. Heute würde das wahrscheinlich schneller gehen. In dieser Zeitspanne müssen sich die Täter aus dem Staub gemacht haben, offenbar über eine Hintertür durch den Garten. Aus der Haustür war nach der Frau niemand mehr gekommen, die hatte der Nachbar von seinem Küchenfenster aus im Blick gehabt.

Wie viel Beute die Täter machten, war nicht genau festzustellen. Die Frau hatte tatsächlich kaum Geld zu Hause gehabt. Aber ihren Schmuck hatten sie mitgenommen. Was aus der Wohnung des Hausbesitzers fehlte, konnte uns niemand sagen. Der Neunundachtzigjährige hatte keine Kinder gehabt, und andere Familienangehörige, die ihm nahegestanden hätten, Geschwister beispielsweise, gab es auch nicht mehr. Es fand sich lediglich ein Nachbar, der meinte, der Überfallene habe immer eine größere Summe in seiner Wohnung aufbewahrt, fünftausend Mark, für Notfälle, manchmal sei es auch mehr gewesen. Das habe der ihm selbst einmal erzählt. Falls das stimmte, mussten die Täter das Geld geraubt haben. Wir fanden nicht annähernd eine solche Summe, lediglich ein paar Scheine, die in seiner Geldbörse steckten und zusammen keine hundert Mark ergaben.

Der alte Mann war regelrecht totgetreten worden. Bei der

Obduktion seiner Leiche stellten die Rechtsmediziner zahlreiche Unterblutungen fest, die massivsten am Rücken, im Brust- und Bauchbereich sowie an beiden Armen. Aber auch sein Schädel musste mit Tritten und Schlägen malträtiert worden sein, anders waren die Verletzungen nicht zu erklären. Nach Ansicht der Obduzenten hatten diese multiplen Unterblutungen zu seinem Tod geführt.

Ihre Theorie erklärten sie ungefähr so: Zu einer Unterblutung kommt es, wenn ein Blutgefäß verletzt wird – wie in dem Fall durch äußere Gewalteinwirkung – und Blut ins Körpergewebe oder in eine Körperhöhle austritt. Auf diese Weise entsteht auch das, was wir »blaue Flecken« nennen. Werden viele Blutgefäße gleichzeitig verletzt, oder gleichzeitig an mehreren Stellen, sodass entsprechend viel Blut aus den Gefäßen strömt, wird das Gehirn nicht mehr ausreichend mit Blut versorgt, vor allem nicht mit genügend Sauerstoff, der ja im Blut dorthin transportiert wird. Die Folge: zentraler Hirntod – der endgültige Ausfall aller Hirnfunktionen.

Dagegen kam die vierundsiebzigjährige Frau, soweit es Verletzungen am Körper betraf, relativ glimpflich davon. Ein paar Hämatome an den Armen und Hautabschürfungen durch die Fesselungen, mehr nicht. Psychisch jedoch belastete sie der Überfall noch Jahre danach, vermutlich bis zu ihrem Tod.

Unsere Ermittlungen liefen nicht schlecht an. Die Spurenlage machte Hoffnung. Im Garten fanden wir unter einer jungen Kiefer, an der mehrere Zweige abgeknickt waren, eine Mützenbommel aus dunkelblauer Wolle. Sie schien einem der Täter bei der Flucht abgerissen zu sein. Faserspuren von der gleichen Wolle ließen sich an der Kleidung des Getöteten nachweisen. Außerdem hatten die Täter einen Schuhabdruck hinterlassen, der beim Eintreten der Wohnungstür entstanden sein musste. Dieser Abdruck war so deutlich, dass es keiner großen Kunst bedurfte, herauszufinden, dass er von einem Turnschuh stammte. Auch die Marke konnten wir ermitteln, sogar das Modell, und die Schuhgröße wussten wir durch den fast vollständigen Sohlenabdruck natürlich auch.

Zwischen den Tätern und dem Hauseigentümer war es offenbar zu einem Kampf gekommen. Jedenfalls sprachen die Spuren im Flur und im Wohnzimmer dafür, dass sich der Überfallene anfangs gewehrt hatte. Zudem deuteten fremde Faserspuren an seiner Kleidung darauf hin, dass es zwischen Opfer und Tätern zu Körperkontakt gekommen war, nicht nur beim Fesseln. Was wir dagegen nirgends fanden, waren Fingerabdrücke, die wir den Tätern hätten zuordnen können.

Uns beschäftigte auch die Frage, warum sich die Täter ausgerechnet dieses Haus ausgesucht hatten. Es vermittelte von außen nicht unbedingt den Anschein, als würden seine Bewohner über Reichtümer verfügen. In der Nachbarschaft gab es genügend Objekte, die einem Kriminellen lohnenswerter erscheinen mussten.

Die Antwort darauf fanden wir, als wir uns mit den Lebensgewohnheiten des Hausbesitzers befassten, der trotz seines hohen Alters noch recht rüstig gewesen war. Nachdem er jahrelang seine zweite Frau gepflegt hatte und in dieser Zeit kaum unter Leute gekommen war, schien er nach ihrem Tod einiges nachgeholt zu haben. Nachbarn erzählten, er sei beinahe täglich nach Siegburg gefahren oder auch nach Köln, und habe es sich in teuren Restaurants gut gehen lassen und dabei großzügig Trinkgeld verteilt. Außerdem soll er regelmäßig in Spielhallen verkehrt und dort auch größere Summen gesetzt haben.

Als ehemaliger Beamter hatte er eine stattliche Rente bezogen, das Haus war zinsfrei, und auf seinem Konto befand sich zuletzt ein Guthaben von fast hunderttausend Mark. Anscheinend hatte er vorgehabt, den Großteil davon auf den Kopf zu hauen, bevor es zu spät sein würde. Wie die Nachbarn berichteten, prahlte er manchmal regelrecht mit seinem Geld. Gut möglich, dass das eines Tages die falschen Leute mitbekommen hatten. Was dann wiederum dafür gesprochen hätte, dass wir die Täter im Umfeld des Getöteten zu suchen hatten, möglicherweise unter seinen Spielhallenbekanntschaften. Noch ein Aspekt, der uns Hoffnung machte, ihnen auf die Schliche zu kommen.

Doch diese Hoffnung sollte sich nicht erfüllen. Wir ermittelten lange, sehr lange. Ich weiß noch, dass ich anderthalb Jahre später einen Zwischenbericht für die Staatsanwaltschaft verfasste – mit dem Resümee, dass die bisherigen Ermittlungen und Fahndungsmaßnahmen nicht von Erfolg gekrönt waren.

Mit den Fahndungsmaßnahmen war auch mein erster Auftritt bei *Aktenzeichen XY … ungelöst* gemeint, der meinen Vater damals so stolz gemacht hatte. Nur hatte uns die Unterstützung des Fernsehens leider auch nicht weitergebracht.

Das bedeutete nicht, dass wir niemanden in Verdacht hatten. Ich war mir relativ sicher, dass die Täter aus dem Spielhallenmilieu kamen. Wir hatten sogar zwei Männer im Blick, auf die wir unsere Ermittlungen eine Zeit lang konzentrierten. Doch am Ende hatten wir zu wenig gegen sie in der Hand, als dass es für einen Haftbefehl oder gar eine Anklage gereicht hätte.

Sich das eingestehen zu müssen, nachdem man Monate in einen Fall investiert hatte – also, ich kann mich an bessere Momente meiner Polizeilaufbahn erinnern. Aber solche Niederlagen gehörten eben auch dazu. Das Leben ist kein Wunschkonzert, erst recht nicht, wenn man sich für diesen Beruf entschieden hat.

Ganz aufgegeben habe ich die Hoffnung in diesem Fall allerdings noch immer nicht. Sie ist nicht so groß, dass sie in den Himmel wachsen könnte, aber ein kleines Flämmchen züngelt noch. Seit einigen Jahren beschäftigen sich zwei ältere Beamte des KK 11 mit der Aufarbeitung sogenannter Altfälle. Klingt nach Altlast, was es ganz gut trifft. Das ist keine Erfindung der Kölner Polizei, anderswo wird das genauso gemacht. Schwerpunktmäßig werden die Fälle aus dem Archiv hervorgekramt, bei denen es damals sichergestelltes Spurenmaterial gibt, das aber noch nicht nach den neuesten Methoden ausgewertet wurde. Hauptsächlich geht es um DNA-Material. Damit konnte man in den achtziger Jahren noch nicht viel anfangen. Jedenfalls sind die beiden Kollegen auch auf den Fall aus Siegburg gestoßen – und tatsächlich konnte aus den asservierten Tatortspuren DNA-Material eines unbekannten Spurenlegers herausgefiltert werden. Das fremde DNA-Profil wurde in die DNA-Analysedatei des Bundeskriminalamtes eingespeist, ergab jedoch keinen Treffer. Das heißt aber nur, dass von dem damaligen Täter, wenn das DNA-Material denn von ihm stammt, noch keins in der Datenbank registriert war. Entweder, weil er danach nie wieder straffällig geworden war. Oder er hatte es bisher jedes Mal geschafft, keine DNA-Spuren am Tatort zu hinterlassen. Falls er noch leben und nach wie vor als Krimineller unterwegs sein sollte, könnte sich das jeden Tag ändern.

Noch schwerer zu verdauen war es, wenn wir uns sicher glaubten, einen Fall gelöst und den Täter überführt zu haben – der dann aber ungeschoren davonkam, nicht einmal vor Gericht landete. Das erinnert mich an den Fall von Liane Benkowsky, der zweite auf meiner Liste der nicht aufgeklärten Tötungsdelikte. Die Fünfunddreißigjährige wurde Anfang der neunziger Jahre in ihrem Apartment in der Innenstadt umgebracht. Ihre Leiche lag in der Badewanne, und die war mit Wasser gefüllt. Wäre um den Hals der Toten nicht der Schlauch der Handbrause geschlungen gewesen, man hätte denken können, dass sie beim Baden eingeschlafen und ertrunken war. Was gar nicht so ferngelegen hätte, bei dem Alkoholpegel, der in ihrem Blut festgestellt wurde – fast drei Promille.

Alkohol wurde dann auch das große Thema bei unseren Ermittlungen. Liane Benkowsky war schwere Alkoholikerin gewesen. Ihr Leben hatte sich im Wesentlichen zwischen ihrer Wohnung und ungezählten Kneipen abgespielt. Es gab eine kleine Auswahl an Lokalen, die sie täglich mit ihrer Anwesenheit beehrte, und eine größere Anzahl, in denen sie sporadisch gesichtet wurde. In einem glichen sich alle, die sie aufsuchte: Es waren Kaschemmen, anders kann man es nicht sagen. Und dementsprechend war das Publikum – die Nachtgestalten der Stadt, um die man tagsüber, wenn sie einem auf dem Gehweg entgegengestolpert kamen, besser einen Bogen machte.

Aus diesem Milieu rekrutierte die Fünfunddreißigjährige ihren Freundeskreis. Seit Neuestem gehörte ein Mann namens Werner Angelis dazu. Er war zehn Jahre jünger als sie und hatte ihr Herz quasi im Sturm erobert. Gleich in der Nacht, als sie sich das erste Mal begegneten, nahm sie ihn mit zu sich nach Hause. Sich gegenseitig stützend, torkelten sie bis zur Haustür, dann die Treppe hinauf, irgendwie landeten sie im Bett, und als sie am nächsten Morgen – für ihre Verhältnisse, in Wirklichkeit war es Nachmittag – aufwachten, hätte keiner von ihnen sagen können, ob sie Sex miteinander gehabt hatten oder nicht. So betrunken waren beide gewesen.

Der nächste Schritt zur Vertiefung ihrer Beziehung bestand darin, dass Liane Benkowsky zu einem Schlüsseldienst marschierte und Nachschlüssel für die Haus- und für ihre Wohnungstür anfertigen ließ. Das war am Tag nach ihrer ersten gemeinsamen Nacht, also schätzungsweise vierzehn bis sechzehn Stunden, nachdem sie die ersten Worte miteinander gewechselt hatten. Dass ihr Liebster ihr nicht ganz so offenherzig entgegenkam, schien der Frau bei diesem Tempo glatt entgangen zu sein.

Da sie beide weiter keine Verpflichtungen hatten, außer einmal im Monat beim Amt vorbeizuschauen, um ihre Sozialhilfe abzugreifen, blieb ihnen reichlich Zeit füreinander. Sie verbrachten ihre Tage als beinahe unzertrennliches Pärchen. Die Höhe ihres Pegelstandes differierte, aber es fanden die immer gleichen Rituale statt: Saufen – Schlafen – Aufstehen … und wieder Saufen. Und zwischendurch Sex, wie es sich gerade ergab, der war nicht für die Nacht abonniert.

Die größte Abwechslung bestand noch darin, abends einmal nicht in eine Kneipe zu gehen und sich stattdessen die tägliche Dosis in einem Supermarkt zu beschaffen und zu Hause einzuverleiben. Und wenn sie nicht tranken oder schliefen, stritten sie. Sie konnten über alles streiten, aber Eifersucht war der häufigste Grund. Wobei es ebenso die Variante Saufen und Streiten gab, das hielten sie flexibel.

Auch an dem Abend, der Liane Benkowskys letzter werden sollte.

Er begann gegen neunzehn Uhr, als sie sich auf den Weg zu einer Kneipe machten. In Kneipe eins blieben sie eine gute Stunde, tranken jeder vier Kölsch und zwei Kräuterschnäpse, dann wechselten sie in Kneipe zwei. Noch vor Mitternacht trudelten sie in Kneipe drei ein. Ihr Pensum behielten sie in allen Lokalen bei.

In Kneipe drei gerieten sie in Streit. Liane Benkowsky fühlte sich von ihrem Begleiter vernachlässigt. Der hatte anscheinend mehr Spaß daran, mit einer Kellnerin zu flirten. Um dem ein Ende zu setzen, wollte sie, dass er mit ihr nach Hause fuhr. Sein Plan war das aber nicht. Es ging hin und her, bis sie sich ein Taxi bestellte und allein zu ihrer Wohnung fuhr.

Werner Angelis blieb in der Kneipe zurück, flirtete weiter, trank weiter. Was ihn gegen ein Uhr dermaßen auf die Palme brachte, dass er an der Theke ein paar Gläser zerschlug und sich mit dem Wirt in Clinch begab, daran konnte sich hinterher keiner der Anwesenden erinnern. Nur dass er rausflog und dass die junge Kellnerin mitging.

In der neuen Besetzung machten sie das, was er ohnehin vorgehabt hatte: Sie zogen von einer Kneipe in die nächste, bis morgens um sechs. Dort, wo sie unterwegs waren, im Friesenviertel – früher als Treffpunkt der Unterwelt berüchtigt –, gab es reichlich davon. Und in jeder kippte er Bier nach – Bier und eine bestimmte Sorte Kräuterschnaps.

Auch Liane Benkowsky war noch mal losgezogen, vermutlich, um ihren abtrünnigen Freund aufzusammeln. Sie fand ihn aber nicht, und irgendwann muss sie es aufgegeben haben. Als Werner Angelis am frühen Morgen an ihrer Tür klingelte – er konnte nicht selbst aufschließen, ihr Schlüssel steckte von innen –, lag sie im Bett und schlief ihren Rausch aus. Ihr Freund muss darin eine gute Gelegenheit erkannt haben, mit der Nachbarschaft im Haus Bekanntschaft zu schließen. Er hämmerte und trat gegen die Tür und garnierte den Lärm, der dadurch entstand und durchs Treppenhaus hallte, mit wilden Flüchen, die auch nicht zu überhören waren. Das ging ein paar Minuten so, dann taten sich zwei Nachbarn zusammen und warfen ihn hinaus.

Vorm Haus rauchte er eine Zigarette. Dabei bemerkte er, wie in der Wohnung seiner Freundin das Licht anging. Schon unternahm er einen neuen Versuch, und diesmal öffnete sie die Tür und ließ ihn rein. Doch anstatt ihn zu begrüßen, soll sie ihn gleich mit Vorwürfen überschüttet haben. Sein Anbandeln mit der jungen Kellnerin – sie war immer noch stocksauer.

Für das, was danach passierte, gab es keine Zeugen, nur die zwei. Werner Angelis erzählte es später ungefähr so: Er sei von den Schimpftiraden seiner Freundin genervt gewesen, habe sie irgendwann an den Schultern gepackt und aufs Bett geworfen. Da sie trotzdem keine Ruhe gab, habe er mit seinen Händen ihren Hals gegriffen. Er habe sie gewürgt – nicht nur bis sie verstummte, sondern bis sie überhaupt keine Reaktion mehr zeigte. Aber tot sei sie nicht gewesen, sie habe noch geatmet. Dann habe er sie ins Badezimmer getragen, in die Wanne gelegt und Wasser einlaufen lassen, damit sie wieder zu sich kam.

In diesem Zustand wollte er sie dort zurückgelassen haben. Anschließend war er nach Hause gefahren und ins Bett gegangen. Als er am frühen Abend zurückkehrte und ihm wieder niemand öffnete, trat er die Wohnungstür ein. Liane Benkowsky lag noch immer in der Wanne, angeblich genauso, wie er sie verlassen hatte – mit dem Unterschied, dass sie jetzt tot war.

Der junge Mann rief die Polizei und spielte uns den trauernden Freund vor. Er meinte, er sei für den späten Nachmittag mit ihr verabredet gewesen. Da sie auf sein Klingeln nicht reagierte, habe er sich Sorgen gemacht und die Tür gewaltsam geöffnet. Was am Morgen zwischen ihnen geschehen war, verschwieg er – an diesem Tag und auch bei den nächsten Vernehmungen.

Dass sie eine Auseinandersetzung hatten und wie diese ausgegangen war, kam erst einen knappen Monat später zur Sprache, als sich der Fünfundzwanzigjährige bequemte, zumindest ein Teilgeständnis abzulegen. Er schilderte den Streit in der Kneipe, dann den in Liane Benkowskys Wohnung und auch, dass sie durch sein Würgen weggetreten war und er sie in die Badewanne bugsiert hatte. Aber das habe er vorher schon ein paar Mal so gemacht, wenn ein Streit zwischen ihnen eskaliert war – um ihr Gemüt abzukühlen und sie wieder zu Verstand zu bringen. Seine Freundin sei extrem eifersüchtig gewesen, sie habe es nicht ertragen können, wenn er eine andere Frau auch nur angesehen, geschweige denn mit ihr gesprochen habe. Bisher habe das mit dem Abkühlen immer gut funktioniert. Deswegen habe er sie auch allein zurückgelassen und nicht gewartet, bis sie aus der Wanne gestiegen war.

Bis zu diesem Punkt fielen seine Angaben klar und deutlich aus – für seine Verhältnisse und unter Berücksichtigung der Tatsache, dass er ständig einen gewissen Pegel hatte. Aber diese Klarheit ließ genau in dem Augenblick nach, als wir ihn fragten, warum er den Schlauch der Handbrause um den Hals von Liane Benkowsky gewickelt hatte.

»Was mit dem Schlauch war, daran kann ich mich nicht erinnern«, wich er aus.

»Haben Sie mit Frau Benkowsky gesprochen, bevor Sie die Wohnung verließen?«

»Das weiß ich nicht. Bestimmt habe ich was zu ihr gesagt, man geht ja nicht einfach so.«

»Erinnern Sie sich, ob Frau Benkowsky darauf geantwortet hat?«

»Nein, das weiß ich nicht. Vielleicht war ich da bereits zur Tür raus.«

Wir hatten schon glaubwürdigere Geschichten gehört.

Inzwischen hatten die Rechtsmediziner die Leiche von Liane Benkowsky obduziert. Die Fünfunddreißigjährige war stranguliert worden und ertrunken – und das praktisch gleichzeitig. Der Täter musste ihren Hals mit dem Brauseschlauch gedrosselt und dabei ihren Kopf unter Wasser gedrückt haben. Das war keine bloße Vermutung, die festgestellten Verletzungen ließen eine andere Deutung nicht zu. Auf jeden Fall genügte das alles dem Haftrichter, er schickte Werner Angelis in Untersuchungshaft.

Da über den Fall in den Lokalzeitungen recht groß berichtet worden war und die Journalisten ständig nachfragten, wie weit wir mit unseren Ermittlungen vorangekommen waren, verkündeten wir die Verhaftung in einer kurzen Pressemitteilung. Das war so üblich, auch in anderen Fällen. Am nächsten Tag druckten die Zeitungen die Erfolgsmeldung und veröffentlichten Fotos von Liane Benkowsky und von ihrem Freund, dem mutmaßlichen Täter.

Fast fünf Monate vergingen, dann geschah etwas Unerwartetes: Werner Angelis' Rechtsanwalt hatte beim zuständigen Ermittlungsrichter eine Haftprüfung beantragt, die in Form einer mündlichen Verhandlung abgehalten wurde. Das heißt, der Richter führte eine Vernehmung mit dem Beschuldigten durch. Diese nutzte Angelis, um sein Teilgeständnis zu widerrufen. Er behauptete, die Polizisten, die ihn damals vernommen hatten, hätten ihn mit ihren Fragen dermaßen verwirrt, dass er ihnen irgendwann alles bestätigt habe, was sie hören wollten, nur um endlich seine Ruhe zu haben.

Die Wahrheit war, dass die beiden Kollegen, die die Vernehmung durchführten, ihn mehrfach darauf hingewiesen hatten, dass er sich als Beschuldigter mit seinen Aussagen nicht selbst belasten müsse. Das war der Standardtext vor jeder Vernehmung, der auch in den Vernehmungsprotokollen dokumentiert wurde. Als den Beamten klar wurde, dass Angelis sich mit seinen Schilderungen als möglicher Täter geradezu aufdrängte, hatten sie ihn sogar extra noch einmal unterbrochen, um ihre Belehrung zu wiederholen. Aber das hatte den jungen Mann nicht davon abgehalten, seine Version zu Ende zu erzählen.

Außerdem: Sein Anwalt kannte die Akten, in denen auch der genaue Wortlaut der Vernehmung nachzulesen war, seit Monaten. Warum hatte er seinen Mandanten so lange in der Justizvollzugsanstalt schmoren lassen und nicht schon viel früher eine Haftprüfung in die Wege geleitet?

Den Staatsanwalt, der in den Fall involviert war, überraschte die Nachricht genauso wie mich. Und mir gleich hielt er Angelis' Behauptungen für mehr als fadenscheinig. Aber sie verfehlten nicht ihr Ziel: Der Haftbefehl gegen den Fünfundzwanzigjährigen wurde ausgesetzt. Nach Meinung des Richters bestand nach Angelis' Widerruf kein dringender Tatverdacht mehr. Der Staatsanwalt, der keineswegs zu denen gehörte, die leichtfertig eine Anklageschrift verfassten, legte Beschwerde gegen diese Entscheidung ein, kam damit aber nicht weiter. Werner Angelis wurde freigelassen.

Wir ermittelten weiter. Wenn wir schon kein Geständnis mehr hatten, brauchten wir Beweise oder Indizien, die ihn eindeutig überführten. Darüber vergingen noch einmal mehrere Monate. Erst anderthalb Jahre nach der Tat stand die Anklageschrift. Der Staatsanwalt schickte sie an die Große Strafkammer des Landgerichts. Aus seiner Sicht – und genauso aus unserer – war der Fall nun wasserdicht. Wir hatten zwar kein Geständnis mehr, aber auch ohne sprach alles dafür, dass Werner Angelis seine Freundin getötet hatte. Sie hatten sich gestritten, er war zur fraglichen Zeit in der Wohnung gewesen, jemand anderen hatte niemand im Haus gesehen. Der Staatsanwalt warf ihm nicht Mord, aber Totschlag vor. Jetzt musste die Anklage nur noch zugelassen werden.

Und wieder verstrichen Monate. Kurz vor Jahresende dann die ernüchternde Nachricht: Die Schwurgerichtskammer des Landgerichts lehnte die Eröffnung des Hauptverfahrens ab! Werner Angelis, inzwischen fast siebenundzwanzig, durfte sein Leben weiter in Freiheit genießen.

Der Staatsanwalt, den ich als ausgeglichenen und sachlichen Menschen kennengelernt hatte, war außer sich, er konnte sich gar nicht wieder beruhigen. Noch Tage danach brodelte Empörung in ihm. Und selbst Jahre später legten sich jedes Mal Zornesfalten über seine Stirn, wenn man ihn auf diesen Fall ansprach.

Es waren vor allem zwei Punkte, die die Anklage zu Fall brachten: Der erste betraf die Frage, ob Werner Angelis sich in dem betreffenden Zeitraum überhaupt lange genug in der Wohnung aufgehalten hatte, um seine Freundin töten zu können. Nach Befragung aller denkbaren Zeugen – Nachbarn, Straßenbahnfahrer, Taxichauffeure und wen es da noch alles gab – gingen wir davon aus, dass er ungefähr fünfzehn bis zwanzig Minuten in der Wohnung gewesen war. Diese Zeit dürfte ausgereicht haben, um die Tat zu begehen. Um das zu belegen, waren wir die Strecken abgelaufen, die Angelis am Tattag zurückgelegt hatte. Von der S-Bahnhaltestelle zur Wohnung, dann von der Wohnung zum Taxistand usw. Außerdem hatten wir gemessen, wie lange das Wasser in die Wanne gelaufen sein musste, um den Füllstand zu erreichen, den sie hatte, als die Leiche von Liane Benkowsky gefunden wurde.

Die beim Gericht machten eine ähnliche Rechnung auf, kamen allerdings zu einem völlig anderen Resultat. Nämlich dass ihm maximal fünf Minuten, eher weniger, für die Tatausführung geblieben wären – angefangen vom Streit im Flur, über die Auseinandersetzung im Schlafzimmer und die eigentliche Tat im Bad, bis zum Verlassen der Wohnung. Dabei hätte allein das Einlassen des Wassers in die Wanne sechs Minuten gedauert.

Die Rechnung klang nicht einmal unlogisch – wenn die Zeitangaben der verschiedenen Zeugen alle gestimmt hätten. Davon konnte man nur beim besten Willen nicht ausgehen. Bis auf einen Taxifahrer waren sämtliche Personen, die befragt wurden, als mehr oder weniger unzuverlässig einzuschätzen. Besonders die Nachbarn im Haus, von denen einige dem Alkohol nicht weniger zusprachen, als Liane Benkowsky das getan hatte.

Bei dem anderen Punkt drehte es sich um Werner Angelis' Anruf bei der Polizei, mit dem er den Tod seiner Freundin gemeldet hatte. Da dieser aufgezeichnet worden war, lag er uns im Wortlaut vor. An einer Stelle sagte er: »... die liegt seit gestern wahrscheinlich tot in der Badewanne ...«. Für uns handelte es sich bei der Zeitangabe »seit gestern« um etwas, das in dem Fall nur der Täter wissen konnte. Oder jemand, der zumindest Zeuge der Tat war.

Auch hier argumentierte der Richter beim Schwurgericht, der die Anklage abschmetterte, anders. Demnach war es ebenso gut möglich, dass Werner Angelis das Wort »gestern« benutzt hatte, weil er vor lauter Sauferei Tag und Nacht nicht mehr hatte auseinanderhalten können.

Die Begründung des Richters: Angelis hatte die Nacht vor der Tat durchgemacht, war am Morgen in der Wohnung seiner Freundin gewesen – was auch immer dort geschehen sein mochte – und danach zu sich gefahren, um sich ein paar Stunden aufs Ohr zu hauen. Am Nachmittag war er aufgestanden, hatte sich als »Frühstück« in einer Kneipe zwei Bier gegönnt und dann den Weg zu Liane Benkowskys Wohnung in Angriff genommen. Bei so einem Tagesablauf könne man leicht die Orientierung verlieren. Abgesehen davon sei der Angeschuldigte auch zum Zeitpunkt des Notrufs stark alkoholisiert gewesen.

Noch mehr von diesem Im-Zweifel-für-den-Angeklagten konnte man sich schwer vorstellen. Damit will ich gar nicht sagen, dass die Zweifel unberechtigt waren. Wobei es mir heute leichter fällt als damals, es auch von dieser Seite zu betrachten. Zu der Zeit steckte ich mittendrin, ermittlungsmäßig. Und mittendrin bedeutete, dass Empfindungen eine Rolle spielten und sicher auch das Bauchgefühl, man war ja kein Roboter. Trotzdem glaube ich bis heute, dass wir mit Angelis den Richtigen hatten.

Dass uns der Fall auf diese Weise um die Ohren flog, war aber auch eine Lehre, ob bewusst oder unbewusst, das kann ich heute zugeben. Ein Täter bekam nur dann seine gerechte Strafe, wenn man bei den Ermittlungen vollkommen emotionslos auf Fakten setzte. Das Bauchgefühl konnte einem höchstens ab und zu helfen, bei den Ermittlungen instinktiv die richtige Richtung einzuschlagen. Doch was am Ende zählte, waren allein Beweise.

Trotzdem wäre es vermessen zu behaupten, dass es einen völlig unberührt ließ, wenn man an einem Tatort mit einer Leiche konfrontiert wurde. Leichen waren für mich immer irgendwie beeindruckend, weil in ihnen ein Rätsel steckte. Die morbide Faszination – ich habe sie bereits erwähnt. Jeder Mensch, mit dem wir als Leiche zu tun bekamen, war seinen ganz eigenen Tod gestorben. Und den galt es zu ergründen, wenn es erforderlich war, mit allen Sinnen. Das hieß, dass man sich als Ermittler nicht nur mit dem Anblick einer Leiche auseinanderzusetzen hatte, sondern sie auch anfasste und untersuchte, indem man zum Beispiel den nackten Körper von oben bis unten inspizierte und dabei auch die Körperöffnungen nicht aussparte, keine. Mancher mag sich bei dieser Vorstellung angewidert schütteln, mir hat das nie etwas ausgemacht. Ich denke, weil es mir gelang, es stets rein beruflich zu betrachten.

Im Privatleben war das mit der morbiden Faszination völlig anders. Als mein Vater starb, hat sich die nicht im Geringsten eingestellt. Mein Vater wohnte zuletzt in Trier und war lange krank. Als meine Schwester eines Tages anrief und mich informierte, es würde mit ihm zu Ende gehen, sprang ich ins Auto und raste los, was mein Wagen hergab, um nicht zu spät zu kommen. Leider schaffte ich es trotzdem nicht. Zehn Minuten früher, und ich hätte mich noch von ihm verabschieden können. So blieb mir nur ein stiller Abschied. Dazu gehörte, dass ich ihn ein letztes Mal rasierte. Und während ich das machte, war keine Faszination zu spüren, überhaupt nicht, da war nur Leere in mir.

Wobei ich zugeben muss, dass ich mit den Jahren eine gewisse Gefühlskälte bei der Arbeit entwickelt habe. Irgendwie ist mir die Fähigkeit mitzufühlen oder mitzuleiden abhandengekommen. Ich habe das nie mit einem Psychologen besprochen, aber ich vermute, dass es eine Art unterbewusster Abwehrreflex war – des Körpers und auch der Seele. Um das permanente Konfrontiertwerden mit dem Tod und mit Leichen aushalten zu können.

Eines der heftigsten Erlebnisse in dieser Hinsicht war das Zugunglück in Brühl im Februar 2000, bei dem neun Fahrgäste starben. Als Chef des KK 11 übernahm ich damals die Einsatzleitung. Für solche Katastrophen gab es bei uns feste Ablaufpläne. BAO nannte sich das – Besondere Ablauforganisation. Jedem Kollegen wurden vorher bestimmte Aufgaben zugeteilt, die er dann – wenn der Fall eintrat – zu übernehmen hatte, ohne dass es noch einmal ausführlich besprochen werden musste. Zu unseren Aufgaben in Brühl gehörte neben der üblichen Tatortarbeit das Suchen und Identifizieren von Verunglückten, also auch Leichen. Zuerst fanden wir eine tote Frau, die man relativ unproblematisch bergen konnte. Sie war äußerlich nicht besonders schwer verletzt und nirgendwo eingeklemmt oder verschüttet.

Ganz anders die nächsten vier Opfer, die unter einem der Waggons begraben lagen. Vier Männer, die zu einer einzigen Masse Menschenfleisch zusammengedrückt worden waren. Arme und Beine konnte man noch am besten erkennen, allerdings nicht, welcher Arm und welches Bein zu wem gehörte. Um die einzelnen Körper überhaupt voneinander trennen zu können, mussten wir Spaten zu Hilfe nehmen. Die Einzelteile packten wir in Leichensäcke, wobei wir versuchten, sie gleich einander zuzuordnen. Ob das nachher alles passte? Sicher mussten die Rechtsmediziner da auch noch mal ran. Anschließend schleppten wir die Säcke zu den Leichenwagen, bestimmt dreißig oder vierzig Meter, dichter kamen die Fahrzeuge nicht an die Unglücksstelle heran.

Nicht jeder von unseren Leuten steckte das einfach so weg. Einen Kollegen hat es ziemlich erwischt. Dabei war das immer jemand gewesen, der bereitwillig selbst die Leichensachen übernommen hatte, vor denen sich andere lieber drückten. Tote Säuglinge, Faulleichen, wirklich üble Sachen. Er war ein bulliger Typ, Mitte dreißig, verheiratet, zwei Kinder. Bei ihm dachte man immer: Den kann nichts umhauen, der kommt mit allem klar. Am Bahnhof in Brühl war er bei der Leichenbergung eingesetzt. Irgendwann kam ein Kollege zu mir und meinte, der andere würde total hektisch agieren, ständig hin und her laufen, übernervös wirken. Sonst war er immer die Ruhe in Person. Es machte den Eindruck, als wollte er die Angelegenheit so schnell wie möglich hinter sich bringen. Wir dachten uns nichts weiter dabei, vielleicht hatte er einfach einen schlechten Tag. Der Einsatz war ja auch grenzwertig.

Am nächsten Tag erschien er nicht zum Dienst, meldete sich auch nicht. Als wir bei ihm zu Hause anriefen, erreichten wir nur seine Frau. Die wunderte sich, sie dachte, er wäre noch im Einsatz. Später kam er nach Hause, völlig neben der Spur. Er hatte sich betrunken und war danach ziellos durch die Stadt geirrt. Unser Kriseninterventionsteam kümmerte sich dann um ihn. Er machte eine Therapie und war lange krankgeschrieben. Zwar kam er anschließend in den Polizeidienst zurück, aber er war nicht mehr der Alte. Irgendwann wechselte er in ein Kommissariat, das keine Leichensachen zu bearbeiten hatte.

Aber ich wollte noch etwas zu der Sache mit der Gefühlskälte sagen. Mir selbst war das damals gar nicht aufgefallen. Wie das so ist: Man erledigt seinen Job, funktioniert irgendwie und übersieht dabei, wie einen das alles verändert. Es war meine Tochter, die mir die Augen öffnete. Ein Junge aus ihrer Klasse hatte sich erhängt, mit vierzehn. Sie war ziemlich fertig, doch wie reagierte ich, als sie mir davon erzählte? Ich sagte nur: »So ist das, es sterben jeden Tag Menschen …« Sie sah mich völlig irritiert an, als hätte sie einen Fremden vor sich. Ein paar Tage später kam sie zu mir und sagte: »Papa, weißt du was? Du kannst gar kein Mitleid mehr empfinden.«

Jetzt war ich verdutzt. Die eigene Tochter begriff anscheinend besser, was mit ihrem Vater passierte, als er selbst. Das gab mir zu denken. Es dauerte einige Zeit, aber dann musste ich mir eingestehen: Sie hatte recht. Wenn ich nichts ändere, dachte ich, gehe ich gefühlsmäßig vor die Hunde. Ich wechselte nicht sofort das Kommissariat, aber ich arbeitete darauf hin. Die Bemerkung meiner Tochter war nicht der einzige Grund, aber heute würde ich sagen: der wichtigste.

Und noch ein Wort zu dem Fall Liane Benkowsky: Der Staatsanwalt legte auch gegen den Beschluss, die Anklage nicht zuzulassen, Beschwerde ein. Zuständig war die nächsthöhere Instanz, das Oberlandesgericht. Aber dort wurde sie abgeschmettert. Werner Angelis blieb frei. Der Fall wurde bis heute nicht aufgeklärt.